KB273201

전략에 대해
당신이 알아야 할 모든 것

속도계를 버리고 나침반을 쥐어라

전략에 대해 당신이 알아야 할 모든 것

조 화이트헤드 지음 | 박지니 옮김

다온북스
DAON BOOKS

Contents

들어가며 008

1. 전략의 정의
- 전략이란 무엇인가 013
- 전략이 중요한 이유 015
- 전략도출을 위한 기본 질문 021
- 질문에 답하기 026

2. 외부환경 분석
- 산업의 경계 규정하기 046
- 세분화 047
- 어떻게 세분화할 것인가 050
- 여러 방식의 세분화 구상하기 051
- 유용한 세분화 골라내기 053
- 산업 매력도 056
- 5세력 모델 061
- 5세력 모델을 활용할 때 유의할 점 067
- 거시환경 070

3. 내부상황 분석
- 고객을 위한 가치 창출 080
- 고객가치 창출에 대한 평가 081

• 경쟁우위의 중요성 083

• 경쟁우위를 평가하는 여러 방법 085

• 비용 우위와 고객가치 우위 평가하기 093

• 포지션적 경쟁우위의 원천 평가하기 095

• 역량 평가하기 097

• 우리는 이기고 있는가 099

• 가치사슬 101

• 사명과 목표 규정하기 102

• 이해관계자 분석 105

• 전반적인 상황 요약하기 106

• 현실검정: 실제 실적은 어떠한가 110

4. 상황 전개

• 불확실성이라는 난제 117

• 불확실성을 다루기 위한 전반적 접근방법 118

• 잠재적 불확실성의 목록 작성하기 121

• 시나리오 125

• 상황 전개 모델링하기 127

• 넓은 동향 128

• 업계 사례 유추방법 130

• 행동 134

• 불확실성에 우선순위 매기기 137

5. 쟁점과 옵션

• 구조화의 위력 146

• 새로운 구조 만들기 148

• 구조 좁히기 150

• 옵션 창출하기 152

• 상향식으로 옵션 산출하기 153

• 전략적 도구와 프레임워크를 사용해 옵션 산출하기 154

• 보편 전략을 사용한 옵션 도출 160

• 불확실성에 대처하기 위한 옵션 도출 163

• 기발한 옵션 산출하기 165

• 옵션 평가하기 170

• 실현 가능성 평가하기 173

• 위험 대 수익성 평가 174

• 반복하기 176

6. 우선순위

• 풀몬티 접근방법 183

• 약식 접근방법 185

• 미래 탐구 접근방법 189

• 쟁점 접근방법 192

• 옵션 접근방법 193

• 시험–학습 접근방법 197

• 또 다른 접근방법: 직관적인 점프 198

• 적절한 접근방법을 찾아내는 방법 199

7. 과정

• 포부 규정하기 208

• 정밀도 209

• 오류를 범하는 뇌 210

· 과정 및 인력을 통해 객관성 향상시키기 216
· 시간이 부족할 경우 221
· 전략팀 224
· 설계안 종합하기 225
· 개인적 편견 229
· 과정을 미세조정하기 231

8. 개입

· 전략 개입이란 무엇인가 241
· 협력적 개입이 중요한 까닭 243
· 옵션 창출에 조직을 협력적으로 개입시키는 방법 247
· 전략적 개입을 위한 실제적인 조언 249
· 발견 공유하기 250
· 옵션 선택 과정에 조직 개입시키기 252
· 결단이 내려진 뒤에도 개입이 끝나지 않는 이유 256
· 좀 더 협력적인 접근방법이 중요한 경우 263
· 리더십과 문화 264

전략의 도정에서 269
감사의 말 273

1970년대 이전까지만 해도 경영전략은 거의 알려지지 않은 개념이었다. 그리고 설령 알게 되었다 해도 관심을 기울이는 사람은 드물었다. 하지만 오늘날에는 다르다. 소기업 관계자든, 비영리단체, 대기업 관계자든 상관없이 대다수 경영인들이 전략 창안 방법을 알고 싶어 한다.

전략에 관한 책은 여럿 나와 있지만 전략을 짜는 방법을 설명하는 책은 드물다. 갓 소개된 유행 전략이나 중요한 개념을 설명하거나, 과연 도움이 될까 싶을 만큼 미심쩍은 조언과 임시방편 따위를 나열하는 책은 있지만, 정작 전략을 고안하는 방법에 대한 실제적인 지침서는 찾아보기 힘들다. 시장에 출시된 기존 교재들도 그 방법을 아주 독단적으로 설명하거나 불완전하게 다루는 것이 고작이다.

이 책은 필자가 세계적인 전략 컨설팅 회사에서 근무한 경력과 주요 경영대학 및 기업에서 전략에 관해 강의한 경험을 바탕으로 기존 서적들이 다루지 못한 부분을 보완하기 위해 쓰였다. 이 책은 일반적으로 인정된 연구와 사상을 다루는 동시에 쉽게 적용 가능한 프레임워크를 제시한다. 또 경영자가 알아야 할 개념과 도구를 설명하며 도전적인 전략 창출 과정에 적절한 인재를 투입하는 방법에 관해 조언한다.

이 책은 전략 고안을 단숨에 끝낼 수 있는 일이라고 단언하지 않는다. 어떤 분야에서든 마찬가지겠지만 출중한 전략가가 되려면 훈련이 필요하다. 이 책의 웹사이트(www.whatyouneedtoknowaboutstrategy.com)에서는 책에 언급된 도구와 기법이 적용된 사례연구, 예시문제뿐 아니라 추가 정보와 인용자료, 기타 자료 들을 참조할 수 있다. 더 읽어야 할 도서 및 자료 목록은 각 장의 끝에 실었다.

이제 책을 읽어나가며 전략 기량을 다져보자!

이 책은 현대 기업경영에 관해 선뜻 답하기가 난감한 주제, 즉 전략의 핵심 주제를 짧은 시간 안에 파악하도록 도와주는 지침서다. 새로운 일터를 찾는 구직자, 승진을 앞둔 비즈니스맨, 반드시 깊은 인상을 남겨야 하는 면접 예정자에게도 이 책은 마치 전문가처럼 각자에게 필요한 지식을 안성맞춤으로 제공할 것이다. 이 책은 다음과 같이 구성돼 있다.

- 요점정리 – 각 장의 핵심 요약
- 인물열전(Global Guru's Insight) – 해당 분야의 글로벌 구루 및 석학들에 대한 간략한 소개
- Leader's Digest – 주요 인물들에게서 따온 인용구
- 실전 ABC – 새로 습득한 지식을 실천에 옮기기 위한 핵심 단계
- 추천 필독 자료 – 지식을 심화시키고 싶을 때 참고하면 좋을 책과 인터넷 자료
- 이것만 기억하자 – 한 줄로 요약한 핵심 정보

전략의 정의

전략이란 무엇인가

전략이 중요한 이유

전략 도출을 위한 기본 질문

질문에 답하기

전략은 어떻게 짜는 것일까? 그 답은 사실 터무니없이 간단하다. 전략에 관한 여섯 가지 기본 질문에 답해보면 된다. 하지만 주의할 점이 있다. 모든 질문에 가능한 답은 무수히 많을 뿐 아니라, 질문에는 항상 불확실한 요소가 도사린다는 점이 그것이다. 이 장에서는 여섯 가지 질문을 소개하고 그에 대한 답을 찾는 데 필요한 테크닉과 접근 방법을 살펴볼 것이다. 이를 실제 적용하는 방법에 대해서는 이어지는 장을 통해 자세히 설명할 생각이다.

그러나 일단 숙지해야 할 핵심은 전략의 정의, 그리고 견실한 전략을 개발하는 능력이 매우 중요하다는 사실이다.

전략이란 무엇인가

전략이란 조직의 목표이자 그 목표를 달성하기 위해 조직이 따라야 할 경로다.

각 조직은 과거와 현재, 미래의 전략을 갖고 있지만, 이 책의 목적은 '미래의 전략'을 독자가 고안하도록 도움을 제공하는 것이다. 과거와 현재의 전략을 이해하는 것 역시 미래 전략을 고안하는 과정에 필요하겠지만 이 책의 주요 목적은 아니다.

조직은 의도한 전략과 의도치 않은 전략의 혼합으로 형성된다. 예기치 않은 사건들이 미칠 영향을 살피고 그에 대응하는 것은 중요하지만, 이 책의 궁극적인 목적은 설령 새로운 상황전개에 맞춰 끊임없이 수정하고 다듬어야 할지언정 독자가 '의도된' 전략을 고안할 수 있도록 돕는 것이다. 벤저민 프랭클린(Benjamin Franklin)이라면 이렇게 말했을 것이다. "그대가 그대의 사업을 이끌어가도록 이 책이 도우리라."

> "스스로 자신의 사업을 이끌지 않으면 사업이 그대를 몰고 가리라."
>
> – 벤저민 프랭클린

모든 계획된 전략은 일종의 결단이지만, 모든 결단이 전략을 만들어내는 것은 아니다. 전략적 판단은 '번복하기 어려운' 결정, '중요한' 자원의 투입이 이루어지는 결단이다.

어떤 제조회사가 생산비를 5000만 파운드까지 낮추는 방법을 결정해야 한다고 가정해보자. 그 결정 과정이 회사의 비용구조에 중대한 영향을 미치고, 기존 생산 공장의 비용 또는 외주생산 비용을 감축할 것인가, 생산비가 낮은 지역에 공장을 새로 설립할 것인가와 같은 까다로운 선택을 반영한다면, 그것은 전략적 판단이라 할 수 있을 것이다. 반면, 테스트 성적이 좋은 보다 현대적인 생산기술로 전환하는 것과 같이 비교적 단순한 선택으로 끝나는 결정이라면 그것은 전략적 판단이 아니다.

무엇이 '전략적'이고 '비전략적'인가는 결단 과정에 참여한 사람들의 관점에 따라 다르다. 가령, 앞에서 설명한 5000만 파운드 절감 목표에서 회사의 구매부장이 1000만 파운드 몫을 달성해야 한다고 치자. 구매부에서 연료 구입을 책임진 직원은 100만 파운드 비용을 감축하는 전략적 목표를 세웠을지 모른다. 5000만 파운드, 1000만 파운드, 100만 파운드 목표는 그것을 달성해야 하는 개개인의 관점에서는 모두 전략적 목표일 수 있다.

전략 수립은 여러 유형의 조직과 관련된 주제다. 대기업에만 국한된 문제가 아니며 소규모 기업이나 사업 단위 역시 전략을 갖고 있다. 이 책에서는 무엇보다 경쟁 시장에서 운영되는 조직을 위한 전략 개발에 초점을 맞출 것이다. 후원자들, 기부 및 펀딩 시장에서 '경쟁'하는 비영리단체도 그런 조직에 포함될 수 있다. 또 특정 업무나 부서를 위한 전략을 설계하는 관리자들뿐 아니라 경쟁 시장에서 운영되지 않는 사업, 자신만의 전략을 개발하고 싶은 개인들에게도 유용할 정보를 소개할 예정이다.

전략은 그에 포함된 방침뿐 아니라 따라갈 경로의 전반적인 방향, 즉 추구해야 할 기회들에 의해서도 규정된다. 또 그 경로에 놓인 제약 때문에 '이룰 수 없는' 것들이 전략을 규정하기도 한다. 예를 들어 애플(Apple)사가 아이팟(iPod)에 대해 세운 전략은 제품 업그레이드에 대한 지속적인 투자(자원

투입)를 통해 MP3 플레이어 시장(기회)에서 60% 이상의 점유율(목표)을 유지하는 동시에 이익률도 최소 25% 수준으로 달성하는 것(제약)이었을 수 있다.

전략 개발은 세 단계로 이루어진다. 일단 전략적 판단 과제를 깨닫고, 이어 전략적 결단을 내려야 하며, 마지막으로 결정 내용을 실행에 옮기는 것이다. 이 책은 그중에서도 전략적 결단을 내리는 방법에 초점을 맞출 것이다. 나머지 두 단계를 설명하려면 각각 한 권씩의 책이 더 필요할 것이다.

이제까지 설명한 이야기를 요약해보자. 우리는 전략을 미래의 계획된 목표와 그 목표에 이르기 위한 경로로 구성된 것으로 정의했다. 전략 창출은 목표로 삼은 기회, 중요한 자원의 투입, 그런 자원을 사용하는 데 제약이 되는 요소들과 관련해 까다로운 결단을 내리는 과정으로 이루어진다. 하나의 조직은 다양한 수준별로 각각의 전략을 갖추는 동시에 연속적이고 협조적인 일련의 목표와 경로를 수립할 수 있다.

전략이 중요한 이유

견실한 전략을 개발하는 일이 중요한 까닭은 여러 가지다.

전략은 조직의 운명을 좌우할 수 있다. 뒤에 소개할 스티브 잡스(Steve Jobs)와 애플의 예에서도 드러나듯이, 훌륭한 전략은 회사를 변모시키지만 나쁜 전략은 회사를 망칠 수 있다. 예를 들어보자.

2008년 리먼브러더스(Lehman Brothers)는 도산 직전에 놓여 있었다. 미국 부동산시장에 과도하게 투자해온 회사는 금융시장 침체로 초래된 손실을 흡수할 자기자본이 사실상 전혀 없는 상태였다. 그러나 경영진, 특히 CEO

였던 딕 풀드(Dick Fuld)는 당시 상황에 잠재된 위험을 깨닫지 못했다. 그는 외국은행들의 인수 제안을 거절해버렸다. 은행을 살릴 수 있다면 어떤 거래든 고려 대상으로 놓고 보아야 할 만큼 사태가 긴박하다는 사실을 인정할 수 없었던 그는, 자기 자신과 회사에 유리한 조건에서만 구제를 받겠다는 주장을 굽히지 않았다. 결국 연방정부까지 나서서 문제의 최종 해결책을 종용했는데도 풀드는 비타협적인 입장을 고수했다. 그 결과 리먼브러더스는 무너질 수밖에 없었다.

그러나 도산이 불가피한 상황은 아니었다. 같은 여건에 처했던 메릴린치(Merrill Lynch)의 CEO 존 테인(John Thain)은 사태의 심각성을 직시했고, 그의 은행이 다음 희생자가 될 수 있다는 사실을 깨달았다. 그는 뱅크오브아메리카(Bank of America)와의 신속한 합병을 성사시켜 회사를 구했고, 주주들에게도 당시 상황을 고려할 때 상당한 수준의 배당금을 지급할 수 있었다.

1990년대 모토로라(Motorola)는 휴대전화 업계의 주전선수였다. 당시 노키아(Nokia)나 에릭슨(Ericsson) 같은 경쟁사들은 이제 막 아날로그 기술에서 디지털 기술로의 전환을 시작하는 단계였다. 모토로라는 이미 디지털 사업을 위한 핵심역량을 일부 갖추었기 때문에 디지털 휴대전화 업계에서 단시간에 강력한 입지를 만들 수 있는 상황이었다. 그러나 경영진에서 디지털이 중요한 사업기회가 아니라고 판단해 이를 묵과하는 실수를 저질렀다. 그때를 기점으로 모토로라는 주전선수였던 과거가 무색하게 쇠락을 시작했다. 반면, 적실한 전략을 펼친 노키아와 에릭슨은 글로벌 시장의 주요 경쟁사로 떠올랐다.

1960년대 영국 모터사이클 산업은 자동차와 위스키 다음으로 달러를 많

스티브 잡스
Steve Job

애플의 전 CEO 고 스티브 잡스(1955~2011년)는 한 조직의 리더이자 수석 전략가로서 가히 아이콘이라 할 만한 인물이었다. 모든 리더가 그처럼 전략가 역할을 맡지는 않는다. 다른 중역이나 고위 임원, 외부 자문가에게 전략에 관한 일을 대부분 위임하는 이들도 많다. 그러나 잡스는 자신이 이끈 조직의 운명을 거듭 직접 만들어나갔다.

그의 지도 아래 애플은 PC에 대적할 유일한 경쟁제품인 매킨토시 컴퓨터를 개발해냈다. 잡스는 애플에서 퇴출되는 고비를 겪었지만, (이혼 위자료를 지급할 돈이 필요했던) 조지 루카스에게서 사들인 소규모 애니메이션 제작사 픽사(Pixar)의 소유주 겸 CEO로 재기했다. 픽사는 업계의 선두주자로 성장해 마침내 디즈니에 매각되었다. 이후 애플에 복귀한 잡스는 위기에 빠진 회사를 구해냈고, 아이팟과 아이폰(iPhone), 아이패드(iPad)를 창안한 회사, 세계 경제의 슈퍼스타로 발전시켰다.

아이팟의 개발 과정은, 전략이 어떻게 종종 계획한 것과 계획하지 않은 것의 혼합을 통해 형성되는지를 보여주는 흥미로운 사례다. 북부캘리포니아에 본사를 둔 애플과 같은 컴퓨터 회사로서는 취하기 쉽지 않은 목표, 즉 음악 사업으로의 진출 계획을 세운 인물은 픽사에 재직하던 시절 로스앤젤레스의 영화·음악 사업을 인수해 관련 경험을 충분히 쌓은 잡 스였다. 잡스는 자신이 이끄는 사업에 관한 한 언제나 업계의 선두 자리 로 끌어올리고 싶어 했다. 그는 유명한 아이스하키 선수 그레츠키의 말 을 즐겨 인용했다. "저는 지금 퍽이 있는 곳이 아니라, 앞으로 있을 곳을 향해 질주합니다."

목표를 세운 뒤, 애플은 목표에 도달하기 위해 우회적이고 기회주의적인 경로를 밟았다. 일단, 애플은 음악을 저장하는 방식인 MP3 파일을 만드 는 가장 우수한 기술을 개발한 기업 사운드잼(Soundjam)에서 디지털 음 원 생성 기술을 사들였다. 그리하여 2001년에는 MP3와 CD 파일을 맥 (Mac) 컴퓨터로 다운로드할 수 있는 아이튠스(iTunes)를 론칭했다. 한 편, 새롭고 혁신적인 MP3 플레이어 개발을 구상 중이던 어느 개인 컨설 턴트가 회사를 우연히 방문한 것을 계기로, 애플은 아이팟을 탄생시켰 다. 그 다음에 잡스는 음악업계에서 쌓은 자신의 인맥과 음악업계가 냅 스터(Napster) 같은 파일 공유 사이트에 대해 갖고 있던 편집증을 교묘 히 이용해 2003년 아이튠스 뮤직스토어(iTunes Music Store) 사이트를 론칭, 인터넷을 통해 MP3 파일을 판매하기 시작했다. 이렇게 돌이켜보 면 전후맥락이 정연해 보이지만, 사실 계획한 목표를 향한 경로는 예기 치 못한 상황에 대응하는 과정에서 시간이 지남에 따라 꾸준히 변모해나 갔다.

이 벌어들이는 효자 업종이었다. 그러나 트라이엄프(Triumph), 비에스에이(BSA), 노턴(Norton) 같은 대표 제조사들은 일본의 신규 진입업체들이 자신들의 입지를 위협하고 있다는 사실을 깨닫지 못했다. 이들은 모터사이클 마니아층으로 이루어진 틈새시장에 어필할 경주용 모터사이클 제조를 목표로 삼고 있었다. 반면, 야마하(Yamaha)나 스즈키(Suzuki)는 시장 규모를 키우는 데 투자했다. 그들은 모터사이클이 대중적인 취미가 될 수 있다고 생각해 안정감을 갖추고 타는 재미마저 느낄 수 있는 여가용 모터사이클을 개발했다. 마침내 그들은 '저가(low-end)' 시장을 점유하는 과정에서 개발한 동일한 스케일을 기반으로 영국 제조사들이 만들어낸 최고 품질의 제품마저 뛰어넘는 고속 모터사이클을 개발해냈다. 결국 영국의 경쟁사들은 도산을 면치 못했고, 일본 제조사들은 글로벌 리더로 발돋움했다. 영국 회사들은 사양길로 접어든 틈새 사업에서 이윤을 창출하는 방법을 주요 현안으로 삼았고, 주주들에게는 거액의 배당금을 지급했다. 일본 기업들은 회사의 성장을 주안점으로 보았고, 수익은 새로운 제품 모델을 개발하는 데 재투자하는 등 전혀 다른 전략을 폈다.

조직들의 전략 수정은 점점 더 잦아지는 추세다. 지난 20여 년에 걸쳐 시장 규제는 사라졌고 경쟁은 세계 규모로 확대됐다. 인터넷이 기존의 사업 구조를 해체하고 새로운 경쟁자들과 박식한 소비자들을 탄생시켰다. 경기 순환은 꾸준히 약자를 탈락시키고 강자마저 시험대에 올려놓는다. 기후변화와 물가상승은 오랫동안 유지해온 사업 방식에 도전하고 있다. 이 모든 현상은 이제껏 유효했던 공식마저 재고해보도록 끊임없이 압력을 가한다. 변화는 기회를 창출하지만, 이는 이미 세운 전략을 수정하고 완전히 새로 만들 준비가 되어 있는 조직에만 유효한 명제다.

전략 고안은 점점 더 많은 사람들이 점점 더 자주 필요로 하는 기술이다. 전략을 과연 어떤 식으로 개발하느냐에 대한 생각은 지난 몇십 년에 걸쳐 변화해왔다. 한때 전략은 리더의 임무였다. 그 뒤에는 회사의 기획부서나 전문 컨설턴트들의 업무로 여겨지기도 했다.

이제 우리는, 전략이 CEO나 전략 전문가들만의 임무가 아니라는 사실을 알고 있다. 전략을 짜는 일은 사업 전반의 다양한 직책을 맡은 사람들이 참여할 수 있는 작업이다. 회사를 이끌어가는 리더는 기업 전략을 개발하고, 사업 단위 책임자는 사업 전략을, 부문 책임자는 각 부문 전략을, 부서장은 부서의 전략을 고안할 수 있다. 애널리스트들이 그 과정을 도울 수 있지만, 주도권을 잡고 전략을 고안해야 할 사람은 각 수준의 리더와 그들의 팀이다. 조직의 가장 하위 수준에서 다양한 직책을 맡은 직원과 팀원들 역시 전략을 혁신하고 개발하고 개선하고, 그에 관한 의견을 나누는 과정에 참여할 수 있다. 이는 반가운 추세다. 자신이 이끄는 조직과 관련 시장, 그리고 경쟁자들을 훤히 꿰는 리더들이 전략에 관한 의사결정 책임을 '맡아야 하고', 그 사업에 몸담은 사람들 역시 전략적 사고에 기여할 수 있어야 한다.

> "유능한 전략가란 매일 일어나는 일을 묵과한 채 추상적으로 사고하는 사람이 아니라, 그 모든 잡다한 일을 통찰하면서 그것에서 유효한 메시지를 추려낼 수 있는 사람이다."
>
> – 헨리 민츠버그(Henry Mintzberg)

전략 고안 과정에 직접 관여하지 않더라도, 조직의 전략을 얼마나 이해하느냐는 맡은 업무를 효과적으로 완수하는 능력에 큰 영향을 미친다. 조직 안에서 성공하려면 자신이 전체 조직의 성공을 위해 자발적으로 일에 임하며, 그 일에 기여한다는 것을 보일 수 있어야 한다. 또 자신이 내리는 결정이 조직의 목표와 그 목표를 달성하기 위해 계획된 방침이나 경로와 같은 맥락에서 이루어질 수 있게 해야 한다. 조직이 자체 전략을 적극적으로 재고하는 과정에 있지 않거나 전략 고안 과정에 자신이 직접 관여하지 않더라도, 전략적 사고의 언어와 논리를 꿰고 있어야 한다.

전략 도출을 위한 기본 질문

전략의 중요성에 대해 설명했으니, 이제는 문제의 핵심에 맞닥뜨릴 차례다. 전략은 과연 '어떻게' 도출할 수 있을까?

답은 단순해 보인다. 전략은 다음과 같은 여섯 가지 기본 질문에 구체적인 답변을 내놓는 과정에서 탄생한다.

외부환경은 어떤가

전략은 조직의 능력과 자원을 외부의 기회요인과 위협요인에 맞춰 분배하는 일을 아우른다. 따라서 외부환경을 서술하는 것은 전략 짜기의 좋은 출발점이다. 그러나 외부환경에 대한 서술이 그리 쉬운 일만은 아니다. 특히 조직이 급변하는 상황에 직면했거나 새로운 시장에 진출하려는 경우에

그렇다.

예컨대 혼다(Honda)는 미국 모터사이클 시장에 처음 발을 들이면서 그 시장을 잘못 이해하는 우를 범했다. 혼다는 미국에 대형 모터사이클을 선호하는 시장이 존재한다는 사실을 알고 최대한 막강한 화력의 제품을 만들어 선보였지만, 일본의 혼잡한 도로와 달리 훨씬 더 먼 거리를 이동하게 되는 미국에서는 혼다의 제품이 신통찮을 수밖에 없었다. 그러던 중 혼다 임직원들이 출퇴근용으로 타고 다니던 50cc 소형 모터사이클을 소비자들이 구매하고 싶다는 의사를 비친 뒤에야, 혼다는 소형 모터사이클 시장이야말로 장래성 있는 미개척 시장이라는 사실을 간파했다. 그러나 그때, 역시나 고위간부진은 직원들의 오랜 설득 끝에야 정책을 바꿨다고 한다.

내부상황은 어떤가

내부상황의 두 가지 측면, 즉 조직의 목표와 능력은 반드시 이해하고 넘어가야 할 부분이다. 난점은 이 두 측면 모두 외부환경이라는 맥락 안에서 바라보아야 한다는 점이다. 다시 말해, 당신의 회사가 연구개발 부문에 탁월하다는 사실을 아는 것만으로는 충분치 않다. 소비자를 위해 더 우수한 제품을 만들어내는 데 그 능력이 얼마나 유용한지, 경쟁사들의 능력과 비교할 때 자사의 능력은 어느 수준인지까지를 꿰뚫고 있어야 한다.

상황은 어떻게 전개될까

당신이 세운 전략은 알 수 없는 장래에 이행될 것이다. 현재의 외부환경과 내부상황을 이해하는 것은 중요한 첫 단계지만 그것만으로는 충분치 않다. 사태가 어떻게 진전돼나갈지를 예측하고 불확실성을 불러일으킬 최대 원천을 짚어내는 것은 대단히 중요한 절차다. 경쟁사들이 취할 행동이 불확실성의 원천일 수 있다. 또는 시장이 발전해나가는 양태, 조직 자체가 변화나 새로운 경로에 대처하는 방식이 문제를 야기할 수도 있다. 예기치 못한 사건에 부딪히자마자 무효로 전락하지 않을 강건하고 융통성 있는 전략을 세워야 한다. 예상 밖의 상황을 예측하라! 이는 전략을 세우는 데 가장 어려운 요구조건 가운데 하나다. 그러나 앞으로 일어날 사태를 제대로 짚어내지 못하면 판돈을 크게 잃을 것이다.

일차적인 쟁점은 무엇인가

성공적인 전략은, 경쟁자들이 모방할 수 없는 신선한 방식을 이용해 어려운 문제를 해결함으로써 도출되는 경향이 있다. 따라서 일차적인 쟁점을 규정하는 것은 전략 짜기의 핵심 절차다. 한 가지 사례를 들어보자. 애플이 음악 사업에 뛰어들었을 때 일차적인 쟁점으로 파악했던 것은, 어떻게 하면 소비자들이 음악을 구입해 듣는 과정을 좀 더 쉽게 만들 수 있겠느냐는 것이었다.

일차적인 쟁점은 나중에 돌이켜봤을 때는 분명해 보여도 그 당시에는 그만큼 뚜렷이 인지되지는 않는 경우가 많다. 그래서 때로는 새 전략을 짜는 동안 쟁점이 재규정되면서 새로운 통찰과 전에 생각지 못한 옵션이 탄생하기도 한다. 미국 모터사이클 시장에 진입한 혼다가 맨 처음 쟁점으로 판단한 것은, 미국과 유럽 경쟁사들이 할거하는 시장에서 어떻게 대형 고속주행 모터사이클을 판매할 것인가였다. 이후 회사의 일차 쟁점은 소형 모터사이클 시장을 어떻게 개척해나갈 것인가로 수정됐지만, 이는 애초 목표했던 시장에서 일정한 점유율을 만들어내는 데 실패를 거듭한 끝에 내려진 판단이었다.

옵션에는 어떤 것들이 있나

쟁점을 적절히 규정했다면, 이제 필요한 옵션을 알아볼 차례다. 애플의 경우, 어떤 옵션이 가능한지는 명확지 않았다. 어떻게 하면 소비자들이 더 간편히 음악을 접하게 할 수 있을까를 쟁점으로 규정한 뒤에도, 아이팟과 아이튠스 웹사이트를 개발하기까지는 장고의 시간을 거쳐야 했다. 혼다가 처했던 상황은 좀 더 명확했다. 주요 쟁점이 소형 모터사이클 시장을 어떻게 키워나갈 것인가로 재규정되자, 유통 채널이나 제품 디자인 같은 주된 옵션을 파악하는 일은 비교적 수월한 작업이 되었다.

어떤 옵션이 최선책인가

결국에는 여러 옵션 가운데 하나를 선택해야만 하는 시기가 온다. 애플과 혼다의 사례에서는 수많은 작은 결정이 전략 전반의 변화를 이끌었다. 그와는 다른, 이를테면 대형 인수합병이 필요한 시점과 같은 경우에는 특히 주의 깊은 분석과 평가를 요하는 중대한 결정 하나로 전략이 마무리될 수 있다.

• 유사한 의미로 쓰이는 표현들

이 책에서 사용한 표현	흔히 통용되는 다른 표현들
외부 및 내부환경	상황평가, 출발 포지션, 상황맥락, 현재 와 있는 지점, 복잡성
외부환경	시장, 경쟁환경, 업계, 미시경제, 경쟁사, 소비자, 소비자 수요, 기회요인, 위협요인
(내부환경의 한 요인으로서의) 목표	표적, 목적, 야망, 비전, 사명, 주주 욕구
내부환경	역량, 자원, 자산, 강점, 약점
(상황의) 진화	변화, 동향, 주요 불확실성, 미지수, 시간 프레임, 시나리오
일차적인 쟁점	도전, 난관, 문제, 장애물, 복잡성, 제약, 기회
옵션	대안, 액션, 선택
어떤 옵션이 최선책인가?	평가, 사정, 기준, 확률, 결단

지금까지 다룬 여섯 가지 질문은 중요한 내용이니 EIEIO라는 축약어를 써서 암기해보자. EIEIO는 외부환경(External environment), 내부상황(Internal situation), 상황전개(Evolution), 일차적 쟁점(primary Issue), 옵션(Options)의 머리글자다.

앞의 표는 전략 창출 과정을 묘사할 때 흔히 사용되는 개념을 일컫는 다양한 용어와 표현 가운데 일부를 열거한 것이다. 이 책에서 설명하는 접근 방법이 독자 스스로 생각하던 방식과 얼마나 유사한지를 판단하는 데 유용한 목록이다.

질문에 답하기

여섯 가지 질문은 단순했지만, 리먼브러더스, 모토로라, 그리고 영국 모터사이클 업계의 사례가 보여주듯 정확한 답을 내놓는 것은 쉽지 않다. 심지어 최고의 경영진도, 결국에 가서는 일을 바로잡는다 하더라도 초반에는 고군분투할 수 있다.

애플 역시 음악 사업에 뛰어든다는 목표를 세운 뒤 실제 음악업계에서 성공하기까지는 몇 년의 시간을 흘려보내야 했다. 혼다는 미국에서 대형 모터사이클을 판매하려다 고전한 뒤, 소비자들이 소형 제품을 찾기 시작한 이후에야 소형 모터사이클 판매로 전략을 수정했다. 이처럼 질문에 대한 답은 전혀 명약관화하지 않다.

전략 질문에 답하는 것이 어려운 이유 가운데 하나는 그 과제 자체의 성격에 있는데, 이 점은 간과되는 경우가 많다. 전략 짜기는 데이터를 취합해

소시지 기계 같은 표준 형판에 집어넣어 곧바로 완전무결한 전략을 얻어내는, 논리적·순차적·기계적인 전형적인 사고과정으로 이루어지는 작업이 아니다. 기계 작동방법을 배우는 식으로 표준 운전 절차와 순서만 꿰어서는 전략 짜는 방법을 익힐 수 없다.

전략 짜기를 좀 더 현실적으로 표현하자면 맥길 대학교 교수 헨리 민츠버그가 묘사한 대로 '전략 공예(工藝)'라고 불러야 할 것이다. 민츠버그는 전략 창출 과정을, 도공이 물레에 흙을 올려 항아리를 빚는 과정에 비유했다. 양자는 모두, 배워서 익힌 기술은 물론 그때 그때의 상황과 발생 결과에 대한 직관적인 대응이 요구되는 작업이다. 좋은 아이디어는 종종 실망스런 결과로 끝나기도 하지만 그 과정에서 또 다른 것을 배우고 새로운 기회를 만나는 계기가 된다. 항아리를 만드는 행위 자체가 도공의 기량을 향상시켜주는 것과 마찬가지다.

> "최종 선택은 항상 직관으로 이루어진다."
>
> – 브루스 헨더슨(Bruce Henderson)

좋은 전략을 개발하는 일은 종종 대단히 불확실한 상황 아래에서의 결단을 요구하는 창의적 행위다. 그 전 과정 안에서는 분석, 판단, 직감, 기회주의, 시행착오가 함께 작용한다. 따라서 노련한 전략가는 자신이 평가하는 상황에 깊이 개입하는 동시에 냉철한 객관성을 유지하는, 체계적이면서도 융통성을 갖춘 사색가여야 한다. 이 같은 복합적 능력을 흔히 '전략적 사고방식'이라 부른다. 이 같은 관점에 기초해 몇 가지 전략 개발 비법을 꼽아보자면 다음과 같다.

다양한 접근방법을 혼용해 전략 질문에 답하라

당신이 한 가지 전략 질문을 상정해 그 문제 해결에 골몰하는 중이라고 상상해보자. 예를 들어 그 질문은 '옵션에는 어떤 것들이 있나?'일 수 있다. 이 질문에 답하려면 다음 그림에서처럼 직관, 데이터, 분석, 전략 개념, 전략 도구 또는 프레임워크, 인재와 과정 등 다양한 접근방법을 혼합해 활용해야 한다.

유관 경험에서 도출되는 '직관'은 전략 질문에 대한 답을 찾기 위한 유력한 수단이다. 문제는 다가올 미래에 관한 전략적 결단을 내리는 데 과거의

• 질문에 대한 답을 찾기 위한 네 가지 접근방법

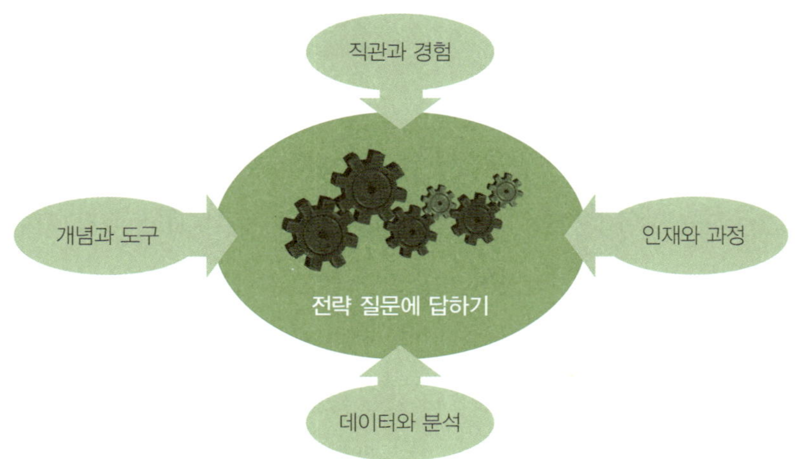

경험이 적합지 않은 경우가 자주 있다는 사실이다. 리먼브러더스는 극심해지는 재정위기에 직면해 전략을 고안해야 했고, 모토로라는 신기술을 위한 전략을 짜야 했으며, 영국 모터사이클 업계는 전혀 새로운 경쟁자에 맞설 전략을 세워야 했다. 경험에 기초한 직관은 유용하지만, 올바른 선택을 내리기 위한 충분조건이라고 하기는 힘들다.

'데이터와 분석'은 기존 지식의 허술한 부분을 메워줄 수 있다. 가령, 리먼브러더스의 경영진이 재정위기의 잠재적 영향을 분석했다면, 기존 전략에 내재했던 위험요소를 좀 더 일찍 알아차리고 조치를 취할 수 있었을 것이다. 그러나 정말 어려운 부분은 과연 어떤 데이터를 취합해, 이를 어떤 식으로 분석해야 할지를 판단하는 일이다. 정보 수집이 어려운 조직은 드물어도, 올바른 정보에 집중해 이를 해석하는 능력을 결여한 조직은 많다. 리먼브러더스는 당시 금융시장의 상태를 인지한 상태였지만 그 정보를 제대로 활용할 줄 몰랐다. 데이터와 분석은 유용한 접근방법이지만 전략가들이 이를 적절히 활용하는 방법을 알아야만 빛을 발한다. 전략적 개념 및 도구가 중요한 것도 이 때문이다.

'전략적 개념'은 성공적인 전략의 특성을 정의하는 용어다. 예를 들어 '세분화(segmentation)'라는 개념에 따르면, 경쟁은 전체 산업 수준이 아닌 시장이나 업계의 특정 영역(segment) 안에서 이루어진다. 실례를 들어보자. 모에상동(Moët & Chandon)은 음료업계에 속하지만 코카콜라(Coca Cola)나 펩시(Pepsi)와 경쟁하는 게 아니라 최고급 샴페인 시장이라는 영역 안에서 경쟁한다. 즉 업체들 간의 치열한 전투는 업계 수준이 아니라 영역에서 치러지는 것이다.

전략적 개념의 또 다른 예는 '경쟁우위(competitive advantage)'다. 이는 전략적 성공 및 경제적 성공이 단지 '출중하다'고 해서 얻어지는 것이 아니라 경쟁자들보다 '더 출중해야' 달성할 수 있다는 것을 함의하는 개념이다. 모에샹동의 성공은 이 회사의 마케팅이 그냥 훌륭했다기보다는 테탕제(Taittinger)나 뵈브클리코(Veuve Cliquot) 같은 '경쟁 브랜드에 비해' 더 훌륭했기 때문에 가능했던 성과다.

전략 개념은 질문에 답하는 방식을 체계화할 때 유용하게 쓰인다. 예를 들어 모에샹동이 '옵션에는 어떤 것들이 있나?'라는 질문에 답하기 위해 세분화와 경쟁우위라는 개념을 이용한다고 가정해보자. 그 개념에 따라 회사는 특정 영역에서 경쟁우위를 점하자는 옵션, 이를테면 최고급 샴페인 시장에서 점유율을 더 높이자는 옵션을 채택할 수 있다. 종류가 다른 와인이나 기타 고급품 시장 같은 다른 영역으로의 확장 역시 생각해볼 수 있는 전략이지만, 모에샹동이라는 브랜드의 힘 또는 브랜드 관리팀의 능력이 해당 영역에서 이미 기반을 잡은 경쟁자들을 충분히 앞지를 수 있어야만 그 전략이 유효할 것이다.

전략 개념은 어떤 데이터를 취합해 이를 어떻게 분석할 것인가를 결정할 때도 도움이 된다. 가령, 세분화와 경쟁우위라는 개념에서는 신사업 영역의 잠재 고객들이 기존 업체들의 제품보다 모에샹동 브랜드의 제품을 선호하는지 여부를 조사하거나, 모에샹동의 기존 유통 채널을 신제품에 활용하는 것이 가능한지를 조사하는 방안을 착안할 수 있다.

전략 개념에 대한 이해는 전략을 다루기 위한 근본 조건이다. 이어지는 장들에서는 세분화, 산업 매력도, 가치창출, 경쟁우위, 미션과 목표, 불확실성, 관여와 같은 중요한 개념을 설명할 것이다. 전략을 처음 접하는 독자에게는 이 같은 개념이 다소 추상적이고 응용하는 데 어렵게 느낄 수도 있을 것이다.

'전략 도구 또는 프레임워크'는 앞에서 언급한 개념을 좀 더 체계적으로 활용할 수 있는 접근방법, 즉 착상과 분석을 체계화하는 더욱 구체적인 방법을 제공한다. 여러 가지 도구 및 프레임워크가 널리 사용되는데, 그중 대표적인 것은 SWOT 분석, 성공요인 분석, 핵심역량, 시나리오 짜기, 가치사슬(value chain), 5세력 모델(five forces model), 산업수명주기, 외부환경(PESTLE) 분석, 포트폴리오 매트릭스 등이다. 이들과 그 밖의 다른 도구는 뒤에서 다룰 것이다.

가장 유용한 전략 도구들은 한 가지 또는 그 이상의 전략 개념에 기초한다. 예를 들어 SWOT 분석은 조직의 강점과 약점, 조직이 직면한 기회요인과 위협요인을 열거하는 작업을 수반한다. 강점과 약점은 경쟁우위 개념에 기초를 두고, 기회요인과 위협요인은 시장 매력도 개념에서 비롯되었다. 우리가 전략 개념을 사용하든 좀 더 구체적인 전략 도구와 프레임워크를 사용하든 간에, 성공적인 전략을 만드는 동일한 기본 사상에 의지하게 되는 것은 마찬가지인 셈이다.

전략 도구를 사용할 것인가, 전략 개념을 사용할 것인가에 대한 판단은 독자가 전략 분야에서 얼마나 경험을 쌓았느냐에 따라 달라질 수 있다. 비교적 경험이 부족한 사람은 전략 도구를 이용하는 편이 더 수월할 것이다. 도구는 전략 질문에 대한 답을 찾는 과정에서 한층 더 체계적으로 생각할 수 있는 수단을 제공하기 때문이다. 전략에 훨씬 익숙해지면 전략 개념만을 이용해 그 전보다 훨씬 직관적인 방식으로 전략을 고안할 수 있다. 경험을 충분히 쌓으면 자신이 지금 어떤 개념과 프레임워크를 쓰고 있는지 굳이 의식하지 않고도 상황을 평가하고 옵션을 도출할 수 있게 된다.

전략 도구와 프레임워크는 그룹 토론을 진행할 때나 전략 창안 과정에 사용한 논리에 대해 프레젠테이션을 할 때도 유용하다.

그러나 유감스럽게도 전략 개념과 도구만으로 정답에 도달하는 경우는 드물다. 전략적 결단은 경험과 판단력을 요하는, 결코 쉽지 않은 작업이다. 전략에 관해 혼자 판단을 내릴 만큼 폭넓은 경험을 갖춘 인재는 찾기 어렵다. 게다가 충분히 연륜을 쌓은 사람조차 선입관이나 편견 때문에 판단착오를 범할 수 있다.

'인재와 과정.' 전략이 한 사람에 의해 짜이는 경우는 드물기 때문에, 적합한 인재를 효율적인 과정에 함께 배치하는 것은 전략 질문에 대한 답을 찾는 과정에서 매우 중요하다. 경우에 따라 비교적 소수의 인원만으로도 전략을 고안하는 것이 가능하고, 그 과정마저 매우 간단한 수준에서 끝날 수 있다. 그러나 뒤에서 언급하겠지만, 모든 조직이 전략을 두고 함께 고심하도록 계획할 필요가 있다. 전문 영역과 관점이 가지각색인 사람들이 모여 적극적으로 토론하고 반론을 펼치며 진행하는 전략 창출 과정은 적합한 전략 도구를 찾는 것만큼이나 '전략 공예'에 결정적인 역할을 한다. 조직 안의 훨씬 많은 사람들이 논의에 참여해 질문에 대한 답을 강구하면, 그 덕에 공유하게 된 이해를 기반으로 전략을 성공적으로 착수할 수 있다.

이어질 2장과 5장에서는 전략 질문에 답하는 지적인 과정에 전략 개념과 도구를 적용하는 방법을 설명할 것이다. 그 밖의 나머지 장에서는 인재와 과정이라는 주제를 다루게 될 것이다.

답하려는 질문이 적합한 질문인지 확인하라

전략에 관한 교재를 보다 보면, 간혹 여러 질문에 답하는 단계로 구성된, 논리적 순차에 따른 전략 개발방법이 순서도로 그려진 것을 보게 된다. 이 같은 모델에 따르면 언제 다음 단계로 넘어가야 할는지가 항상 명확해야 한다. 그러나 현실에서는 의사결정권자나 의사결정 과정 모두 다양한 질문 사이를 춤추듯 옮겨 다니는 것이 예사다. 지금 해결해야 할 질문이 무엇인지를 파악하는 것은 전략 짜기라는 예술의 한 부분이다.

그러면, 어째서 전략 창안 과정은 전형적인 경로에 따라 이루어지지 않을까? 부분적으로는 일부 문제에 대한 답이 이미 익히 아는 것이거나 직관적으로 답할 수 있는 것이라 그보다 난해하고 중요한 질문으로 직행하는 것이 가능하기 때문이다. 또 다른 경우는 어떤 질문에 대한 답을 찾는 과정에서 전략가가 자신이 이미 해결했다고 생각했던 질문을 되짚어보게 되는 경우다. 예컨대 애플은 MP3 플레이어 생산이 음악 사업에 뛰어드는 흥미로운 방법이라는 사실을 깨닫고 나서, 기존 MP3 제품과 경쟁사들을 더욱 심도 있게 평가해보기 위해 'MP3 플레이어 시장의 외부환경은 어떤가?'라는 질문으로 되돌아가야 했을 것이다.

또 다른 이유는, 우리의 뇌가 각각의 질문을 순서대로 따라가도록 설계돼 있지 않다는 데 있다. 우리 뇌는 기발한 방식으로 바로 결론을 도출했다가 문제에 부닥쳐야 다시 이전으로 복귀하는 식으로 움직인다. 연륜 있는 경영자들로 구성된 팀은 융통성 없는 절차에 맞춘 전략 개발방법을 몹시 갑

갑하게 느낄 것이고, 이는 그들의 경험이나 통찰력을 효과적으로 활용하는 방법과도 거리가 멀다. 전략 질문의 순차를 달리하는 방법에 대해서는 6장에서 다시 논의할 것이다.

앞에서 소개한 그림에서 전략 질문을 한 방향으로 이어지는 순서도가 아니라 서로 연결된 톱니바퀴로 묘사한 것도 이 때문이다. 특정한 한 가지 질문에 대한 답을 찾다 보면 어쩔 수 없이 다른 질문들 역시 유념하게 된다. 톱니바퀴 하나가 돌면 나머지 역시 움직이는 것과 마찬가지다.

어떤 분석이 필요한지를 신중히 따져라

앞에서 언급했듯이 질문 중에는 경험에 기초해 쉽게 답할 수 있고 별다른 분석이 필요 없는 것들이 있다. 그러나 어떤 질문은 훨씬 까다롭고 심오한 고찰을 요하기도 한다. 중요한 것은 고도로 상세한 탐색을 실시하거나 생략하는 때를 판단하는 능력이다.

예를 들어 외부환경을 평가할 때 (제한된) 시간을 활용하는 방법은 여러 가지다. 일단 다수의 소비자를 대상으로 면접을 진행해 그들의 수요가 얼마나 다양하며 현재 그들의 욕구를 충족시키지 못하는 주요 시장 영역이 있는지 파악할 수 있다. 또는 몇 주라는 시간을 투자해 경쟁사들을 평가하거나 단일 경쟁사의 특정 측면, 가령 그 회사의 신규 제품 개발 과정을 평가해볼 수도 있을 것이다. 어떤 작업에 가장 큰 노력을 기울일지 결정하는 것은 중요한 문제다.

해결책은 두 가지 유형의 분석을 활용하는 이른바 'T' 접근방법을 적용하는 것이다. 답이 무엇인지 알고 있다고 자신하는 문제에 대해서는 그에 관한 정보를 충분히 수집해 당신의 판단이 착각이 아니라는 사실을 재확인한다(외부인들을 대상으로 면접을 실시하는 것도 좋은 방법이다). 이렇듯 폭넓으면서 피상적인 수준의 분석은 대문자 'T'의 머리 부분에 있는 가로선에 해당한다. 'T'의 세로선은 좀 더 자세한 '심해 잠수', 즉 답을 확신할 수 없거나 상반되는 관점이 존재하는 중요한 사안에 대한 답을 찾을 때 필요한 심도 있는 데이터 수집과 분석 과정을 의미한다.

어떤 문제에 대해 '심해 잠수'를 시도해야 할지 모르겠다면, 직관에만 의존해 판단하기에는 당신의 경험이 충분치 못한 영역을 떠올리면 된다. 예를 들어 당신이 만약 영업부장이라면, 고객에 대해서는 훤히 꿰어도 경쟁사들의 가격구조는 완벽히 안다고 말하기가 어려울 것이다. 어떤 문제에 초점을 맞춰야 할는지 판단하는 것은 당신의 전략 개발 과정에서 도출될 중요한 결정을 미리 생각해보는 일이기도 하다. 어떤 옵션을 선택할 것인지에 대한 당신의 판단에 가장 큰 영향을 미칠 질문에 가능한 한 많은 노력을 투자해야 한다.

일본의 프린터 제조사 엡손(Epson)은 휴렛패커드(Hewlett Packard)와의 경쟁에서 승리할 수 있는 방법에 관해 고심했다. 양사의 제품 개발 과정에 존재하는 차이가 양사의 격차를 유발했기 때문에 자사의 바로 그 부분을 변화시켜야 한다고 믿었던 그들은 휴렛패커드의 제품 개발 과정에 대한 연구를 의뢰했다.

대체 어느 부분에 당신의 분석 노력을 집중해야 할는지 아무래도 모르겠다면, 당신의 논지를 열거해보고 당신이 내릴 결론을 좌우할 주요 가정을 탐색해보자. 이 작업에 유용한 도구 가운데 하나가 다음 도표에서 소개하

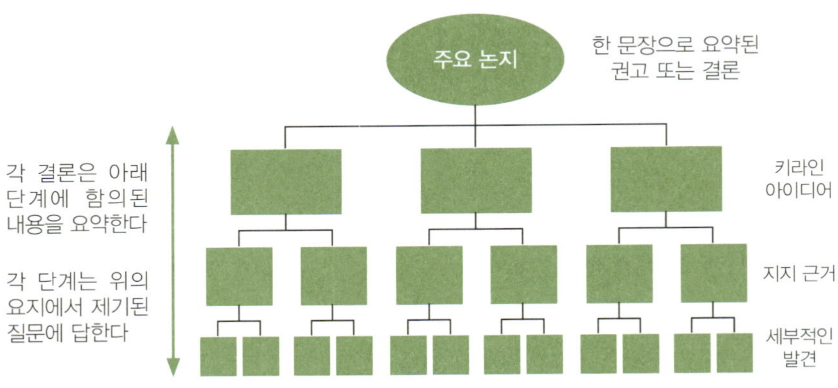

는 민토 피라미드 원칙(Minto Pyramid Principle)이다. 표에서 '키라인 아이디어(Key line ideas)'라고 표현한 핵심 가정을 시험하고 뒷받침하는 데 당신의 데이터 취합 및 분석 노력을 집중해야 한다.

예상 밖의 상황을 예측하라

현 상황에 대처하기 위한 전략을 마련하는 일이 매번 쉽지는 않지만, 이는 기껏해야 전략가가 짊어진 과업의 일부일 뿐이다. 예상 밖의 상황을 예측하고 그에 따라 전략을 고안하는 일 역시 그만큼 중요하기 때문이다.

미래를 완벽히 예측하기란 불가능하기 때문에, 좋은 전략은 앞으로 전개될 사건에 대처하는 방법에 대한 계획을 담고 있어야 한다. 새로운 사건이 전개되면 새로운 기회요인과 위험요인이 출현하며 추가적인 결정을 내려야 할 필요도 생긴다. 전략은 단 하나의 큰 결단으로 끝나기보다는 일련의 순차적인 결단으로 이루어지는 것이 보통이다.

이를 해결할 방법 가운데 하나는 예기치 못한 사건과 예측할 수 없는 사건에 응대할 능력을 갖춘 유연한 전략을 마련하는 것이다. 일부 전략은 '시험-학습(test-and-learn)' 접근방법을 활용해 예기치 않은 사건에 대응하고 그로부터 진화하는 능력을 갖출 수 있도록 고안되기도 한다.

예를 들면 슈퍼마켓 체인 테스코(Tesco)는 소비자 요구 변화에 빠르게 응대하도록 첨단 물류체계를 개발해 가격 경쟁력을 갖춘 인기 있는 제품으로 매장을 채워 경쟁사들을 훨씬 앞지를 수 있었다.

불확실성이 전략 고안에 영향을 미치는 방식에 대해서는 책의 후반부에서 다시 논하겠지만, 반드시 기억해야 할 핵심은, 자신이 미래를 완벽히 예측할 수 있다는 자기기만에 빠져서는 절대로 안된다는 것이다.

"예측이란, 특히 앞날에 대한 예측이란 매우 어려운 일이다."

– 닐스 보어(Niels Bohr)

연습하고, 연습하고, 또 연습하라!

이쯤 되면 전략을 짜는 과정에 도움이 되는 도구와 비법, 테크닉이 다양하게 존재하지만 전략 개발이라는 기술을 통달하기가 무척 어렵다는 사실을 알았을 것이다. 전략을 창안하는 방법을 단순히 이론적으로 아는 것만으로는 불충분하다. 모든 일이 그렇듯이 전략 개발은 연습을 요하는 작업이다. 그러나 한 조직의 전략을 대폭 변화시키는 일은 흔치 않으므로 연습 기회를 찾기가 쉽지 않다.

바바라 민토
Barbara Minto

바바라 민토는 하버드 경영대학원이 여성의 입학을 허용한 두 번째 해에 입학해 경영학 석사학위를 받고 졸업했다. 컨설팅회사 맥킨지(McKinsey & Company)에 최초의 여성 컨설턴트로 채용돼 10년에 걸쳐 경력을 쌓은 그녀는, 현재 자신이 설립한 컨설팅회사 민토 인터내셔널(Minto International)을 운영 중이다.

민토는 맥킨지에서 근무할 당시 어떤 복잡한 메시지의 커뮤니케이션도 구조화할 수 있는 '민토 피라미드 원칙'을 개발해냈다. 이 접근방법은 대단히 널리 전파돼 많은 이들의 전략적 사고에 도움을 주었다.

민토 피라미드 원칙은 어떤 메시지든 그 안에는 하나의 주요 결론 또는 권고가 담겨 있으며, 이는 다시 그 하위 수준에 군집한 여러 아이디어로 뒷받침된다는 생각에 기초를 두고 있다. 논지를 지지하는 이 같은 '키라인' 아이디어들은 좀 더 자세한 데이터와 분석을 포함해 수많은 하위논지들에 의해 다시 지지될 수 있다. 어떤 수준의 어떤 아이디어든 항상 질문('어떻게?' 또는 '어째서?')을 제기하며, 이 질문은 그보다 하위에 있는 아이디어들이 답하게 된다.

이 같은 피라미드 모델은 논지를 세우고 이를 커뮤니케이션하는 효율적인 방법이며, 특정 질문의 답을 찾는 데 얼마나 많은 세부 자료가 필요할지 판단하는 유용한 수단이 된다. 예를 들어 전략 고안 과정 초반에 주요 논지라고 판단되는 아이디어를 작성해보면, 이 논지를 가장 잘 뒷받침하고 시험할 수 있는 핵심 정보와 분석방법을 짚어낼 수 있을 것이다. 당신이 작성한 피라미드의 키라인 아이디어 가운데 이를 지지해주는 데이터가 없다면, 당신은 다름 아닌 바로 그 정보를 찾아내는 데 노력을 집중해야 한다.

체계적으로 사고하는 능력은 전략가가 갖춰야 할 유용한 자질이다. 이를 갖추지 못하면 전략 분석이 모호하고 불확실해져 제대로 된 결론을 내기가 어려워진다. 반대로, 이 능력을 갖추면 아무리 복잡한 문제라도 구조화하고 분석하고 해결하고 커뮤니케이션하는 것이 가능해진다.

민토가 지난 40년 동안 지도하고 전파해온 기법들은 세계적인 여느 학자와 실천가들의 작업 못지않게 전략적 사고의 발전에 크게 기여했다.

이 책의 목표 가운데 하나는 독자들에게 전략 창안의 비법을 밝히는 동시에 독자들이 자신의 전략 기술을 시험하고 개발할 수 있는 기회를 제공하는 것이다. 각종 개념과 도구를 설명하면서 이해하기 쉽도록 다양한 관련 사례를 언급한 것도 이를 위해서였다. 이 책의 웹사이트에는 사례연구 자료뿐 아니라 간단한 예제도 실려 있고, 책의 각 장 끝에는 더 읽어볼 자료 목록과 웹사이트를 소개해두었다.

책에 언급된 이론이, 자신이 처한 상황에 어떻게 적용될는지 생각해보는 것은 전략 기술을 향상시키는 데 더없이 유용한 방법이다. 전략에 관한 신문 기사나 잡지 기사를 통독하는 것도 전략에 관한 기본 개념을 실제에 적용해보는 유익한 연습이 될 수 있다.

전략은 다른 일과 마찬가지로 오직 연습을 통해서만 통달할 수 있는 작업이지만, 전략 창안의 초심자도 이 책을 통해 유용한 기초 정보와 도구, 테크닉, 그리고 조언을 얻을 수 있을 것이다.

이것만 기억하자

전략은 직관, 데이터, 개념과 도구, 인재와 과정을 이용해
난해한 질문에 답하는 과정을 통해 수립된다.

- 마이클 포터(Michael Porter)는 〈하버드 비즈니스 리뷰〉(1996년 11/12월호)에 실린 「전략이란 무엇인가?(What Is Strategy?)」(p.61~78)라는 논문에서 전략이 무엇이며 그것이 왜 중요한지에 대한 견해를 표명했다.

- 전략을 (이 책에서 언급한 것과 유사한) 일단의 질문들로 보는 또 다른 예는 리처드 코치(Richard Koch)가 쓴 《파이낸셜 타임스의 전략 안내서(The Financial Times Guide to Strategy)》(피어슨, 2006년)와 잭 웰치(Jack Welch)의 웹사이트(www.welchway.com) 가운데 전략을 소개한 섹션에서 찾아볼 수 있다.

- 헨리 민츠버그는 〈하버드 비즈니스 리뷰〉(1987년 7/8월호)에 실린 「전략 공예(Crafting Strategy)」라는 글에서 전략 고안 작업을 항아리 빚기에 비유한 통찰력 넘치는 논지를 펼친 바 있다.

- 폴라 자자브코브스키(Paula Jarzabkowski), 모니카 잘레티(Monica Giulietti), 브루노 올리베이라(Bruno Oliveira)가 정리한 '전략 공구 세트 만들기(Building a Strategy Toolkit)'(www.aimresearch.org)에는 자주 사용되는 전략 도구가 알기 쉽게 정리돼 있다.

- 전략 개념에 대해서는 각종 전략 교재에서 참조할 수 있다. 추천할 만한 교재는 로버트 그랜트(Robert Grant)의 《현대 전략 분석(Contemporary Strategy Analysis)》(존 와일리 & 선스, 2010년)이다.

- 전략의 핵심 개념이 변화해온 역사를 알고 싶다면 월터 키첼(Walter Kiechel III)이 집필한 《전략의 제왕(Lords of Strategy)》(하버드 비즈니스 프레스, 20¹0년)을 읽어보자.

외부환경 분석

업계 세분화의 중요성

산업 매력도의 개념

업계를 형성하는 거시 세력들

조직은 진공 속에서 활동하는 것이 아니다. 어떤 전략이든 조직이 처한 외부환경의 성격에 부합해야 한다는 점을 고려해, 이제 외부로 눈을 돌려보자. 소비자, 시장, 경쟁사, 규제, 유행과 동향 등 평가 대상이 될 수 있는 환경의 측면은 다양하다. 이들 중에서 가장 먼저 짚어봐야 할 것은 무엇인가? 조직이 처한 환경을 제대로 파악하기 위해서는 충분한 데이터를 수집해야 한다지만, 과연 데이터를 얼마나 모아야 충분하다고 할 수 있을까?

환경에 대한 몇 가지 기본 질문에 답할 수 있는 데이터에 초점을 맞추자.

1. 우리는 어떤 업계에 속하는가? 세부적인 평가를 시작하기에 앞서 당신이 어떤 산업 영역에 몸담고 있는지를 규정하는 것이 중요하다. 그러나 이 질문에 대한 답이 생각만큼 쉽게 떨어지지 않는 경우도 많다.

2. 산업의 매력도는 어떤가? 해당 산업이 제공하는 기회는, 조직이 거둘
   수 있는 성공의 크기에 대단한 영향을 미칠 수 있다. 어떤 업계는 그저
   그 안에 발을 담그고 있는 것만으로도 회사의 성공이 보장될 만큼 매력
   적이다. 반면 다른 업계는 한두 곳의 경쟁자들만 겨우 손해를 면할 정도
   로 사정이 열악할 수 있다.

3. 좀 더 넓은 상황 맥락은 어떠한가? 전략가가 자신의 조직이 활동 중인
   좀 더 넓은 상황 맥락을 얼마나 이해하고 있느냐가 점점 더 중요해지는
   추세다. 기후변화, 정권교체에 따른 정책 변화, 소비자들의 새로운 관심
   사나 새로운 압력집단의 등장과 같은 거시적인 추세는 어떤 사업이 얼
   마나 매력적인가, 그 사업에서 성공하려면 어떻게 해야 하는가에 영향
   을 미친다.

이들 질문에 대한 답을 찾으며 출발 준비를 다지는 것은 어느 정도 시간
이 소요되는 작업이지만, 이 과정이 다수의 '막노동', 즉 5%의 영감, 95%
의 발품으로 이루어지는 판단을 요하는 경우도 드물지 않다. 희소식은 그
작업에 도움이 될 접근방법과 프레임워크, 도구가 다양하게 구비돼 있다는
것이다.

"경쟁력 있는 전략 고안의 핵심은, 해당 회사를 그 회사가
속한 환경과의 관계에서 바라보는 데 있다."

– 마이클 포터(Michael Porter)

산업의 경계 규정하기

조직은 명확히 구별되는 환경 안에서 움직인다. 바클레이은행(Barclays Bank)과 포드(Ford)는 전혀 다른 사업 환경에서 경쟁을 펼친다. 이처럼 일단의 경쟁사와 협력사가 각자의 활동을 영위해나가는 사업 환경을 경제학자들은 '산업(industry)'이라 부른다. 간혹 독점산업이 존재하기도 하지만, 각 산업은 일반적으로 다수의 경쟁자로 이루어져 있다. 기금을 두고 경쟁하는 자선단체와 같은 비영리단체로 이루어진 업계도 있을 수 있다. 경쟁자들을 제치고 승자가 되는 방법 또한 업계마다 다르다. 은행업계에서 유효한 게임의 법칙은 자동차업계의 법칙과 상이하다.

> "…회사의 환경을 분석할 때 가장 중점을 두어야 할 부분은
> 회사가 그 안에서 경쟁하고 있는 산업이다."
>
> – 마이클 포터

그러나 산업의 경계를 규정하는 것 자체가 어려운 경우도 있다. 여기까지는 이 업계에 해당하고, 저기서부터는 다른 업계라고 단정지을 만한 경계가 있을까? 이 장에서 계속 이야기할 자동차업계의 경우에도 고급차, 소형차, 다목적 자동차(MPV), 스포츠 실용차(SUV), 가족용 세단형 승용차, 승합차 시장별로 게임의 규칙은 제각각이다. 규칙은 각국에 따라서도 달라진다. 중국 시장에는 미국 시장과 다른 규칙이 적용된다. 사실 자동차업계는 몇 가지 비슷한 측면을 공유한 전혀 다른 업계들의 혼합체라고 보는 것도 가능하다.

이야기가 나온 김에, 앞에서 언급한 전략 개념 가운데 하나인 '세분화'에 대해 먼저 살펴보기로 하자.

세분화

세분화는 하나의 산업을 다음과 같은 핵심 차원에서 한 가지 또는 그 이상의 차이점을 보이는 하위 업계들로 구분하는 작업이다.

1. 성장률.
2. 업계 고유의 수익성.
3. 경쟁에서 이기기 위해 필요한 요건. 이는 '경쟁우위의 원천' 또는 '게임
   의 규칙'으로 일컫기도 한다.

세분화는 외부 환경 분석에서 매우 중요한 첫 단계다. 자신이 속한 산업에 대해 알지 못하고서는 합당한 전략을 만들어내는 것이 불가능하기 때문이다.

예컨대 자동차업계 전반에 관해 설명해 달라는 요청을 받는다면, 당신은 (위에 언급한 측면들을 반영해) 성장률은 낮고, (경기순환의 영향을 받고 경쟁이 치열한 시장이라) 수익성 역시 낮으며, 도요타(Toyota)나 포드, 폭스바겐처럼 저비용 전략의 글로벌 기업이 되는 것이 게임의 규칙인 업계라고 대답할 수 있을 것이다. 하지만 이와는 별개로, 미국 내 SUV 시장은 최근까지도 빠른 성장률과 높은 수익률을 보이는 중이다. 또 이 영역에서 성공하기 위해서는 글로벌 기업

이 되기보다는 미국 내에서 유명세를 쌓을 필요가 있다. 따라서 어느 자동차회사가 단지 '자동차'라는 수준에서 업계를 분석한다면, SUV 영역과 자동차업계 전반에서 진행되는 상황 간의 중요한 차이점을 간과할 가능성이 크다.

세분화가 단순히 현재의 사업을 분석할 때만 유용한 것은 아니다. 세분화는 기존 전략을 향상시킬 새로운 통찰을 제공하거나 전혀 새로운 사업을 시작하는 계기를 만들어주는 창의적인 작업이기도 하다. 보험업계를 예로 들어보자. 보험업계는 전통적으로 자동차보험이나 가계보험처럼 상품 특성에 따라 세분화되어 있었다. 그러나 이 업계는 판촉 채널에 따라, 이를테면 영업사원이 판촉하느냐, 대리점 또는 비교 웹사이트를 통해 판촉하느냐에 따라서도 세분화할 수 있다. 성장률과 수익성, 경쟁에서 승리하기 위한 요건이 상품보다는 채널에 따라 더 큰 차이를 보이는 경우도 드물지 않다.

보험업계가 채널에 따라 세분화될 수 있다는 통찰은 기존에 없던 새로운 유형의 보험회사가 탄생하는 계기가 됐다. 디렉트라인(Direct Line)은 영국 최초로 전화를 주요 소통 채널로 사용하기 시작한 보험회사다. 1985년 당시 직원 수 65명으로 출발한 이 회사는 이제 1만 명의 직원을 둔 업계의 선두 주자로 성장했다. 최근에는 또 다른 신규 채널인 가격비교 사이트의 등장으로 신생 보험회사들이 낮은 경비로 보험 상품을 저가에 판매할 수 있게 됐다. 이제 채널에 따른 산업 세분화는 금융 서비스 시장을 파악하는 주된 방식 중 하나로 간주된다.

이처럼 세분화는 전략을 짤 때 빠트릴 수 없는 과정이지만, 이는 종종 난해한 작업이 되기도 하고 이를 아예 그르치는 조직도 부지기수다. 예를 들어 폭스바겐은 중국 자동차 시장에서 일찌감치 선두를 점했던 기업으로, 1990년대 중반에는 무려 50%의 시장점유율을 기록했다. 폭스바겐 경영 진에서는 제품을 기준으로 시장을 세분화해, 어떤 종류의 자동차를 판매 할 것인가라는 선택을 기초로 전략을 만들었다. 그러나 이 같은 세분화는 1990년대 후반 시장에서 일어난 중대한 변화로 인해 무력해졌다. 초창기 폭스바겐의 주요 고객은 국영기업이었고, 회사의 합작투자 파트너였던 상 하이자동차(Shanghai Automobile Industry Corporation)의 연줄을 통해 이들에 대 한 마케팅을 진행할 수 있었다. 그러나 중국 경제가 폭발적으로 성장하면 서 소매 고객들이 시장의 더 중요한 부분을 차지하게 됐다. 이들 고객에 다 가가기 위해서는 전혀 다른 마케팅 기법과 판매·서비스망이 필요했다. 시 장을 소비자가 아닌 제품에 따라 세분화했던 폭스바겐은 이 변화에 적응하 지 못했고, 경쟁사들이 중국 시장에서 입지를 강화하는 것을 그저 지켜볼 수밖에 없었다.

산업 세분화는 유사한 구매기준을 공유한 소비자군을 분류하기 위한 마 케팅 조사 기법인 '고객 세분화(customer segmentation)'와는 전혀 다른 개념이 라는 점을 명심하자. 산업 세분화란 대상 산업을 매력도와 승산 요인에 따 라 구분하는 것이다. 예를 들어 자동차를 구매하려는 젊은 남성과 젊은 여 성은 각각 구매 기준이 다르므로 서로 다른 고객 영역에 속한다고 할 수 있 다. 그러나 그들이 별개의 산업 영역을 구성한다고는 할 수 없다. 젊은 남성 고객 시장과 젊은 여성 고객 시장이 게임의 규칙과 성장률, 수익성이라는 면에서 서로 두드러진 차이를 보이는 것은 아니기 때문이다.

이와 관련한 또 다른 개념은 '전략 그룹(strategic group)'이다. 전략 그룹은 한 업계 안에서도 특히 서로 경합을 벌이는 경쟁자들의 하위집단을 뜻한다. 외식업계를 예로 들면, 다국적 체인업체인 맥도널드(McDonald)는 버거킹(Burger King)과 같은 전략 그룹 안에서 겨루지만, 토착 고급식당들이 경합을 벌이는 장(場)은 그와는 별개의 전략 그룹이다. 세분화와 전략 그룹의 개념상 차이점은 후자가, 한 기업이 어느 한 사업군 안에서만 활동한다고 가정하는 반면, 전자는 좀 더 유연한 개념이라는 데 있다. 예를 들어 맥도널드는 패스트푸드점과 맥카페(McCafe) 커피숍을 운영하면서 서로 다른 두 개의 산업 영역에서 경쟁하고 있다. 따라서 맥도널드가 어떤 전략 그룹에 속하는지를 단언하기란 쉽지 않다.

어떻게 세분화할 것인가

세분화는 실전에서 종종 까다로운 작업이 되기도 한다. 자동차업계는 과연 어떤 기준으로 세분화하는 게 좋을까? 제품에 따라(고급차 업계와 소형차 업계), 고객 유형에 따라[플릿 판매(fleet sales: 관공서나 기업체, 렌터카 업체 등을 대상으로 한 일괄 대량 판매-역주)와 딜러를 통한 판매], 국가별로(미국 시장과 중국 시장), 그리고 서비스 유형별로(신차 판매와 애프터서비스) 분류가 가능하다. 또 얼마나 상세하게 구분할 것인가? 고객 유형별로 시장을 세분화할 경우, 플릿 판매 대 딜러를 통한 판매로 구분하는 데서 그칠 수도 있고 플릿 판매 고객을 구매 차량의 대수에 따라 또는 전형적인 구매행동에 따라 추가로 세분화할 수도 있다.

이론상 대부분의 사업군은 수백 또는 수천 개의 하위집단으로 세분화가 가능하다. 심지어 소비자 한 사람 한 사람을 각자 독자적인 영역으로 간주하는 '세그먼트 오브 원(segment of one)'이라는 세분화 방식도 존재한다. 그러나 너무 상세한 세분화는 중요한 연관성을 간과하게 할 수 있다. 폭스바겐, 포드, 도요타 같은 다국적 자동차회사들은 각기 다른 다양한 영역에 속할 수 있지만, 이런 영역 자체가 제조설비나 R&D, 딜러망을 공유하는 경우가 많아 서로 무관하다고 볼 수 없는 것이 사실이다.

여러 방식의 세분화 구상하기

업계를 세분화하는 방식은 통상 세 가지다. 시장·소비자, 제품·서비스, 그리고 가치사슬에 따른 구분이 그것인데, 이를 좀 더 기억하기 쉽게 표현하면 '누가? 무엇을? 어떻게?'라고 할 수 있을 것이다. 세분화를 시작할 때 유용한 첫 작업은 이 같은 측면을 기초로 여러 가지 세분화 방식을 브레인스토밍 방식으로 구상해내는 것이다.

시장 세분화는 지리적인 구분에 따라(이를테면 아시아 시장, 중국 시장, 지역권, 도시권), 고객 유형에 따라(국영기업 대 일반 개인 소비자), 채널에 따라(딜러를 통한 판촉 대 직판), 또는 고객의 요구에 따라(출퇴근용 대 가족 여행용) 이루어질 수 있다.

세분화가 이루어지는 수준을 달리하면 대안적인 시장 세분화가 가능해진다. 가령, '국영기업'은 본사에서 주요 전략을 논할 때 사용하기에 적합한, 매우 높은 수준의 개괄적인 개념이다. 좀 더 상세한 전략을 논의하려면 이를 좀 더 세분화할 필요가 있다. 이를테면 각 기업이 일반적으로 구매하는 차량의 대수에 따라, 또는 그들이 가격을 보고 구매하는지, 인적 관계를 기초로 구매하는지에 따라 같은 시장을 더 세분화할 수 있다.

제품 세분화 역시 다양한 방식으로 이루어질 수 있다. 중국 자동차 시장의 경우 상업용 승합차, 승용차, 소형 트럭을 비롯한 각종 차량 유형을 기준으로 제품 세분화를 진행할 수 있을 것이다. 기준 소매가격에 따른 구분 역시 가능하다. 고객 수요의 경우, 중국 시장 자체에 대한 전반적인 전략에 관한 논의를 위해서는 일부러 하위 수준으로 내려갈 필요가 없겠지만, 제조 전략에 관해 한층 상세한 논의를 하려면 고객의 요구사항을 좀 더 자세히 분류해볼 필요가 있을 것이다.

고객 세분화와 제품 세분화야말로 가장 일반적으로 행해지는 세분화이지만, 때로는 '가치사슬'이라고 불리는 업계 안의 다양한 단계에 따라 세분화하는 것이 더 적절한 경우도 있다. 일례로 자동차업계의 가치사슬은 부품 제조, 조립, 판촉, 서비스로 구성되는데, 이들은 사실 승산 요인과 수익성 수준이 다른 별개의 영역들일 수 있다. 가치사슬 세분화 역시 다양한 수준에서 가능하다. 예컨대 부품 제조 영역은 변속기, 엔진, 차체 부품, 차축 등 자동차의 주요 부품별로 나뉠 수 있는데, 이들 각각은 성장률도 다르고 경쟁자도 다른 별개의 영역이다.

이 세 가지 측면에 기초해 세분화를 진행하다 보면 셀 수 없이 많은 영역이 나오겠지만, 대안이 너무 많아지면 실제 과정이 거추장스러워질 수밖에 없다. 여러 대안 가운데 가장 '유용한' 세분화 방식을 선택하는 것이 우리가 해야 할 다음 작업이다.

유용한 세분화 골라내기

세분화는 여러 방식으로 이루어질 수 있지만 그중에서도 당면한 전략적 판단을 뒷받침할 수 있는 방식을 택해야 한다('당면한 판단'이라는 것이 없다면, 전략도 생길 수 없고 세분화가 필요할 이유도 없을 것이다!).

예를 들어 당신이 폭스바겐 중국사업부의 책임자라고 가정해보자. 당신은 차후 3~7년을 아우를 폭스바겐의 전략에 대한 결단을 내려야 한다. 이를 위해서는 어떤 고객, 어떤 제품, 가치사슬의 어떤 단계에 초점을 맞출 것인가에 관한 거시적 판단이 필요하다. 따라서 이 거시적 판단을 가능케 할 다음과 같은 고수준의 세분화가 유용할 것이다.

1. 고객 세분화: 국영기업 대 최종소비자.
2. 제품 세분화: 승용차, 승합차, 트럭. 이 각각의 영역은 다시 고가 제품군

과 저가 제품군으로 나눌 수 있다.

　　3. 가치사슬 세분화: 부품 제조(아웃소싱이냐, 자체 생산이냐), 조립(아웃소싱이냐,
자체 생산이냐), 판매(자체 판매 인력을 동원하느냐, 딜러망을 활용하느냐).

　　이와 같은 고수준 전략 개발 과정을 통해 고가의 승용차(제품 세분화 분석 결과)를 소매 고객(고객 세분화 분석 결과)에게 판매하고, 아웃소싱으로 제작한 부품으로 차량을 조립해 독립 딜러망(가치사슬 세분화 분석 결과)을 통해 판촉 및 서비스한다는 판단이 내려졌다고 가정해보자. 회사가 내려야 할 다음 선택은 어떤 지역에서 영업할 것인가, 그리고 구체적으로 어떤 고객을 타깃으로 삼을 것인가다. 이를 해결하기 위해서는 두 가지 차원을 새로운 수준으로 세분화해야 한다. 예를 들어 각 지역은 별개의 영역으로 세분화돼 분석될 수 있을 것이다. 최종 소비자는 그들의 소득수준 또는 거주 지역(도시에 사느냐 시골에 사느냐)에 따라 세분화될 수 있다. 바로 그 같은 세분화 수준이, 당신이 판단을 내려야 할 수준이기 때문이다.

　　세분화에는 한 가지 딜레마가 존재한다. 당신은 해당 시장의 성장률, 고유의 수익성, 승산 요인을 제대로 파악하기에 앞서 그 시장을 세분화해야 한다. 그러나 적실한 세분화를 도출하려면 그 이전에 그 시장에서 매력도를 높이는 것은 무엇이며, 경쟁에서 이기기 위해 필요한 것은 무엇인지를 알고 있어야 한다. 이 때문에 세분화 작업은 종종 직관과 분석, 시행착오를 거치며 반복적으로 이루어진다. 세분화는 익히기도 어렵고 몇 차례의 연습이 필요하기도 한 과업 가운데 하나다.

세분화를 위한 체크리스트

세분화 작업에 자신이 없거나 경험이 부족하다면, 직접 구상한 세분화가 지나치게 상세하거나 너무 높은 수준에서 이루어지지는 않았는지 반드시 확인해야 한다.

다음은 두 개의 세분화 영역이 서로 얼마나 큰 차이를 보이는지 평가할 수 있는 질문들이다. 이를 활용해 해당 영역을 하나의 동일 영역으로 다뤄야 하는지, 아니면 그대로 분리해 다뤄야 하는지 감을 잡을 수 있다. 당신이 세분화한 영역들은,

1. 서로 크게 다른 성장률을 보이고 있는가?

2. 모든 경쟁자들의 평균 수익성에 두드러진 차이가 존재하는가?

3. 산업 구조에 중대한 차이가 있는가?

   (이에 대해서는 5세력 모델을 논할 때 더 자세히 다룰 것이다.)

- 두 영역의 고객층이 서로 다른가? 고객들의 구매 기준이 크게 다른가? 예컨대 한 영역의 고객들은 가격을 가장 중시하는 반면, 다른 영역의 고객들은 브랜드나 제품 디자인에 가치를 둘 수 있다.

- 두 영역의 공급업체들이 서로 다른가?

- 각 영역 제품에 대한 잠재적 대체상품이 서로 다른가?

4. '경쟁에서 이기는 방법' 또는 경쟁우위의 원천에 차이가 있는가? 가령,

- 두 영역에서 겨루는 경쟁자들이 서로 다른가?

- 당신이 차지한 시장점유율이나 경쟁사들의 점유율이 영역 간 큰 차이를 보이는가?

- 각 영역에서 경쟁하기 위해 필요한 자산과 능력이 크게 다른가?

- 두 영역의 가격 구조가 서로 다른가?

- 한 영역의 경쟁자가 다른 영역에 진입하는 것을 막는 견고한 장벽이 존재하는가?
- 두 영역에서 당신의 수익률과 시장점유율이 큰 차이를 보이는가?

한 가지 예를 들어보자. 현재 중국 시장은 지역에 따라 큰 다양성을 보이고 있다. 각 시장은 서로 다른 속도로 성장하고, 한 지역에서 유리한 위치를 차지한 기업이 다른 지역에서는 제대로 안착하지 못하는 일도 벌어진다(예를 들어 두 영역의 경쟁우위 원천이 서로 다르기 때문에). 당신이 나눈 세분화 영역들이 이 같은 측면에서 큰 차이를 보이지 않는다면, 영역들을 통합해 전략을 단순화하는 것이 좋다. 가령, 애초 중국 시장을 각 지역별로 세분화했던 것을 남부, 상하이, 베이징, 내륙 지역이라는 네 개의 초대형 지역군으로 통합할 수 있다. 이 초대형 지역군 각각에서 발견되는 편차는 좀 더 세부적인 분석을 정당화해줄 만큼 눈에 띄는 수준은 아니기 때문이다.

산업 매력도

전략 창출 과정에서 묻게 되는 근본적인 질문 가운데 하나는 '과연 어디에 투자할 것인가?'다. 이에 답하기 위한 첫 단계는 다양한 영역의 매력도를 평가하는 것, 다시 말해 그 업계나 영역의 일반 경쟁자로 활동하는 것이 얼마나 매력적인가를 평가하는 일이다. 평가 기준이 될 요소는 다음 세 가지다.

1. 규모. 모든 조건이 동일하다면, 규모가 큰 영역에서 경쟁하는 것이 더 유리하다.

2. 성장률. 고성장 사업은 시장 규모가 팽창한다는 이점뿐 아니라 시장점유율을 두고 아귀다툼할 필요가 없어 더 큰 수익을 낼 수 있다는 이점도 지닌다.

3. 평균 수익률. 다른 업계보다 더 좋은 수익성을 타고난 업계가 존재한다.

예를 들어 자동차업계의 경우, 소형차 영역은 규모가 크고 성장 중인 시장이지만 대체로 경쟁이 치열하고 이윤폭은 적은 편이다. 반면, 고급차 시장은 규모가 작은 대신 수익성은 훨씬 높다.

시장의 규모나 지금까지의 성장률에 관한 데이터는 일반적으로 쉽게 구할 수 있다. 그러나 군용기에 쓰는 연료 호스나 특수 식품 첨가제처럼 전혀 새로운 영역에서는 예외적인 경우가 생길 수 있다. 그럴 때는 고객의 수, 고객 성장률, 각 고객의 구매 상품을 연간 기준으로 추정하는 방식으로 해당 시장의 규모와 성장률에 대한 모델링을 해볼 필요가 있다.

추정하기가 가장 어려운 부분은 해당 영역의 수익성인 경우가 많다. 다음 표에서 드러나듯이 여러 업계들 간의 수익성은 천양지차고, 이 같은 차이는 업계를 좀 더 상세히 세분화할 경우 더욱 두드러진다.

따라서 얼마 동안 시간을 투자해 해당 영역이나 업계의 수익성을 분석할 필요가 자주 생긴다. 이 작업에는 다음과 같은 접근방법을 혼용해 사용할 수 있다.

자사의 수익성을 영역별로 따져보자. 이에 관한 데이터가 대부분 존재한

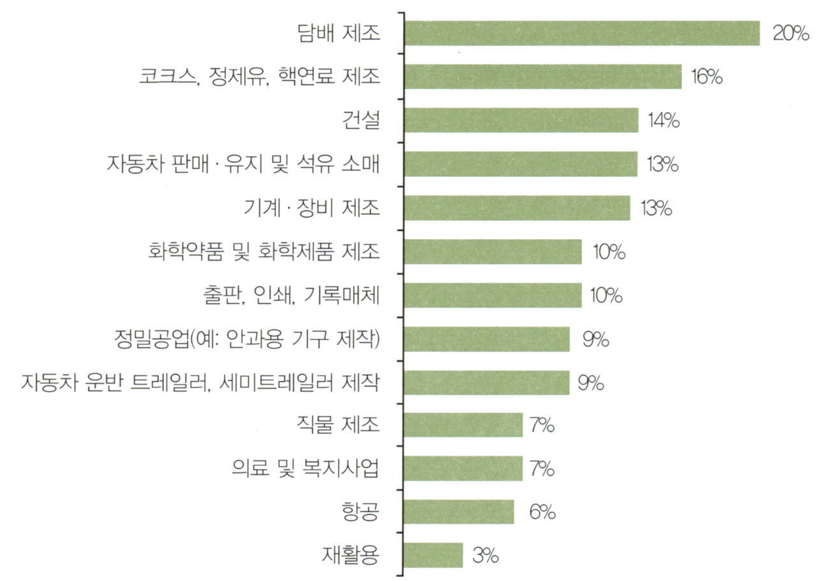

다는 것이 이 접근방법의 장점이다. 그러나 안타깝게도 이는 특정 산업 영역의 수익성을 예측할 수 있는 신뢰할 만한 수단이 되지 못한다. 당신의 회사가 차지한 포지션이나 회사의 운영 효율성 같은, 계획에 포함되지 않은 요인들의 영향을 배제할 수 없기 때문이다. 업계 매력도란 해당 영역의 전형적인 참가자가 되었을 때 누리게 되는 매력도라는 점을 기억하자. 당신이 '전형적인' 참가자가 아닐 경우, 당신이 거둔 수익성은 해당 영역의 평균 수익성을 추정하기 위한 정확한 기준이 되지 못한다.

여러 경쟁자들의 수익성을 파악하자. 이는 유익한 통찰을 얻을 수 있는 방법이다. 그러나 경쟁자들의 수익성을 알려면 오직 한 영역에서만 활동하는 경쟁자나 각 영역별 데이터를 자체 산출하는 경쟁자를 찾아야 하는데, 그런 곳을 찾기란 하늘의 별따기다. 그런 경쟁자를 찾는다면 당신은 분명 행운아다. 경쟁자들의 수익성을 분석하는 것은 유용한 기준점을 마련할 수 있는 작업이지만, 이를 통해 주요 전략적 판단에 기초가 될 신뢰성 있는 데이터를 얻기란 거의 불가능하다.

전반적인 '산업 구조'를 고려해 해당 영역의 수익성을 추정해보자. 지금껏 산업경제학자들은 한 산업이 다른 산업보다 더 큰 채산성을 내는 이유에 대해 연구해왔다. 그들은 산업 구조상의 차이(예를 들어 공급자, 고객, 경쟁자들의 구성 양태, 그들이 서로 상호작용하는 방식)가 고객과 경쟁자에게 어떻게 서로 다른 결과를 내놓는지를 관찰해왔다. 예를 들어 독점시장은 그 시장의 단독 경쟁자에게는 고수익을 안겨주지만 그런 시장에서 고객들은 손해를 볼 수밖에 없다. 제품 판매가 가격 중심으로 이루어지는 생필품 업계는 전반적으로 수익성이 낮은 편에 속한다. 경제학자들은 한 산업 영역의 수익성 예측에 사용할 수 있는 몇 가지 경험법칙을 개발해냈다. 예컨대 경쟁자 수가 많은 영역이나 소비자들이 가격에 좀 더 민감한 업계는 수익성이 비교적 낮은 경향이 있다는 식이다. 가장 간단한 접근방법은 가스 샐로너(Garth Saloner), 안드레아 셰퍼드(Andrea Shepard), 조엘 포돌니(Joel Podolny)가 공저한《전략 경영(Strategic Management)》에서 영역 수익성을 증진시키기 위해 환경 유형을 특징별로 분류한 것처럼 경쟁 환경의 유형을 범주화하는 것이다.

• 완전경쟁. 여러 경쟁자가 가격에 민감한 소비자에게 생필품을 판매

하는 경쟁 환경이다. 휘발유 소매업, 밀 등의 생필 농산물 재배업이 그 예다.

- 틈새시장. 경쟁자들이 별개의 틈새시장에서 경쟁을 벌이기 때문에 경쟁이 벌어지더라도 어느 한 영역에 너무 많은 경쟁자가 밀집되지는 않는 환경을 말한다. 고급 와인, 고가의 여행가방 같은 사치품 시장이 그렇다.

- 과점. 소수의 경쟁자만 존재하는 환경이다. 이들 경쟁자는 가격할인전쟁을 유발시키지 않는 식으로 경쟁 과열을 피하는 방법을 터득할 수 있다. (경쟁자 수가 많지 않은) 발전(發電) 시장, (동일한 영화를 유사한 가격에 상영하는) 영국 영화관 업계가 그 예다.

- 지배기업. 한 경쟁자가 가격 책정이나 생산 확대 같은 부분에서 업계에 지시를 내릴 수 있을 만큼 강력한 위치를 점하는 환경을 말한다. 영국 내 가스 및 전기 소매업계가 한 예다. 브리티시가스(British Gas)는 종종 가격 변동을 가장 먼저 고지하는, 여타 경쟁자들의 가격 기준으로 간주되는 회사다.

- 독점. 유일한 단일 경쟁자가 제품에 높은 가격을 매기는 등 대체로 자사가 원하는 대로 행동할 수 있는 환경을 말한다. 운영체제 시장의 마이크로소프트(Microsoft)를 예로 들 수 있다.

어떤 산업이 항상 뚜렷한 어느 한 가지 항목에만 해당되는 것은 아니다. 예를 들어 전기 소매업계의 일부 경쟁자들은, 브리티시가스가 기존 가격을 유지하더라도 시장점유율을 확보하기 위해 가격인하 정책을 펼 수 있다.

그러나 전반적으로 각 산업은 제각기 특정 모델을 따르기 때문에, 이를 통해 그들의 수익성에 대한 단서를 얻을 수 있다. 하지만 기껏해야 업계 수익성을 추정하는 것은 조야한 수단에 불과하다.

5세력 모델

그보다 복잡하지만 더 엄정한 접근방법은 마이클 포터가 개발한 '5세력 모델'을 활용해 한 업계나 영역의 잠재 수익성을 분석하는 것이다. 포터는 업계 수익성을 결정하는 다섯 가지 세력을 해당 제품이나 서비스에 대한 대체재의 위협, 신규 진입자가 제기하는 위협, 공급자의 협상력, 구매자의 협상력, 그리고 기존 참가자들 사이의 경쟁으로 정의했다.

이 같은 세력들이 수익성에 어떻게 영향을 미치는지 알아보기 위해, 모든 경쟁자가 자사의 제품 가격을 20% 올려 수익성이 상승할 경우 해당 업계에 어떤 일이 일어나는지를 상상해보자. 매력도가 높은 산업에서는 5세력이 우호적이기 때문에(즉 모든 세력이 제한된 영향만 발휘하기 때문에) 추가 수익은 기존 경쟁자들에게 돌아갈 것이다. 담배업계를 예로 들어보자.

- 흡연자에게는 담배를 대체할 만한 훌륭한 대체재가 존재하지 않는다. 가격이 상승한다 하더라도 소비자들이 담배 대신 대체재를 선택하는 급격한 구매변화가 일어날 가능성은 없다.
- 담배업계는 새 브랜드를 론칭하고 유통하는 데 고비용이 소요되는, 진입 장벽이 매우 높은 시장이라 신규 진입자들로 인한 위협도 낮다. 이

는 다른 이들이 추가 수익을 차지하기 위해 시장에 진입하는 것을 막아준다.

- 담배업계에서 가장 중요한 공급자는 일차적으로 농부인데, 이들은 필립모리스(Philip Morris) 같은 기업에 거의 협상력을 발휘하지 못하기 때문에 이들이 추가 수익을 차지할 가능성도 적다.
- 마찬가지로, 담배 제품의 구매자도 협상력이 거의 없는 파편화된 소비자다. 최종소비자는 어느 한 가지 브랜드에 충실하기 때문에, 거대 소매업체조차 주요 담배 회사에 구매 중단 위협을 가할 수 없는 실정이다.
- 경쟁자 수가 비교적 적어 업계 경쟁도 제한적이다. 또 가격에 따라 애용 브랜드를 바꾸는 최종소비자도 많지 않기 때문에 업체들도 가격을 놓고 경쟁을 벌이지는 않는 편이다. 가격할인전쟁은 결국 모두에게 피해만 입힐 것이기 때문이다.

이와는 대조적으로, 매력도가 낮은 업계에서는 5세력이 기존 경쟁자들에게 비호의적이다. 즉 기존 경쟁자들 사이에 가격할인경쟁이 벌어지거나(높은 경쟁도), 소비자가 발휘하는 협상력이 크거나 또는 가격이 오를 경우 소비자가 돌아설 훌륭한 대체재가 존재하기 때문에, 증가된 수익은 소비자 손으로 돌아가게 된다. 그게 아니면 추가 수익이 공급자나(그들이 강력한 협상력을 지닌 경우) 신규 진입자에게 돌아갈 수도 있다(진입장벽이 낮은 경우). 일례로, 유럽 항공업계는 경쟁이 치열하고(참가자 수가 지나치게 많은데다 고정비가 높고 가격할인경쟁까지 벌어지기 때문에) 신규 진입자로 인한 위협이 뚜렷하기 때문에(최근 몇 년에 걸쳐 몇 곳의 저가항공사가 새로 문을 열었다) 수익성이 저조한 업계에 속한다.

마이클 포터
Michael Porter

마이클 포터는 세계에서 가장 유명한 전략학자다. 1947년생인 그는 프린스턴 대학교와 그가 현재 교수로 재직 중인 하버드 경영대학원을 높은 성적으로 졸업했다. 그는 경영 컨설팅 회사 모니터(Monitor)를 공동 창립했으며, 정부 및 일반 기업에 자문을 제공하고 있다.

그가 이룬 업적 가운데 하나는 다른 이들의 연구 성과를 이해하기 쉬운 형태로 최초로 요약했다는 것이다. 그는 경쟁자의 수, 고객과 경쟁자의 상대적인 규모, 진입장벽의 존재 유무와 같은 산업 구조상의 차이가 수익성에 영향을 미치는 양상을 연구한 에드 메이슨(Ed Mason)과 조 베인(Joe Bain) 같은 산업경제학자들의 수십 년에 걸친 연구 성과를 통합 정리했다. 이 같은 작업의 상당수는 기업들이 독점 권력을 발휘해 '부당한' 이득을 취하는 것을 막을 방법을 찾기 위해 이루어졌다. 그러나《경쟁전략(Competitive Strategy)》이라는 책에서 포터는 생각의 방향을 돌려, 기업들이 과연 어떤 조건의 산업구조 아래에서 더 높은 수익을 거둘 수 있는지를 이해하도록 도울 5세력 모델을 창안했다.

그의 다음 저서《경쟁우위(Competitive Advantage)》는 경쟁우위, 비용에 기초한 경쟁 대 차별화에 기초한 경쟁의 차이, 가치사슬이라는 개념을 많은 독자들이 이해할 수 있을 만큼 자세히 설명해준다. 최근에 이르기까지 포터는 이 같은 사상을 국가 및 보건정책의 경쟁우위를 포함한 다양한 주제에 적용해왔다.

비록 경쟁자 사이의 협력, 문화, 정부와 사회가 기업에 가하는 압력과 같은, 전략에 미치는 '연성(延性)' 영향력을 고려하지 않았다는 비판을 받기도 하지만, 포터는 전략을 뒷받침하는 경제이론의 가장 위대한 해설자로 여전히 간주되고 있다.

포터의 5세력 모델은 단순히 현재의 업계나 영역의 잠재 수익을 가늠하는 것을 넘어, 경쟁우위의 원천을 비롯해 상황의 다른 측면들을 분석할 토대와 해당 업계가 어떻게 전개될지에 대한 통찰을 제공해준다. 따라서 이 모델은 경쟁적인 업계에서 전략을 고안할 때 이른 단계에 적용하면 유용한 분석방법이다.

5세력 모델 분석을 진행하려면, 일단 업계 수익성에 큰 영향을 미칠 수 있는 요인을 찾아야 한다. 다음은 이에 도움이 될 체크리스트다.

대체재 또는 대체 서비스가 제기하는 위협도가 높다:

• 대체재가 경쟁력 있는 가격과 품질을 갖췄을 때

• 구매자들이 감수해야 할 전환비용이 거의 없을 때

신규 진입자들이 제기하는 위협도가 높다:

• 규모의 경제가 미비할 때

• 경험이나 학습곡선효과(learning curve effects)가 제한적일 때

• 제품 차별화 수준이 제한적일 때

• 자본 요구수준이 낮을 때

• 전환비용이 낮을 때

• 유통 채널을 바로 이용할 수 있을 때

• 기타 다른 자원에 대한 기존 참가자의 이점이 제한적일 때, 이를테면

  특허 기술

  원자재에 대한 우수한 접근성

  유리한 입지(location)

  정부 지원금

공급자들의 협상력이 높다:

• 공급자 수가 적고 그들이 판매하는 업계보다 그들 쪽의 집중도가 더 높

을 때

- 다른 대체재와 경쟁해서라도 업계에 판매하려는 의향이 없을 때

- 해당 업계가 공급자 그룹에 중요한 고객이 아닌 경우

- 공급자의 제품이 구매자의 사업에 중요한 투입 요소일 때

- 공급자 그룹의 제품이 차별화되어 있거나 전환비용을 확립한 경우

- 공급자 그룹이 전방통합(forward integration: 기업이 자기의 경쟁자에 대해 소유 권을 획득하거나 통제를 강화하는 것–역주) 위협을 제기할 수 있는 경우

구매자들의 협상력이 높다:

- 구매자들이 집중돼 있거나, 판매자들의 판매량에 비해 많은 양을 구매하는 경우

- 구매자들이 구매하는 제품이 그들의 비용이나 구매량의 큰 부분을 차지하는 경우

- 구매자들이 구매하는 제품이 표준적이거나 차별화되어 있지 않은 경우

- 구매자들이 직면한 전환비용이 거의 없는 경우

- 구매자들이 얻는 이익이 낮은 경우

- 구매자들이 후방통합(backward integration: 어떤 상품의 메이커가 그 부품이나 원자재 생산자를 매수하거나, 도매업자 또는 소매업자가 메이커를 지배하에 들어가게 하거나 하는 것–역주) 위협을 제기하는 경우

- 업계의 제품이 구매자의 제품이나 서비스의 질에 중요한 영향을 미치지 않는 경우

- 구매자가 완전한 정보를 갖춘 경우

기존 경쟁자들 간의 경쟁이 치열하다:

- 경쟁자 수가 많거나 우위에 차이가 없을 때

- 산업이 느린 성장을 보일 때

- 고정비나 보관비 수준이 높을 때

- 차별화나 전환비용이 제한적일 때

- 경쟁자들이 다양할 때

- 전략에 따라 승패가 크게 갈릴 때

- 퇴출장벽이 높을 때

- 생산능력이 대폭 증가했을 때

이 같은 요인을 평가한 뒤, 이를 통틀어 각 세력의 영향이 전반적인 업계 수익성에 미칠 영향을 판단해보자. 다양한 산업군의 수익성을 열거한, 앞에 나온 도표를 떠올려보면 도움이 될 것이다. 당신의 업계는 (수익성이 높은) 담배 업계와 비슷한가, 아니면 (고도로 경쟁적이며 수익은 적은) 항공업계와 더 유사한가?

5세력 모델을 활용할 때 유의할 점

포터의 5세력 모델은 한 산업의 잠재 수익에 영향을 미치는 요인을 이해하는 데 대단히 유용한 도구다. 그러나 한 가지 실망스러운 점은, 이 모델이 정량적인 답을 제시하지는 않기 때문에 결국에는 전략가 스스로 판단을 내려야 한다는 데 있다. 물론 당신은 당신이 갖고 있는 수익성 관련 데이터가 5세력 분석과 부합하는지 체크할 수 있고 또 체크해야 하지만, 이는 업계 수익성을 정확히 모델링해보는 것과는 같지 않다. 그 같은 모델링이 가능한 도구를 만들어내기 위해 수많은 시도가 이루어졌지만, 대부분 실패로 끝났다.

일부 예외도 존재한다. 예컨대 광물이나 발전과 같은 생필품 사업의 경우 수요·공급 곡선을 그려 예상 가격을 추정하고 그에 따라 업계의 수익성을 예측하는 것이 가능하다. 또 당신이 속한 특정 업계가 그 같은 분석이나 또 다른 정량분석을 적용할 수 있는 업계일 수도 있다. 확고한 예측값을 내지는 못하더라도, 그 같은 모델들은 5세력 모델과 같이 좀 더 정성적(定性的)인 분석에 근거를 제공하거나 반증을 내놓을 수 있다.

업계나 영역의 수익성을 추정할 때 실수를 유발할 수 있는 요인은 그 밖에도 다양하다. 일단 '영역 수익성'이라는 것이 무엇을 의미하는지가 불확실하다는 맹점이 있다. 사람들은 이를 '해당 영역에서 우리의 수익성'과 혼동해, 자신은 실상 매력도가 낮은 영역에서 굳건한 경쟁 포지션을 갖춰 충분히 이익을 보는 상황에서도 매력 있는 영역에는 반드시 수익성 높은 제품이 존재할 것으로 추정하는 경우가 많다. 앞에서 언급했듯이, 포터의 5세력 모델은 한 영역의 특정 경쟁자가 아니라 일반 경쟁자들의 잠재 수익성에 대한 통찰을 제공한다. 기억해야 할 중요한 점은 한 영역의 전반적인 잠재 수익과 규모 및 성장률은 그 영역 안에서 당신이 차지한 포지션과는 별개라는 사실이다.

또 다른 맹점은 '산업 매력도'라는 개념이 가장 유효할 때는 다양한 경쟁자들이 유사한 산업구조에 놓였을 때라는 데 있다. 예를 들어 모든 주요 자동차회사는 유사한 고객기반, 철강과 같은 원자재를 공급하는 유사한 공급자, 유사한 진입장벽을 갖고 있다. 경쟁자 수가 적거나 이들 경쟁자가 아주 다른 산업구조에 놓여 있다면, 각자는 산업구조가 독특한 각각의 '미기후(微氣候: 주변 어느 지역과는 다른, 특정 좁은 지역의 기후-역주)' 안에 존재하게 될 수도 있다. 이를테면 일부 항공사는 강력한 노조(노동력 공급자)를 두고 있는 데 반해 다른 회사들은 그렇지 못한 상황에서는, 5세력 모델 분석을 단순히 업계 수준에 적용하기가 불가능해진다. '전형적인' 경쟁자가 없을 때 업계 분석은 난해한 일이 될 수 있다. 다행인 것은 한 회사의 개별 포지션에 따른 가능한 수익성을 평가하는 데 5세력 모델을 사용할 수 있다는 점이다. 그러나 각 기업의 개별 상황을 평가하려면 분석방법을 다소 수정해야 하기 때문에, 프레임워크의 적용은 결국 더 복잡해질 수밖에 없다. 그럼에도 수익성을 형성하는 다섯 가지 세력을 분석함으로써 얻는 통찰은 여전히 유효하다.

한 가지 한계는 업계 수익성이라는 개념이 이 책에서 논할 많은 전략 개념 및 도구와는 달리 비영리조직 전반에 쉽게 적용 가능하거나 유효하게 쓰이지 못한다는 점이다. '업계 수익성'이라는 개념을 자선사업에 적용하기란 쉽지 않다(그 조직이 중고 자선 매장 같은 업계에서 경쟁하지 않는 한). 그러나 '매력도'라는 좀 더 일반적인 개념은 여전히 유효하다. 가령, 당신이 빈곤아동의 삶의 질을 향상시키기 위한 자선사업을 운영한다면, 당신이 참여할 수 있는 '영역'은 여러 국가는 물론 식수 공급이나 교육, 식량 프로그램, 직업개발과 같은 각종 서비스에 이르기까지 다양하다. 이들 각각은, 그 영역에서 활동하는 것이 빈곤 아동의 삶을 개선하는 데 얼마만큼 기여할 수 있을까(일반영리업체의 '잠재 수익성'과 동등한 개념)를 고려해 매력도라는 면에서 평가가 가능하다. 1파운드라도 교육에 투자하는 것이 식수 공급에 투자하는 것보다 효과가 클까? '매력도'라는 기본 개념은, 비록 방식은 다를지언정 자선사업에도 유관한 개념이다.

거시환경

경쟁자와 신규 진입자, 공급자, 구매자를 제외한 외부 요인의 역할 역시 많은 산업에서 전략에 중요한 영향을 미칠 수 있다. 정부 규제와 대중여론, 압력집단의 영향력은 무시할 수 없는 힘이다.

어떤 이들은 포터가 '거시환경(macro-environment)'이라 칭한 이들 영향력은, 그것이 시장 요인 또는 '미시환경(micro-environment)'에 어떤 영향을 미치는가를 기준으로 평가하는 것이 최선이라고 주장한다. 항공업계에 대한 정부의 영향력을 예로 들어보자. 외국 항공사가 자국을 드나드는 것을 제한하는 법률은 시장 진입장벽을 높이고 경쟁자들의 수를 줄일 것이다. 공항에 대한 규제는 잠재적으로 강력한 이들 공급자가 항공사와 수익을 협상할 수 있는 능력에 제한을 가한다. 예컨대 히드로(Heathrow) 공항 소유주는 슬롯 경매(slot auction: 특정 항공편이 운항할 수 있도록 허가받은 시간대를 뜻하는 '슬롯'을 각 항공사에 경매 방식으로 배분하는 것-역주)로 돈을 벌 수도 있었지만, 규제에 의해 그렇게 할 수 없게 되어 있다.

그러나 거시환경이 항상 미시환경의 시장 세력을 통해 작용하는 것만은 아니다. 예를 들어 아이슬란드의 화산재 구름은 5세력 중 아무것도 거치지 않고 항공업계 전반에 영향을 미쳤다. 멕시코 만(灣)에서 일어난 브리티시 페트롤륨(British Petroleum: BP)의 석유 유출 사건에 대한 미국인들의 대중적

분노 역시 대단한 힘을 발휘했으나, 시장을 통해 이 힘을 발휘한 것은 아니었다.

이런 식의 영향력을 이해하기 위해서는, 별개의 프레임워크를 활용해 광범한 영역의 힘이 조직에 미치는 효과를 평가하는 것이 유용할 수 있다. 가장 일반적인 분석 방식은 PEST 또는 PESTLE이라 불리는 방식인데, 이는 다음의 머리글자로 이루어진 이름이다.

- 정치적 영향(Political influences)

- 경제적 영향(Economic influences)

- 사회적 영향(Social influences)

- 기술적 영향(Technological influences)

- 법적 영향(Legal influences)

- 환경적 영향(Environmental influences)

이 간단한 구조는 다양한 환경적 힘에 대한 정보 수집을 용이하게 해준다. 일단 정보가 수집되면, 핵심은 그들 각각이 조직에 미칠 함의를 추출해내는 것이다. 이는 두 가지 상호보완적 방법으로 수행될 수 있다. 첫째는, 그들이 5세력에 어떤 영향을 미칠지를 따져보는 것이다. 둘째는, 그들이 경쟁과정을 통해 빚어지는 효과가 아닌, 정부의 명령이나 대중 여론, 신의 섭리 같은 다른 메커니즘에 의해 유발될 수 있는 영향력을 발휘할 것인가를 질문해보는 것이다.

PESTLE 분석과 유사한 다른 프레임워크도 도움이 될 수 있다. 흔히 쓰이는 것은 '국가 위험도 분석(country risk analysis)'으로, 특정 국가에서 작용하는 일반 요인을 기술하는 데 사용하는 방법이다. 이는 대규모 해외 투자를 고려할 때 특히 유용하다. 사실, 국가 위험도 분석은 익숙지 않거나 위험한 시장에 투자할 때 전형적으로 맞닥뜨리게 되는 문제에 맞게 수정된 일종의 PESTLE 분석이다. 언급한 문제에는 다음과 같은 내용이 포함될 것이다.

- 경제적 불확실성(예: 성장률, 인플레이션)
- 소버린 리스크(sovereign risk : 정부가 채무상환이나 기타 다른 협약을 이행할 수 없게 되는 위험)
- 정치적 불확실성
- 배당금 송금 제한과 같은 외환 이전 규제
- 재평가 위험과 같은 환율 변동성
- 조세정책, 소급조치 시행 위험
- 규제 및 법적 불확실성
- 분쟁의 위험(내전 또는 다른 종류의 불안)
- 부패 수준

PESTLE 분석에서 언급한 요인과 더불어, 이 같은 요인이 업계의 성장률 및 수익성에 어떤 영향을 미칠는지 생각해보자.

국가 위험도 분석은 종종 맥락에 맞게 수정되기도 한다. 가령, 당신이 개발도상국의 발전소에 투자했다면, 연료공급 계약의 시행 가능성과 송전

구조의 안정성 같은 요인이 무엇보다 중요할 것이다. 단순히 표준적인 신용 리스크 리포트(국채의 신용도 같은 특수한 문제를 주로 다루는)를 만들어내는 것이 아니라 상황에 맞게 조정된 접근방법을 도출하는 것이 목표가 되어야 할 것이다.

- 이 장(과 이어지는 장)에서 다룬 도구들을 적용하는 방법에 대한 실전 사례를 알고 싶다면, www.whatyouneedtoknowaboutstrategy.com을 참조하자.

- 세분화에 대한 실용적인 지침을 제시하는 책은 비교적 드문 편인데, 리처드 코치의 책 《파이낸셜 타임스의 전략 안내서》(피어슨, 2006년) 제2장은 바로 그런 지침을 제공한다[구글북스(Google Books)에서도 이용 가능하다].

- 5세력 모델의 원안은 마이클 포터의 책 《경쟁전략》(프리프레스, 1980년)에 실려 있다. 이를 수정·보완한 내용은 〈하버드 비즈니스 리뷰〉(2008년 1월호)에 게재된 논문 「전략을 형성하는 다섯 가지 경쟁 세력(The Five Competitive Forces That Shape Strategy)」에서 참조할 수 있다.

- 로버트 그랜트의 《현대 전략 분석》(존 와일리 & 선스, 2010년) 제2부의 두 장에는 업계 분석에 관한 논의가 실려 있다.

- 영국기업청과 영국국립도서관에서는 통합 정리된 무료 온라인 자료를 살펴볼 수 있다. 산업 및 경제동향에 관한 유료 데이터베이스[예: 옥스포드 애널리티카(Oxford Analytica), 스트래티지 아이(Strategy Eye)]뿐 아니라 전문가 연구 데이터베이스[예: 넥시스 렉시스(Nexis Lexis), 인포트랙(Infotrac)], (IT 부문의) 가트너 앤드 포레스터(Gartner and Forrester)와 같은 애널리스트 사이트에도 접속 가능하다.

- 전문가 포털 사이트는 특정 주제와 관련한 정보원에 대한 단일 진입점을 제공해준다. 전략에 관한 자료에 접속할 수 있게 해주는 엡스코(EBSCO)의 EDS나 영국국립도서관의 정보자원 내비게이터(Resource Navigator), 경영개발 및 리더십에 관한 정보를

제공하는 애시리지 가상학습자원센터(Ashridge Virtual Learning Resource Centre), 그리고 현재의 동향에 대해 독특한 스냅샷을 제공하는 DTN의 '시나리오 콘솔'이 대표적이다.

제3장

내부상황 분석

고객을 위한 가치 창출하기

경쟁우위 평가하기

사명과 목표 정의하기

전반적인 상황 요약하기

실제 실적과 대조검토하기

내부상황 평가는 다양한 측면에서 이루어질 수 있다. 상품, 서비스, 브랜드, 비용, 테크놀로지, 인력, 기술, 시스템, 조직구조와 조직문화, 리더십, 비전, 실적, 재정적 강점 등이 모두 평가 가능한 측면이다. 그렇다면 어디에서부터 시작해야 할까?

심사숙고와 데이터 수집에 들이는 노력을 효율적으로 배분하려면, 내부환경에서 유일하게 중요한 사항은 조직과 그 외부환경과의 관계에 영향을 미치는 것들이라는 점을 먼저 유념해야 한다. 제품과 서비스와 브랜드는, 그것이 소비자를 위한 가치를 어떻게 전달하느냐라는 맥락 안에서 이해되어야 한다. 비용과 테크놀로지는 절대적인 관점이 아니라 경쟁자들과 비교할 때 어떤가라는 상대적인 관점에서 평가되어야 한다.

내부가 어떻게 외부와 조화를 이루느냐에 초점을 맞춰 평가해야 한다는 점을 고려하면, 답해야 할 중요한 질문은 몇 가지로 추려진다. 첫째는, '우리가 고객과 이해관계자들을 위해 얼마나 많은 가치를 창출하느냐'다. 조직 자체에 대한 편협한 명상에 그치지 않으려면, 당신이 서비스하는 이들의 요구를 만족시키기 위해 당신이 무엇을 하고 있는지를 자문해볼 필요가 있다. 그들을 위해 어떤 가치를 창출하고 있는가? 무엇이 그들로 하여금 당신의 제품이나 서비스를 구매하고 싶거나 구매하고 싶지 않게 만드는가? 이는 종종 고객가치 구성(customer value proposition: CVP)이나 고유한 판매소구점(unique selling point: USP)이라는 용어로 지칭되는 내용이다. 이 첫 번째 질문은 임직원, 협력사, 정부, 기부자, 지역사회와 같이 기타 다른 중요한 이해관계자들의 관점을 서술할 때도 사용될 수 있다.

두 번째 질문은 이것이다. '당신의 경쟁우위는 무엇인가?' 또는 좀 더 직설적으로 묻는다면 이런 질문이 될 것이다. '당신은 지금 이기고 있는가?' 경쟁 시장에서는 고객에게 우수한 서비스를 제공하는 것만으로는 충분치 않다. 경쟁자보다 더 우수해야 하는 것이다.

'내부' 상황에 대한 분석을 이처럼 고객과 이해관계자, 경쟁자들을 감안하면서 시작하는 것이 의외일 수도 있다. 그러나 조직 내부의 능력과 특성은, 그것이 이해관계자들을 위한 가치를 경쟁자보다 더 많이 창출할 때 가치를 지니는 측면이다. 앞에서 언급한 두 가지 질문에 집중하면, 자신의 조직이 갖춘 특기를 열거하는 데 그치는 함정에 빠지지 않고, 그 같은 내부의 특질이 조직의 성공이나 실패에 어떻게 기여하는지를 살펴볼 수 있을 것이다.

내부상황의 또 다른 중요한 측면은 다음 질문으로 요약된다. '우리의 현재 사명(使命, mission)과 목표는 무엇인가?' 조직의 실적이 결과적으로는 조직이 점한 경쟁 포지션에 따라 결정된다 하더라도, 조직이 궁극적으로 달성하고자 하는 것이 무엇인지에 대해, 다시 말해 조직의 사명과 전략 목표에 대해 알고 있을 필요가 있다.

고객을 위한 가치 창출

어째서 고객 이야기가 제일 먼저 등장하는 것일까? 최강의 경쟁자가 된다 해도 고객을 위해 창출하는 가치가 없으면 제대로 된 보상을 받기가 힘들기 때문이다. 사륜마차 업계, 진공관이나 레코드판 제조업계의 일등 생산자를 떠올려보면 이해할 수 있을 것이다.

고객을 위한 가치를 창출하는 새로운 방법을 발견한 이들이 마침내 시장을 주도하는 것은 흔한 일이다. 애플은 아이팟과 아이폰을 만들었고, 구글(Google)은 검색 엔진을 만들었으며, 맥도널드는 믿고 먹을 수 있는 패스트푸드를 저가에 제공한다. 영국 공정무역재단(Fairtrade Foundation)은 소비자들로 하여금 개발도상국 생산자들을 지원할 수 있게 해주고, 옥스팸(Oxfam)은 기부자들의 기부금이 좋은 목적에 쓰일 수 있게 해준다. 이들은 모두 그들의 고객과 이해관계자들을 위한 가치의 새로운 원천을 창출한 선도자다.

> "사업의 이익은 반복 구매 고객, 즉 당신의 제품과 서비스를 자랑하고
> 친구들에게도 소개하는 고객들에게서 나온다."
>
> – W. 에드워즈 데밍(W. Edwards Deming)

이른바 '가치혁신(value innovation)'을 통해 가치를 창출하는 새로운 방법을 찾는 것은 특히 신규 사업 분야에 도움이 된다. 그러나 이는 또한 이미 성숙한, 경쟁이 치열한 시장에서 활동하는 것이 얼마나 고된 일인지 알고 있는 완숙한 조직의 경영자들에게도 도움이 될 수 있다.

조직에 따라 고객의 유형이 하나 이상인 곳도 있다는 점을 기억하자. 예를 들어 종합 일간지나 잡지는 독자뿐 아니라 광고주를 두고서도 경쟁을 벌인다. 그런 사업에서는 각 고객군을 별도로 분석해야 한다. 분석은 또한 '고객'이 아닌 '이해관계자' 관점에서도 진행될 수 있다.

고객가치 창출에 대한 평가

당신의 고객이 어디에 가치를 두며 당신의 조직을 어떻게 바라보는지에 대한 정보를 수집하는 방법에는 영업사원들과의 면담, 경쟁사 제품 분석, 고객과 유통업자, 소매업자를 대상으로 한 면접, 포커스그룹 면접이나 시장조사, 다양한 제품에 대한 가격 및 시장점유율 비교를 비롯해 여러 가지가 존재한다.

필요한 것은 취합한 데이터에서 함의를 도출할 수 있는 간단한 도구다. 일단 단출하게 시작할 수 있는 첫 단계는 고객들의 구매 기준을 열거하는 것이다. 일례로, 아래 열거된 사항은 런던을 출발해 휴가 여행지로 이동하려는 관광객이 항공사를 선택하는 과정에 영향을 미칠 수 있는 요인이다.

- 가격

- 공항의 분위기

- 공항의 위치

- 좌석의 안락함

- 비행시간

- 신뢰성

- 직원들의 친절

- 단골 승객을 위한 특전

소비자들의 선택 기준을 파악했으니, 이제 당신은 당신과 경쟁사들의 '고객가치 구성(CVP)'을 서로 비교해볼 수 있다. 이때 사용 가능한 유용한 도구는 '가치곡선(value curve)'이다. 예를 들어 영국항공(British Airways)과 저가 항공사 라이언에어(Ryanair)를 앞에서 열거한 구매 기준에 기초해 비교하면 결과는 다음 표와 같을 것이다.

이 도구는 CVP를 비교하는 간단한 방법을 제공하며, 특히 대중시장 상품에 적용할 때 효과적이다. 이는 또한 논쟁을 유발하고 전개해나가는 데에도 도움이 된다. 예를 들면 당신은 제시된 표에 오류가 있다고 보고 라이언에어와 영국항공에 대한 견해를 다른 각도에서 제시할 수 있을 것이다. 이 같은 논의가 있은 뒤에는 더욱 자세한 소비자 조사 작업이 반드시 뒤따라야 한다.

그러나 이 같은 가치곡선은, 제품에 대한 정보는 집약해 보여주지만 고객이 각 기준에 어떤 비중을 매기고 있는지에 대해서는 알려주는 바가 적다는 점을 기억해야 한다. 이를 보완하는 유용한 방법은 가장 중요한 기준에

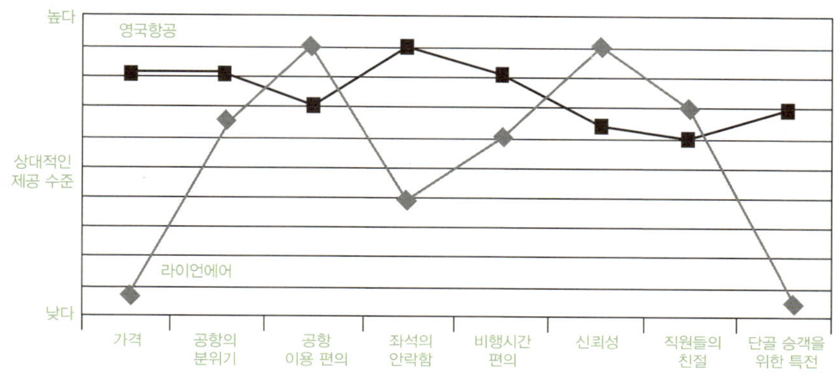

김위찬(W. Chan Kim) & 르네 마보안(Rene Mauborgne)(1999), 《블루오션 전략(Blue Ocean Strategy)》식으로 각색.

동그라미를 치거나 기준에 순위를 매기는 것이다.

경쟁우위의 중요성

가치를 창출하는 것은 필수적이지만 충분조건은 아니다. 앞에서 언급했듯이, 경쟁 시장에서는 대체재 공급자들보다 '더 우수해야'만 한다. 예를 들어 전통 항공사는 분명 고객을 위해 많은 가치를 창출했고 이는 업계의 꾸준한 성장세로 증명되는 사실이지만, 저가 항공사는 그보다 훨씬 더 많은 가치를 창출한 결과 전자보다 훨씬 빠른 성장세를 보이고 있다. 마찬가지로, 노키아는 분명 훌륭한 휴대전화를 만들었지만 애플의 아이폰은 그보다 우수했고, 덕분에 애플은 괄목할 만한 시장점유율을 확보할 수 있었다. 중요한 것은 당신이 창출하는 가치가 아니라, 당신이 경쟁자들에 비해 얼마나 '더 많은' 가치를 창출하느냐다.

사업 전략이라는 것에 근본적으로 깔려 있는 생각은, 경쟁우위가 장기적인 성공에 핵심이라는 것이다. 경쟁 시장에서 경쟁우위를 갖춘 조직은 더 많은 고객을 확보하고, 그 결과 규모의 경제를 달성하고, 더 큰 수익을 내고, 덕분에 더 나은 제품에 투자하게 되고, 그래서 전보다 더 많은 고객을 확보하게 되는 선순환을 누리게 된다.

대부분의 사업군에서 가장 큰 이익을 벌어들이는 것은 선두 경쟁자들이라는 사실이야말로 경쟁우위의 중요성을 드러내는 증거다. 한 연구에 따르면, 업계를 평균했을 때 각 업계의 선두 경쟁자는 32%의 투자수익률을 보이는 반면, 2위 경쟁자의 투자수익률은 22%에 그친다고 한다. 즉 업계 최고의 지위는 수익률 10% 포인트만큼의 가치를 갖는다는 것이다. '승자독식'이라는 표현이 무색지 않게 단 한 곳의 경쟁자만 성공을 거두는 사업도 존재한다[이베이(eBay), 구글, 페이스북(Facebook) 같은 '네트워크' 사업도 그런 특성을 보인다]. 다른 업계에서는 2위나 3위에만 들어도 충분한 수익을 낼 수 있지만, 조직의 목표는 가능한 한 제1인자에 근접하는 것이라야 한다.

강력한 경쟁 포지션은, 경쟁이 치열한 산업에서 활동하고 있다는 불이익을 상쇄할 정도로 유리할 수 있다. 만만찮은 시장으로 악명 높은 항공업계에서 수익을 내는 라이언에어가 그 예다. 경쟁우위는 운영 기량이 대단치 않다는 점마저도 보상해줄 수 있다. 예를 들어 사우디아라비아는 최고의 착유(搾油) 기술을 갖췄다거나 석유업계에서 활약하기 위한 특별한 기량을 갖췄다고는 할 수 없지만, 착유 비용이 대단히 낮은 덕분에 석유생산업계에서 경쟁우위를 누리고 있다.

경쟁우위는 그 본질에 관해 광범한 논쟁이 벌어지고 있을 만큼 중요한 개념이다. 훌륭한 전략가가 되기 위해서는 당신의 사업이 갖춘 경쟁우위의 원천이 무엇인지, 당신의 조직은 얼마나 경쟁력을 갖췄는지와 더불어 이 같은 논쟁에 대해서도 어느 정도 숙지해둘 필요가 있다.

경쟁우위를 평가하는 여러 방법

경쟁우위에 대해 생각하는 간단한 방법은 그것이 '비용', 그리고 '고객가치' 또는 '차별화'라는 두 가지 형태로 나타난다고 보는 것이다. 달리 말해, 무언가가 경쟁우위가 되는 것은 그것이 조직의 비용을 낮춰주거나 조직으로 하여금 고객에게 더 높은 가치를 제공할 수 있게 해주기 때문이라는 것이다. 비용과 차별화 측면 양쪽에서 선두가 되기는 어려운 일이다. '이도 저도 못될' 위험이 있기 때문이다. 그러나 두 측면 모두에서 성공을 거둔 예외적인 조직도 몇 있다. 바로 싱가포르항공(Singapore Airlines)과 도요타다.

경쟁우위를 생각하는 또 다른 방법은, 그것이 조직이 보유한 '포지션'에서 나온다고 보는 것이다. 포지션은 브랜드, 특허, 시장점유율, 저비용 자원에 대한 접근 혜택과 같은, 경쟁자보다 높은 수익을 거둬들일 수 있는 능력을 제공한다. 가치가 큰 포지션을 개발하기란 통상 쉽지 않으며, 특히 성숙한 사업 분야에서는 더욱 그렇다. 비록 포지션을 사고파는 일도 종종 벌어지기는 하지만 말이다. 1960년대와 1970년대에 강력한 포지션을 보유했던 회사들은 자동차업계(GM과 포드)나 토목기계업계[캐터필러(Caterpillar)]처럼

브루스 헨더슨
Bruce Henderson

보스턴컨설팅그룹(Boston Consulting Group: BCG)을 창립한 브루스 헨더슨(1915~1992년)은 전략에 관해 가장 혁신적인 사상가 중 한 명이었다. 마이클 포터, 헨리 민츠버그와 마찬가지로 헨더슨도 공학을 전공했고, 포터처럼 그도 하버드 경영대학원에 다니다 일찌감치 가전회사 웨스팅하우스 일렉트릭에 채용돼 일을 시작했다. 그는 〈타임 매거진〉이 선정한 30세 이하 10대 뉴스메이커 명단에도 이름을 올렸다.

헨더슨은 1963년 보스턴예금안전신탁회사(Boston Safe Deposit and Trust Company)를 위한 컨설팅 부문을 설립했다가 1974년 이를 BCG로 분할시켰다. 그는 중요한 개념들을 다수 개발해 대중화시켰고, 그중에는 경험곡선(Experience Curve: 제품의 누적 생산에 비례해 비용은 낮아진다는 개념)과 유명한 성장-점유율 매트릭스[Growth-Share Matrix: '캐시카우(cash cow)', '스타(star)', '독(dog)', '퀘스천 마크(question mark)'가 등장하는]도 포함돼 있다. 경쟁우위야말로 장기적인 성공을 위한 추동력이라고 강조하는 헨더슨에게 많은 사람들의 이목이 집중되었다. 전후의 호황으로 크게 성장한 미국 기업들이 1973년의 석유파동과 일본 경쟁사들의 등장으로 돌연 자신들의 사업전략을 재평가할 필요에 직면한 시기였기에, 그의 타이밍은 가히 완벽했다고 할 수 있었다.

재기 넘치는 사상가이자 훌륭한 커뮤니케이터이기도 했던 그가 몇백 글자를 넘지 않는 선에서 간결하게 집필한 글 묶음 '관점들(perspectives)'은 폭넓은 독자들에게 읽히며 매우 강력한 통찰력을 인정받았다. 헨더슨의 지휘 하에서 BCG는 혁신적이고 창의적인 조직으로 자리 잡았다. 그러나 헨더슨 자신이 그랬듯 지적인 우아미에 치중하는 바람에 고객의 요구에 부응하는 데 초점을 맞추지 못해 고전을 겪기도 했다.

헨더슨의 지도와 영향력 아래 BCG에서는 톰 하우트(Tom Hout), 필립 에번스(Philip Evans), 톰 워스터(Tom Wurster), 조지 스토크(George Stalk) 같은 통찰력 있는 전략가들이 여럿 탄생했다. 빌 베인(Bill Bain) 같은 이들은 BCG에서 나와 직접 회사를 설립했다. BCG는 또한 맥킨지 같은 경쟁자들이 자체 전략실행 부문을 개발하도록 고무하는 역할을 하기도 했다.

성숙한 시장에 있었든, 컴퓨터(IBM)나 복사기업계(제록스) 같은 고성장 시장에 있었든 간에 결과적으로 가장 성공한 기업이 되었다.

그러나 1980년대와 1990년대에 걸쳐, 강력한 포지션을 지닌 기업조차 다른 기업에 추월당할 수 있다는 사실이 드러났다. 도요타와 혼다는 미국의 거대 자동차회사들과 격돌했고, 고마츠(Komatsu)는 캐터필러를 따라잡았다. 컴팩(Compaq), 인텔(Intel), 마이크로소프트 같은 신진 경쟁자들은 IBM의 시장점유율을 앗아갔으며, 캐논(Canon)은 제록스의 점유율을 빼앗았다.

불리한 포지션에서 출발한 이 같은 경쟁자들의 성공 이유 가운데 하나는, 그들이 신기술과 제조과정을 성취지향적인 조직문화와 결합해 만들어낸 보다 우수한 '역량(capabilities)'을 쌓고 이용하는 데 중점을 두었기 때문이다. 이로써 그들은 운영 효율성을 높이고 더 우수한 제품을 생산할 수 있었으며, 자신들보다 규모는 크지만 그 규모가 그저 거추장스러울 뿐 역량은 떨어지는 경쟁자들을 앞지를 수 있었다['역량(capability)'과 '능력(competency)'의 차이에 관한 복잡미묘한 논쟁이 있기는 하지만 여기에서는 다루지 않겠다. 이 책에서는 두 가지를 동일한 개념으로 간주할 것이다].

혼다가 훨씬 효율적인 제조과정과 내연기관에 대한 전문성을 활용해 더욱 저렴하고 믿을 만한 자동차를 판매하고, 캐논이 렌즈에 대한 전문성을 활용해 복사기업계에서 시장점유율을 다질 수 있었던 것이 그러한 사례다.

"…전략의 정수(精髓)는 제품이나 시장에서 회사가 차지하는 포지션의 구조가 아니라 회사가 벌이는 활동의 역학에 있다."

– 조지 스토크

톰 피터스
Tom Peters

톰 피터스는 전략에 관해 가장 도발적인 사상가 겸 연설가다. 1942년 태어난 그는 코넬 대학교에서 공학을 공부하고 스탠퍼드 대학교에서 경영학석사와 박사 학위를 마쳤다. 베트남전쟁에서 복무한 뒤에는 약물남용에 관한 백악관 수석자문관으로 활동하다가 1974년 경영 컨설팅 회사 맥킨지에 합류했다. 그는 곧바로 조직효율성 창출 요인을 찾아내는 프로젝트에 참여했다. 이때 그와 동료들이 발견한 것은 문제의 요인이 당시 맥킨지의 관점대로 구조와 전략에 있지 않고 그 밖에 있다는 것이었다.

피터스는 로버트 워터먼(Robert Waterman)과 함께 기업의 초우량성(excellence)에 천착해《초우량기업을 찾아서(In Search of Excellence)》라는 책을 출간했다. 그러나 둘은 '선각자는 고향땅에서 환영받지 못한다'는 옛말의 증거가 되었다. 두 사람 다 맥킨지를 떠나 독자적인 길을 걷게 된 것이다.

세계적인 베스트셀러《초우량기업을 찾아서》는 전략적으로 중요한 요소는 운영 및 조직적인 우량성뿐 아니라 이후 다른 이들이 '역량(capabilities)'이라는 용어로 칭하게 되는 '행동지향성(bias for action)',

'고객과의 밀착(close to customers)', '단순하고 간명한 조직구조(simple and lean organizational structures)', '본업에 대한 집착(stick to the knitting)' 등을 포함해 여덟 가지 주제라는 주장을 담고 있다. 독자들은 이 책에서 영감을 얻기도 했지만, 다른 이들은 특히 이 책이 제3위 '초우량 기업'으로 언급한 회사가 몇 년 만에 심각한 재정적·전략적 난국에 처하자 책의 내용에 큰 오류가 있다고 지적하기도 했다. 책은 또한 유명한 7S 모델을 소개하고 있는데, 일부 독자들은 이 모델에 엄정함이 결여돼 있다고 조롱한 반면 다른 이들은 이것이 마이클 포터 같은 경제학자들의 편협성을 보완해줄 대안이라며 갈채를 보냈다.

피터스는 사람을 감화시키는 연설가다. 그가 닦아놓은 기반 위에서 리처드 파스칼(Richard Pascale), 로자베스 모스 캔터(Rosabeth Moss Kanter), 존 코터(John Kotter), 짐 콜린스(Jim Collins), 게리 하멜(Gary Hamel) 같은 유사한 권위자들이 등장했다. '집행이 곧 전략'이라는 말을 그는 즐겨 인용했다. 그러나 그와 그의 추종자들은 경제학에 기초를 둔 포터의 전략 철학처럼 지적으로 굳건한 토대를 마련하지 못했다. 피터스는 혁명에 불을 지폈고 그 불길은 여전히 반기득권적 도전의 열기로 타고 있지만, 그의 이론은 충분한 연구로 뒷받침된 견고한 대체물로 자리 잡지는 못하고 있다.

최근에는 특히, 조직이 격변에 효과적으로 대응할 수 있게 해주는 역량이 주목을 받았다. 런던경영대학원 교수 돈 설(Don Sull)은 '적응성(adaptability)'과 '회복력(resilience)'이 그 같은 상황에서 경쟁우위 원천과 같은 가치를 발휘한다는 점을 강조했다. 많은 조직이 직면하는 전략적 딜레마는 현재의 경쟁 포지션을 최적화하는 데 집중해 얻는 이점과 난세에 살아남고 변화에 적응하기 위해 여분의 자원을 보존하는 것의 이점 사이에서 어떻게 균형을 맞춰야 하느냐는 것이다.

여기에 담긴 함의에 따르면, 경쟁우위는 다음과 같은 두 가지 측면에서 바라보는 것이 도움이 될 수 있다. 첫째, 조직은 현재의 외부환경에 얼마나 잘 적응하고 있는가? 둘째, 조직은 급변하는 상황에 얼마나 잘 적응해 생존할 수 있겠는가?

> "기민하게 움직이고 적응력을 발휘하지 않으면,
> 그 어떤 전략도 쓸모없어지고 만다."
>
> – 샤를 드 골(Charles de Gaulle)

경쟁우위는 그것이 '지속 가능'할 때, 다시 말해 경쟁자에 의해 쉽게 복제될 수 없을 때 더욱 가치를 지닌다. 예를 들어 의류 소매업체 자라(Zara)의 생산설비는 자체 매장에 내놓는 제품의 색상과 디자인을 맞춤 생산할 수 있게 해준다. 이는 매장 영업시간을 늘리거나 할인판매를 실시하는 등, 경쟁자들이 재빨리 따라할 수 있는 소매 전략이 아니라 복제하기가 힘든, 비교적 지속 가능한 경쟁우위 원천이다.

다음 그림은 경쟁우위에 대한 다양한 생각이 서로 결합되는 방식을 보여준다. 경쟁우위의 뿌리는 조직의 역량으로, 바로 여기에서부터 조직의 포지션이 줄기를 뻗는다. 이 같은 역량은 더 낮은 비용이나 더 높은 가치라는 경쟁우위의 두 가지 열매를 맺어야 가치를 발휘한다. 이런 경쟁우위는 그것이 지속 가능할수록 더 유리하다. 경쟁우위의 추가적인 원천은 나무의 폭, 다시 말해 편협한 틈새시장에 너무 의존하지 않을 수 있는 능력이다. 이 능력은 민첩함을 유지함으로써, 또는 난세를 이겨낼 회복력을 길러줄 견실한 대차대조표나 국제적인 시야와 같은 충분한 자원을 갖춤으로써 얻을 수 있다.

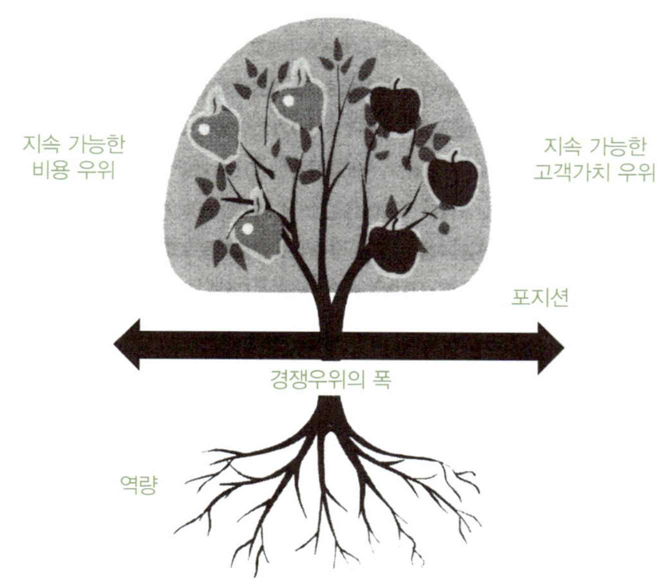

이 장에서 잊지 말아야 할 핵심 요점은, 한 조직의 경쟁우위는 계속 감당할 수 있는 저비용과 고도의 고객가치를 만들어내는 조직의 포지션 및 역량의 폭넓은 망(網)에서 나온다는 점이다. 이 망이 어떻게 움직이는지를 이해하는 것은 비용이나 가격과 같은 경성 데이터와 직원 및 경영진의 동기와 같은 연성 데이터의 복합 분석을 요하는 어려운 일일 수 있다. 해당 조직과 그 경쟁자, 조직이 처한 환경을 아우르는 광범한 데이터 역시 필요하다. 그러나 이에 도움을 제공할 조언과 도구, 프레임워크가 다수 존재한다는 것만큼은 희소식이다. 그중 일부를 이제 소개할 것이며, 그에 관해 더 읽을 자료들은 이 장의 끝부분에 실어놓았다.

비용 우위와 고객가치 우위 평가하기

당신의 경쟁우위를 평가하는 단도직입적인 방법은 당신의 비용과 기준 소매가격을 다른 경쟁자들과 비교하는 것이다. 이는 통상 방대한 데이터 수집과 모델링, 경험에서 나온 추론을 요한다는 약점이 있다. 다음 표는 전통 항공사와 저가 항공사의 수송 마일당 비용 및 평균가격을 비교한 것이다. 지층처럼 그려진 막대그래프는 각 경쟁사의 주요 비용 요인을 나타낸다. 각 막대의 윗선은 가격을 가리킨다.

두 유형의 경쟁자가 차이를 보이게 된 이유는 표의 오른쪽에 요약해놓았다. 예를 들어 저가 항공사들은 일반적으로 좌석 수가 20% 더 많고 그 좌석의 활용도도 30% 더 높기 때문에 연료비, 비행기 임대료, 직원 임금과 공항 사용료를 대폭 줄이는 효과를 누린다.

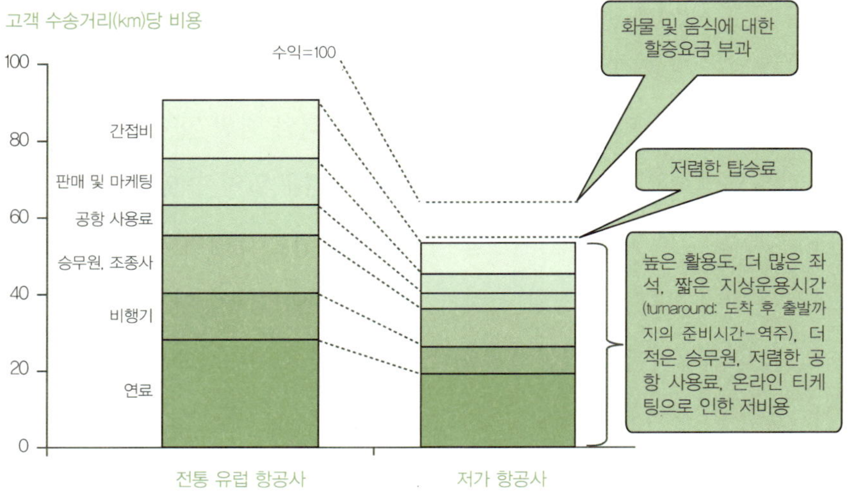

이 접근방법은 전략가로 하여금 경쟁우위의 규모와 성격, 경쟁우위를 이끌어내는 요인에 대해 면밀히 생각하도록 해준다. 그러나 필요한 데이터를 모두 취합하는 것이 어려울 수 있기 때문에, 독자적인 판단과 일부 간단한 어림계산이 필요할 때도 있다.

이 접근방법이 효과를 발휘하려면, 당신의 조직이 갖춘 비용구조와 평균가격을 단초로 잡은 다음 경쟁자들의 비용구조와 평균가격이 얼마나 다양할지를 생각해보는 것이 최선의 방법이다. 예를 들어 앞 표에서는 전통 항공사의 비용구조가 분석을 위한 최초 정보였다. 항공사들 간의 평균가격 차이는 여행 웹사이트를 이용해 추정한 내역이다. 좌석 수와 비행기 활용도에 관한 데이터는 각 공항에서 실시된 저가 항공사 조사연구를 통해 취합되었다.

포지션적 경쟁우위의 원천 평가하기

비용 우위와 고객가치 우위는 부분적으로 시장점유율, 고객관계, 장기 계약했거나 항구적으로 확보한 유통 채널망 같은 조직의 포지션에 기초해 산출된다. 그러나 포지션적 경쟁우위란 다소 거친 개념이다. 다음 체크리스트는 이에 대한 평가 작업을 도와줄 것이다.

- 시장점유율, 규모, 경험, 사업범위의 이점에서 나오는 시장 포지션. 시장점유율이 경쟁우위를 제공하는 경우가 많다. 제너럴일렉트릭(GE)은 시장주도기업으로서 더 넓은 사업 기반에 R&D 비용을 투자할 수 있는 덕분에 가스터빈 사업에서 규모의 우위를 누리는 것이 그러한 사례다. GE는 또한 가스터빈을 많이 제조할수록 가스터빈 제조에서 습득한 학습 덕분에 생산비가 더 줄어드는 '경험 곡선' 효과를 통해서도 이득을 본다. GE는 어느 회사보다 터빈 생산량이 많기 때문에, 가장 큰 경험 곡선 효과를 누리며 가장 낮은 비용으로 가장 앞선 제품을 만들게 된다. '사업범위(scope)' 효과는 다양한 영역에 걸쳐 경쟁할 때 생기는 이점을 일컫는다. 예를 들면 GE는 금융 서비스 분야에도 발을 담그고 있기 때문에, 자사의 터빈 사업이 잠재 고객들에게 매력적인 금융 패키지를 제공하도록 해준다.
- 브랜드와 명성. 강력한 브랜드는 특히 소비재 시장에서 중요한 경쟁우

위 원천이 될 수 있다. 브랜드는 포드나 코카콜라의 경우처럼 규모의 우위와 밀접한 관련이 있겠지만, 경쟁우위는 레드불(Red Bull)이나 볼랑저(Bollinger) 샴페인의 사례처럼 시장이나 틈새시장에서 차지하는 뚜렷한 포지션에서 나오기도 한다.

- **가치사슬 설계 및 수직통합.** 업계의 가치사슬(업계 내에서 이루어지는 일련의 활동)에서 특정 포지션을 갖추면 경쟁우위를 누릴 수 있다. 예를 들어 PC 업계의 가치사슬에는 하드웨어와 소프트웨어 제작, 마케팅, 소매, 애프터서비스가 포함된다. 애플은 이 모든 활동에 손을 댐으로써 수많은 경쟁자들과는 달리 상대적으로 수직통합된 상태를 유지하는 쪽을 택했다. 간혹 이 전략 때문에 생긴 추가 비용이 회사를 거의 잠식할 뻔하기도 했지만, 이 같은 수직통합 상태는 이제 경쟁우위의 원천이 되어 애플로 하여금 노트북 시장에서 괄목할 만한 포지션을 유지할 수 있게 해준다.

- **특별한 자원이나 관계에 대한 접근성.** 제약회사는 특허에서 대단한 가치를 이끌어낸다. 광산회사는 최저비용의 광물 자원을 확보하기 위해 애쓴다. 방산회사는 통상 그들의 정치적 영향력을 이용해 국가 방위비에서 중요한 몫을 따낸다. 이 모든 사례에서 알 수 있는 것은 지적재산, 천연자원, 테크놀로지, 공급자, 고객관계나 정부관계에 대해 유리한 접근성에서 경쟁우위가 도출된다는 사실이다.

- **투입 원가.** 직물 및 의류업계, 플라스틱 인형업계와 같이 기술수준이 낮은 성숙산업에서는 저비용 노동력에 대한 접근성이 무엇보다 중요할 수 있다. 저비용 에너지 같은 다른 투입물 역시 중요하다. 전기 사용량

이 많은 대형 알루미늄 공장은 대부분 저비용 수력원 인근에 위치를 잡는다.

- 집중. 어느 한 분야에서 전문기업으로 부상하면 종종 위에 언급한 원천의 혼합을 통해 경쟁우위를 얻는 것이 가능해진다. 독일의 중형기업들은 [예를 들어 정원용 장미 재배, 글로켄슈필(glockenspiel)이라는 악기 제작, 이동화장실 제조, 휴대전화 벨소리 제작 같은 분야에] 고도로 전문화된 경우가 많다. 전문기업이 되면 틈새시장에서 규모의 우위, 경험, 브랜드, 수직통합, 토착 전문 공급자에 대한 접근성과 같이 다양한 포지션적 경쟁우위를 얻을 수 있다.

역량 평가하기

포지션적 경쟁우위 원천을 다루면서 했듯이, 경쟁우위를 창출하는 다양한 유형의 역량 역시 체크리스트로 만들어보는 것이 도움이 될 수 있다. 체크리스트 항목은 역량으로 생기는 이점을 기준으로(예: 속도, 운영효율성, 민첩성, 혁신성), 또는 역량 자체의 유형을 기준으로 분류할 수 있다. 역량의 유형에는 다음과 같은 것이 포함된다.

- IT 및 물류체계. 월마트(Wal-Mart)와 테스코의 성공 이유는, 단지 판매대를 채우는 데 그치지 않고 무엇이 팔리고 있는지와 같은 대응 가능한 정보를 경영진에 제공하는 그들의 물류체계 덕분이었다.
- 절차. 시스코(Cisco)는 신기술을 갖춘 회사를 인수·통합하는 표준 절차

를 개발해 자사가 활동 중인 급변하는 하드웨어 업계에서 선두를 지킬 수 있었다.

- 기술. 이탈리아의 여러 중형기업과 그들이 위치한 지역은, 이를테면 유리제조업으로 유명한 무라노 지방처럼 특정 틈새시장에서 최고의 기술력을 인정받기 위한 노력을 기울인다.

- 인력. 맥킨지나 BCG 같은 컨설팅 회사는 가장 우수하고 영민한 인재를 끌어들일 수 있는 자사의 능력에 자부심을 갖는다. BCG가 인재채용의 성공 여부를 판단하기 위해 사용하는 계측방법은 맥킨지와 BCG 양쪽에서 채용의사를 전달했지만 최종적으로 BCG를 선택한 후보자들의 비율을 구하는 것이다. 반면, 소기업들은 한두 명의 비범한 핵심 인력에 의존하는 경우가 많다.

- 조직 구조. 기업은 여러 사업에서 더 많은 가치를 창출하기 위해 종종 재구조화를 감행한다. 일례로, 유니레버(Unilever)는 고도의 자율권을 누리던 국가별 조직들로부터 의사결정권 가운데 일부를 회수해 글로벌 제품 담당자들에게 쥐어주었다.

- 조직의 문화와 스타일, 가치, 행동규범. 사우스웨스트항공(Southwest Airlines)은 재미(와 근면한 노동)에 기초한 문화를 개발해 전통적인 경쟁 항공사에서 일하는 성마른 직원들과 차별화시켰다.

역량을 구조화하는 또 다른 방법에는 7S 모델이 있는데, 이에 관해서는 인터넷으로 검색해보면 자세히 알 수 있을 것이다.

포지션적 경쟁우위와 역량 우위 간의 차이가 항상 뚜렷한 것은 아니라는

 전략에 대해 당신이 알아야 할 모든 것

점을 명심하자. 어떤 경쟁우위 원천이 양쪽 중 어떤 항목에 속해 있는지에 대해 걱정할 필요는 없다. 이 같은 구분은, 다만 업계에서 경쟁우위를 유발하는 요인들의 총체적인 항목을 산출하기 위해 궁구한 것에 지나지 않는다.

우리는 이기고 있는가

가치 창출과 경쟁우위를 평가하는 방법이 다양하다 보니, 자칫 수많은 목록과 뒤죽박죽된 생각 속에 파묻히기 십상이다. 이 같은 생각을 한데 모으는 비교적 간단한 방법 하나를 다음 표에 제시했는데, 이 표를 활용하면 당신의 조직이 얼마나 성과를 내고 있는지에 대한 전반적인 시각을 얻을 수 있다. 이 표는 이 장에서 다룬 모든 분석방법을 취합해 당신이 고객을 얼마나 만족시키고 있는지, 경쟁자들에 비해 얼마나 좋은 위치를 차지하고 있는지를 확인하도록 해줌으로써 앞으로 향상시켜야 할 부분에 대한 논의의 기초를 제공한다.

왼쪽 위의 상자는 평가할 시장 영역을 보여준다(경쟁은 일차적으로 영역 수준에서 이루어진다는 점을 잊지 말자). 예시 자료는 수익성 높은 런던·뉴욕 항로에서 영국항공과 버진(Virgin) 항공사를 그들과 경쟁할 가상의 저가 항공사와 비교한 내역이다. 오른쪽 위의 상자에 적힌 것은 고객의 관점으로, 경쟁사들이 제공하는 것을 고객이 평가하는 데 기준이 될 측면을 명시하고 있다. 이를 통해 경쟁우위 원천이 가격과 가치 측면에서 고객이 중요하게 생각하는 것을 제공하는지 좀 더 쉽게 확인할 수 있다.

런던 · 뉴욕 항로에서 경쟁하는 저가 항공사의 사례

목표 시장 영역: 런던에서 뉴욕으로 가는 출장 여행자		고객가치를 만드는 제품 특성: 가격, 출발시간의 편의성, 터미널의 위치, 좌석의 안락함, 신뢰성, 연결성, 직원의 친절도, 음식과 음료의 질						
경쟁우위 원천	현재 중량당 운임 (%)	2015년도 중량당 운임 (%)	저가 항공사	영국 항공	버진	경영 노력	재정자원
뉴욕 · 런던 항로 시장점유율	20	20	1	5	3	◎◎	◎◎◎
포워딩 연결에서의 시장점유율	20	15	1	5	3	◎◎	◎◎◎
단골 승객을 위한 특전	20	20	4	4	3	◎	
안락한 서비스	30	35	2	5	5		
저비용 구조	10	10	5	2	3	◎◎	
		총계	2.6	4.2	3.4		

· 총계는 가중치를 매겨 계산해야 하지만, 간단한 설명을 위해 여기에서는 생략했다.
주: 데이비드 스태들러(David Stadler)의 저서에 소개된 자료로 제작한 표임.

여기에서 설명하는 표는 포지션(예: 시장점유율)과 고객가치(단골 여행자 특전), 역량(동기 부여된 직원, 단출한 간접비 구조)의 결합으로 이루어진 경쟁우위의 일차적 원천을 규정해준다. 경쟁우위의 핵심 원천이 무엇인지는 일단 앞에서 설명한 분석방법들을 적용해본 뒤 무엇이 가장 중요한지에 대한 개인적 판단으로 결정한다.

이제 제기되는 질문은 경쟁우위 원천들이 어떻게 변할 수 있는지(사업 자체는 안정적이라는 가정 아래), 다른 경쟁자들이 현재 차지하는 위치는 어떠한지(저가 항공사는 여러 중요한 면에서 불리한 위치에 있다), 그리고 항공사 경영진과 투자 프로그램에 미칠 함의는 무엇인지에 관한 것이다. 이 같은 형식의 표는 훌륭한 1쪽짜리 토론 자료를 제공해줄 뿐 아니라 분석을 행동으로 연결시키는 매개가 되기도 한다. 이 간단한 접근방법은 이런저런 방식으로 쉽게 수정·개작해 사용할 수 있다.

[주의할 점: 만약 일부 경쟁사의 사업 모델이 다른 경쟁자들과 전혀 다르다면, 모든 경쟁자를 동일한 경쟁우위 원천상에서 채점하는 이 같은 접근방법은 그들의 강점을 과소평가하는 우를 범할 수 있다. 가령, 런던·파리 항로에서 벌어지는 경쟁 상황을 평가하면서 앞에서와 동일한 표를 사용한다면, 위협적인 경쟁자인 고속열차 유로스타(Eurostar) 또는 직접 페리호를 몰고 이동하는 것의 경쟁우위 원천을 규정하기가 어려워질 것이다.]

가치사슬

경쟁우위 매트릭스는 가치와 경쟁우위가 어떻게 창출되는지를 탐구하는 여러 접근방법 중 하나에 불과하다. 이는 전략가들에게 중요한 쟁점이므로, 당신의 도구함에 몇 가지 다른 접근방법도 챙겨두는 것이 좋다.

이미 설명한 한 가지 접근방법은 앞에서 언급한 저가 항공사 사례처럼 다양한 경쟁자들의 '비용 및 수익 구조'를 표로 작성해보는 것이다. 이는 "앞으로 어떤 경영 활동이 이루어져야 하는가?"에 대한 답을 찾기에는 부족한 방법이지만, 경쟁우위 매트릭스가 산출하는 것과 유사한 논의와 통찰을 유발한다는 점에서 도움이 된다.

이와 비슷한 접근방법 하나는 마이클 포터가 최초로 보급한 이후 오늘날 인기리에 사용되는 도구 중 하나인 '가치사슬'이다. 가치사슬은 R&D, 제품 디자인, 생산, 마케팅·영업, 유통, 고객 서비스와 같이 한 조직이 집행하는 일련의 활동을 일컫는다(업계에 따라 펼쳐지는 활동은 달라질 것이다). 가치사슬 분석은 일단 어느 한 조직의 가치사슬을 묘사하는 것으로 시작되며, 이는 뒤에 이어질 일련의 추가 분석을 위한 기초로 활용된다. 그 같은 추가 분석 가운데 하나는 가치사슬의 과연 어떤 부분이 고객을 위한 가치를 창출하는지를 묻는 것이 될 수 있다. 예를 들어 애플은 제품 디자인에서 많은 가치를 창출하며, 와인을 한 병에 150파운드(약 30만 원)에 판매하는 크리스털 샴페인(Cristal Champagne)은 마케팅을 통해 가치를 창출한다.

분석을 위해 가능한 또 다른 질문 하나는 가치사슬의 어떤 부분이 해당 조직에서 경쟁우위의 원천 또는 불이익의 원천이 되고 있느냐다. 예컨대 애플은 구매(조직의 규모 덕분에)와 제품 디자인(규모와 숙련된 직원 덕분에), 브랜드 이미지에서 대단한 경쟁우위를 갖고 있지만, 애프터서비스 분야에서는 그렇지 못하다. 물론, 비용 역시 경쟁사들보다 더 높을 것이다.

사명과 목표 규정하기

내부상황에서 주목해야 할 또 다른 중요 측면은 현재의 목표로서, 이는 미래의 전략 옵션이 현재의 목표와 조화를 이뤄야 하기 때문이다. 조직의 전략적 목표와 사명을 구분하는 것은 중요한데, 양자는 모두 반드시 파악하고 있어야 할 내용이다. '새로운 시장 진출', '시장점유율 방어', '수익률

25% 향상'과 같은 전략적 목표는 '온 세상을 새롭고 신선하게'_(코카콜라의 사명)
와 같은 조직의 전반적인 사명의 하위에 놓이는 것이 일반적이다.

사명은 규정하기가 쉽지 않을 수 있다. 회사가 공식 사명으로 발표한 내
용은 조직 내 개인들이 인지하고는 있겠지만, 그들에게 실제 동기를 부여
하는 바와 같지 않은 경우가 많다. 따라서 조직의 총체적인 사명을 파악할
수 있게 해주는 몇 가지 도구를 갖추면 유용할 것이다. 그런 도구 가운데 두
가지를 꼽자면 애시리지 미션 다이아몬드(Ashridge Mssion Diamond)와 이해
관계자 분석(Stakeholder Analysis)을 들 수 있다.

앤드류 캠벨(Andrew Campbell)과 샐리 영(Sally Yeung)은 공저 《사명감(A
Sense of Mission)》에서 한 조직의 사명은 정관에 씌어진 내용이 아니라 사람
들이 진정으로 믿고 그에 따라 행동하는 신념 안에서 찾을 수 있다고 주장
했다. 이 같은 '사명감'은 목적, 전략, 가치, 표준 및 행동이라는 네 가지 요소
를 검토해 포착해낼 수 있다(다음 표 참조).

한 가지 사례로서, 영국 전역에서 호스텔 체인을 운영하는 자선단체 유
스호스텔연합(YHA)을 생각해보자. YHA의 역사적 '목적(purpose)'은 '모든 청
년, 특히 불우한 청년들을 도와 더 많은 지식을 함양케 하고 전원에 대한 사
랑과 관심을 불러일으키는 것'이었다. 이를 달성하기 위한 '전략(strategy)'은
자원봉사자들이 운영하는 전원지역 호스텔의 네트워크를 조성해 젊은이
들이 저렴한 비용으로 전원생활을 누릴 수 있게 하는 것이었다. 이 프로그
램의 '가치(value)'는 그 혜택이 모든 이들, 특히 젊은이들에게 자유로이 열
려 있다는 점에 있었다. '행동(behaviours)'은 자원봉사자들이 조직을 운영해
나간 방식으로, 호스텔 운영을 맡은 이들은 스스로 적절하다고 판단한 방

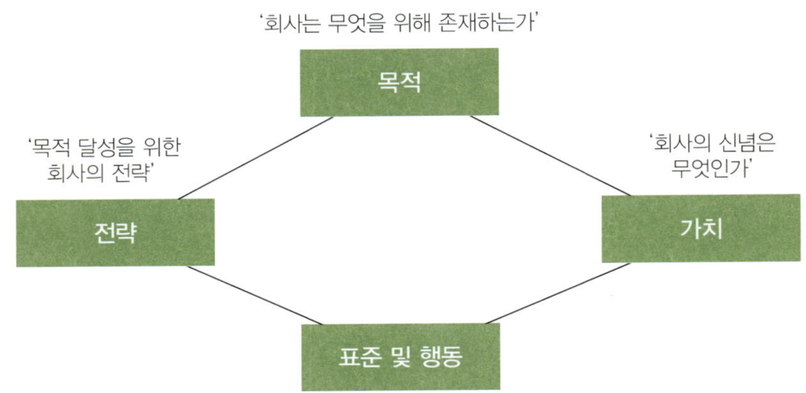

식으로 호스텔을 꾸려나갈 수 있는 권한을 부여받았고, 비용을 최소한으로 유지할 수 있도록 투숙객들은 허드렛일을 손수 맡아 해야 했다.

전략적 목표는 사명의 네 가지 요소 가운데 하나에 불과하다는 것, 중요하지만 부수적인 역할을 맡고 있는 데 불과하다는 점을 기억하자.

애시리지 다이아몬드는 조직의 전반적 사명과 전략 목표를 기술하는 데 유용한 도구다. 이는 또한 전반적인 사명감과 현재의 전략에서 빚어질 수 있는 갈등을 평가하는 일차적 수단을 제공한다. 강력한 조직이 되기 위해서는 다이아몬드의 각 꼭짓점이 서로 잘 들어맞아야 할 것이다.

과거 YHA의 다이아몬드는 꼭짓점들이 조화를 이루고 있었다. 그러나 최근 YHA는 여행시장의 변화하는 수요를 반영하기 위해 전략을 바꿨다. 시골에 위치한 소규모 호스텔들은 매각했고, 좀 더 인기 있는 도심 지역에 호스텔을 건립하는 데 현금을 투자했다. 방문객들은 더 이상 허드렛일을 하지 않아도 되었고, 호스텔 운영을 전문화하려는 시도도 보였다. 그 결과 조직의 전략과 다이아몬드의 나머지 꼭짓점들이 서로 어긋나게 됐다. YHA의 경영진은 조직의 목적을 '모든 청년, 특히 불우한 청년들을 도와 더 많은 지식을 함양케 하고 전원에 대한 사랑과 관심을 불러일으키며, 도시와 시읍의 문화적 가치를 인식하게 해주는 것'으로 재정의했다. 그럼에도, 이 같은 변화에 대한 조직 내부의 논란은 쉽게 잠잠해지지 않았다.

이해관계자 분석

특히 영향력 있는 이해관계자가 많은 경우에는, 조직의 사명뿐 아니라 사명이 존재하는 좀 더 넓은 맥락을 이해하는 것이 도움이 된다. 이해관계자들이 사명을 결정하는 경우는 드물지만—사명은 일반적으로 조직 내부에서 결정된다—그들은 사명이 과연 무엇이 될 수 있겠는가에 한계를 지운다.

가령, 당신이 지방의회의 일원으로서 유권자, 지역 기업 및 기관, 의회 서비스를 받는 고객, 고용인, 공급자, 중앙 및 지방정부 기관, 정치인, 특수 이해관계집단, 지역 정당 조직들로부터의 압력을 조화시킨다는 사명을 수립해야 한다고 가정해보자. 이해관계자 분석을 시행하려면 이들 각각의 동기, 이해관계, 요구사항, 그들이 발휘하는 힘과 영향력의 범위를 먼저 평가해야 한다. 이를 통해 조직이 사명을 추구해나갈 때 가해질 제약이 무엇인지 결론지을 수 있다. 뒤죽박죽 복잡한 결론이 나올 수도 있지만, 바로 그 점이 핵심이다. 갈등을 빚는 압력들은 구조화해 현 상황 평가의 일부로 이해해야 한다.

전반적인 상황 요약하기

이 장과 앞 장에서 설명한 외부 및 내부 평가 과정은 대단한 양의 정보를 제공한다. 이 모든 생각을 하나로 모아 상황을 설명하는 간결한 명제로 만들 수 있는 방법은 없을까?

가장 일반적으로 사용되는 도구는 SWOT 분석이다. 조직의 강점과 약점, 기회와 위협을 기록해, 약점에는 대처하고 강점은 더욱 다짐으로써 기회를 붙잡고 위협에 맞설 수 있는 전략을 도출하는 것이 이 분석방법의 논리다. SWOT 분석에는 두 가지 문제점이 존재하는데, 첫째는 조직의 강점이 약점이 될 수도 있고 기회 역시 위협이 될 수 있다는 것이다. 예를 들어 일본 기업들이 추구하는 적은 재고량은 비용을 낮추고 유연성을 증대시킨다는 이유로 통상 강점으로 간주된다. 그러나 중국에서는 공급자들의 신뢰성이 떨어지고 그로 인해 공급이 불안정해질 위험 때문에 적은 재고량이 오히려 약점으로 작용한다. 마찬가지로, 지구온난화는 서구의 풍력 터빈 제조업자에게는 기회가 될 수 있지만, 방글라데시 저지 삼각주에 사는 농부들에게는 위협이 된다. SWOT 분석은, 조직이 자신의 포지션에 대해 심각한 판단실수를 범하게 할 수 있다는 맹점을 안고 있다. 한편, 이 분석방법의 두 번째 문제점은 SWOT이 조직의 목표에 대해서는 어떤 언급도 하지 않는다는 것이다.

SWOT만큼 유명하지는 않지만 SWOT의 가장 우수한 변형이라 할 만한 분석방법은 다음 다이어그램이 제시하는 전략 삼각형(Strategy Triangle)이다. 이를 사용하려면, 우선 삼각형의 세 꼭짓점에 조직의 목표, 내부 역량(포지션까지 포함한 광의의 개념), 그리고 외부 기회를 적어 넣어야 한다. 이 단계에서는 조직의 각 역량이 강점인지 약점인지, 또는 외부의 기회가 매력적인지 위협적인지에 대해 판단할 필요가 없다.

다음에는 이 세 가지가 서로 조화를 이루는지 질문해본다. 역량은 각 기회를 활용하기 위해 필요한 강점을 제공하는가? 기회는 조직의 달성 목표를 위한 잠재력을 제공하는가?

예를 들어 신형 음성인식 소프트웨어를 제작하는 소규모 하이테크 업체가 대학에서 분리돼 교수 세 명에 의해 운영되는데, 이들이 스스로의 전략 목표를 지속 가능하고 수익성 있는 사업을 꾸리는 것으로 수립했다고 가정해보자. 그들의 제품에 대한 시장이 존재하므로 기회는 무궁무진하다. 그들

• 전략 삼각형

은 또한 기술적 역량도 갖췄고, 그 기술은 관련 소프트웨어 업계에서 세계를 선도한다고 자부할 만한 수준이다. 그러나 그들에게는 영업·마케팅 기술과 자본이 부족하다. 전략 삼각형은 그들의 상황을 요약해 보여주는 간단한 프레임워크를 제공한다.

전략 삼각형은 상위 수준에서 개괄적인 토론을 펼칠 때 유용하지만 여기에도 약점은 있다. 엉성하게 맺은 결론이 아무런 도전 없이 정답으로 간주될 때가 빈번하다는 점이다. 따라서 이 분석방법은 브레인스토밍 도구로 활용하거나, 전문가들로 구성된 팀에서 사용하거나, 다수의 분석을 실시한 이후 상황을 요약하는 방편으로 사용하는 것이 최선이다.

좀 더 철저한 숙고를 가능케 해주는 자주 쓰이는 대체물은 맥킨지 매트릭스 또는 GE 매트릭스라고도 알려져 있는 전략 매트릭스(Strategy Matrix)로서, 영국항공을 분석한 다음 그림에 소개돼 있다.

그림을 보면, 영국항공은 동그라미로 표시된 네 개의 영역에서 경쟁하고 있다. 영역별 경쟁자들이 누리는 평균 수익성은 수직축에 대한 각 영역의 위치로 드러난다. 영역의 규모는 동그라미의 크기로 알 수 있다(영역별 시장 성장성은 동그라미의 색깔로 표시할 수 있다). 경쟁우위는 수평축상의 위치로 표시되어 있다.

이 그림으로 알 수 있는 것은, 영국항공이 북미 및 기타 대륙 간 목적지(회사가 성장의 초점을 맞춘 항로)로의 운항과 관련해 상대적으로 매력적인 포지션을 갖추고 있다는 사실이다.

한편 그들의 약점은, 경쟁이 치열한 영국과 유럽 시장(회사가 긴축하고 비용을 삭감 중인 부문)이다. 이렇게 도출된 평가의 면면은 앞에서 언급했던 도구와 프레

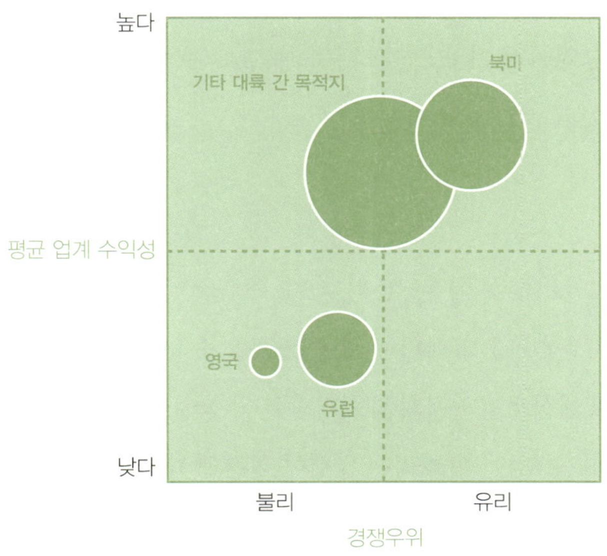

임워크를 활용해 더욱 자세히 분석하고 사실을 취합하여 뒷받침될 수 있다.

사실 이 매트릭스는 유명한 보스턴컨설팅그룹 매트릭스에서 발전된 모형인데, BCG의 원안에서는 평균 업계 수익성 대신 성장률이, 경쟁우위 대신 시장점유율이 기준 축으로 다뤄진다. BCG 매트릭스는 각 측면의 정량화를 가능케 해, 처음 소개됐을 당시 혁신적인 전략 도구로 받아들여졌을 뿐 아니라 지금까지도 유용하게 사용되고 있다(비록 시장점유율을 도출하는 과정에서 언급되는 '관련 시장'의 정의에 대한 논쟁은 지금까지 끊임없이 이어지지만). 그러나 그 기저에 깔린 가정 가운데 하나, 즉 시장점유율이 경쟁우위를 보장한다는 가정은 오늘날의 사업 환경에서는 지나치게 단순한 것으로 간주되고 있다.

전략 매트릭스는 외부 및 내부 상황 평가에서 다룬 여러 쟁점을 고수준에서 요약할 수 있게 해준다. 매트릭스에서 다루지 않지만 간과해서는 안 될 측면은 조직의 목표(이에 대해서는 전략 삼각형을 적용하는 것이 더 낫다)와 좀 더 넓은 환경에서 무슨 일이 일어나고 있느냐다(비록 영역의 수익성과 규모, 성장률을 평가하는 과정에 이 내용이 간접적으로 반영되기는 하지만).

현실검정: 실제 실적은 어떠한가

전략분석의 난점 가운데 하나는, 종종 입증할 수 없는 판단, 입증할 수 있다 치더라도 비현실적인 규모의 데이터와 분석 작업이 있어야 입증 가능한 판단이 요구된다는 점이다. 따라서 당신이 내린 평가가 합당한지 검증하려면 그것이 조직의 실제 실적과 맞아떨어지는지 자문해보는 것이 바람직하다. 예컨대 당신이 분석을 통해 당신의 조직이 매우 매력적인 시장에서 대단히 강력한 경쟁자라는 결론을 얻었다면, 당신의 조직은 실제로도 좋은 실적을 내야 할 것이다.

실적은 전략과 마찬가지로 영역 수준에서 분석해야 한다는 점을 명심하자. 실적을 전반적으로 평가한 수치는 없는 것보다야 낫지만 그리 큰 도움은 되지 않는다. 계측방법 역시 다양한 범주의 것들을 사용해야 한다. 적절한 혼합은 여러 가지로 만들어낼 수 있지만, 일반적으로 사용되는 것은 재정·전략·운영 계측의 조합이다.

"아무리 잘 만들어진 전략이라도 때때로 그 결과를 확인해보아야 한다."

— 윈스턴 처칠(Winston Churchill)

가장 많이 이용되는 것은 '재정적 계측이다. 그중에서도 우리가 다루는 주제와 가장 가까운 것은 (사업전략보다는 재정전략과 관련 있는) 유동성이나 재무 레버리지 비율보다는 수익성 비율이다.

가치 나무(Value Tree)를 그려 세부 수준을 점점 더 상세히 짚어가면서 재정 실적을 분석하는 것도 유용할 수 있다. 나무의 형태는 업계에 따라 다양하게 달라질 것이다(사용 가능한 데이터 역시 마찬가지다). 일례로 소비재의 경우, 가치 나무는 다음 다이어그램과 같아진다.

계측 방식은 측량이 가능하고 현 경쟁상황을 알리는 기준을 제공함으로써 조직이 좋은 성과를 내는지 여부를 최대한 확실히 보여줄 수 있는 것으로 선택하는 것이 가장 이상적이다.

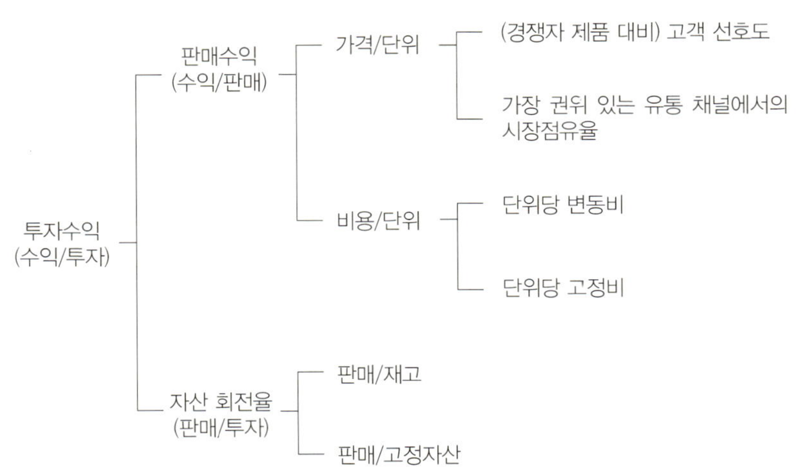

'전략 계측'에는 다음과 같은 사항이 포함된다.

- 시장 및 영역 매력도(시장 규모, 성장률, 평균 수익성 수준).
- 경쟁에서의 성공(예: 시장점유율과 시장점유율 동향, 브랜드 이미지와 명성, 미스터리 쇼퍼의 평가, 상대적인 기준 소매가격, 신제품 판매 비율).
- 주주가 아닌 이해관계자 관점에서의 실적(예: 안전사고 횟수, 기업에 대한 대중 여론, 직원설문 결과).
- 미래지향적 지표(예: 계획 중인 제품, 인재 자원의 규모와 질).

'운영 계측'은 조직에 따라 맞춤 적용해야 하는 정도가 크기 때문에, 아래에 예시한 항목은 그저 참고하는 데 그쳐야 한다.

- 맥주업계의 경우 설비가동률, 도매 판매망의 힘, 광고비 지출.
- 판매지향적인 사업의 경우 판촉전화당 비용, 고객 이탈률, 판매당 이윤, 전환율(conversion rate: 웹사이트 방문 고객의 회원가입 및 구매 비율–역주).
- 발전소의 경우 발전의 메가와트아워(MWh)당 가동비용, 최대 전력 소비량 시간 동안의 가동성, 연료–에너지 전환의 효율성.

실적 측정을 어렵게 만드는 문제 가운데 하나는 때로 전략이 도출할 결과를 먼 미래에 가서야 확인할 수 있다는 점이다. 예를 들어 핵발전소는 건설 과정을 거쳐 전력 공급이 가능해지기까지 무려 10년이 걸리기 때문에, 과연 어떤 계측방법을 써야 현재 산출되는 가치를 합리적으로 측정할 수 있을지 고심해볼 필요가 있다. 사실 전력회사들은 흔히 순현가법(純現價法, Net Present Value: 미래 현금흐름의 가치)을 사용해 그들의 현재 전략과 투자가 평생에 걸친 가치를 창출할 수 있을지를 평가한다.

실적이 전략 평가에서 예측한 것과 다르다면 이를 어떻게 해석해야 할까? 당신이 강력한 경쟁적 포지션을 갖고 있다고 생각한 사업이 손해를 본다면? 당신의 전략 평가가 틀렸을지 모른다. 또 어떤 연유로 인해 조직이 자신의 전략적 포지션으로 거둘 수 있었을 수준 이상 또는 이하의 성과를 낼 가능성도 있다. 이를테면 강력한 포지션을 확립한 기업이라도 주주가 아닌 사람들(고용자, 노동조합, 연금수령자, 고객 등)에게 가치가 분산되는 바람에 우수한 재정 실적을 내지 못할 수 있다. 또는 운영상의 비효율성이 그 원인일 수도 있다(1980년대 미국 자동차회사들이 그 예다). 그런 경우에는 바로 새 전략을 짜기보다는 운영 문제를 수정하는 데 먼저 초점을 맞춰야 한다.

이것만 기억하자
성공적인 전략은 당신 자신의 상황에 대한 폭넓은
이해 위에서 수립된다.

추천 필독 자료

- 김위찬과 르네 마보안의 《블루오션 전략》(하버드비즈니스스쿨프레스, 2005년)은 특히 고객을 위한 가치 창출의 중요성을 강조한, 널리 읽히는 전략 교재다.

- 경쟁우위 원천에 대한 토론 자료를 원한다면, 로버트 그랜트의 《현대 전략 분석》과 월터 키첼의 《전략의 제왕》(하버드비즈니스프레스, 2010년)의 몇몇 장을 읽어보자.

- 다양한 경쟁우위 원천이 어떻게 서로 결합돼 우수한 실적을 이끌어내는지를 이해하는 데는 '시스템 사고방법(systems thinking)'을 활용하는 것이 도움이 된다. 이에 관한 책에는 피터 센게(Peter Senge)의 《제5 경영(The Fifth Discipline)》(랜덤하우스, 1993년), 킴 워렌(Kim Warren)의 《전략경영역학(Strategic Management Dynamics)》(존 와일리 & 선스)과 《전략역학 핵심(Strategy Dynamics Essentials)》(www.strategydynamics.com에 eBook 형태로 게재돼 있다)이 있다.

- 사명과 목표에 관해 더 읽을거리를 찾는다면 앤드류 캠벨과 샐리 영이 집필한 《사명감》(이코노믹스 북스/허친슨, 1990년)이나 그들의 논문 「사명감」(《롱레인지플래닝》, 1991년 8월호, 제24권 4호)을 참조하자.

- 재무비율분석에 관한 개괄적인 정보는 그랜트의 책 《현대 전략 분석》 제2장 '실적 분석의 실전'에서 접할 수 있다. 리처드 코치의 《파이낸셜 타임스의 전략 안내서》에도 몇 가지 흥미로운 사례가 제시돼 있다.

상황 전개

불확실성이 까다로운 문제인 이유

잠재적 불확실성 목록 작성하기

불확실성이 전개될 양상을 모델링하기

불확실성에 우선순위 부여하기

요약하기

전략은 과거가 아닌 미래에 유효한 것이라야 한다. 비록 미래가 대단히 불확실하고 예측하기 힘들더라도, 전략은 현재 상황뿐 아니라 앞으로 전개될 상황에도 기초를 두고 선택되어야 한다. 이 때문에 전략적 의사결정자들은 적잖은 어려움에 부닥친다. 자신이 내리는 선택이 앞으로 어떤 결과를 맺을지 모르는 상태에서 중요한 결단을 내려야 하기 때문이다.

이 장에서는 불확실성의 원천과 그 잠재적 영향을 살펴본 뒤 전략을 짤 때 과연 어떤 불확실성의 원천을 고려해야 하는지 생각해보는 순서로 불확실성을 체계적으로 다루는 방법을 설명할 것이다.

불확실성이라는 난제

불확실성이란 논리적으로 예측할 수 없는 방식으로 전개돼나가는 외부 또는 내부 환경의 모든 측면을 일컫는다. '전략적' 불확실성은 전략의 성공 여부에 잠재적으로 큰 영향을 미칠 수 있는 불확실성을 말한다.

불확실성은 개념상으로는 명료해 보여도 그 영향이 자주 과소평가되거나 긍정적인 면이 간과되는 경우가 많다. 전략을 짜는 과정에서 가장 치명적인 불확실성이 고려조차 되지 않는 경우도 허다하다.

다루기가 비교적 수월한 불확실성도 있다. 예를 들면 영국 슈퍼마켓 체인 테스코의 경우에는 이듬해 소비자들의 식료품 수요를 그럴 듯한 수준으로 예측할 수 있다. 그리고 테스코의 경쟁자들이 진행할 수 있는 할인행사 같은 형태의 불확실성에 대한 예측은 그보다 쉽지 않다. 그러나 이 같은 '기지(旣知)의 미지(known unknowns)'는, 설령 그것이 전개될 양상을 정확히 내다볼 수는 없다 하더라도 최소한 예상은 할 수 있는 것들이다.

그러나 그 밖의 불확실성은 예상조차 대단히 어렵다. 세계 금융위기가 어느 정도까지 확대될지를 미리 점쳤던 은행은 거의 없었다. 그런 사태가 일어날 가능성을 낮잡아보았을 뿐 아니라 많은 은행이 그만한 수준의 붕괴는 전혀 불가능하다고 생각했기 때문이다. 그처럼 대단한 파괴력을 지닌 '미지의 미지(unknown unknowns)'에 대한 예측이 전적으로 불가능한 것은 아님에도, 전략개발에 참여한 명석한 의사결정권자들마저 사태의 잠재적 중요성을 인식하지 못했던 것으로 보인다. 불확실성을 대하는 평범하고 아주 인간적인 반응은 그것을 무시하거나 미래에 대한 예측 가능성을 실제보다 높게 잡는 것이다.

불확실성이 항상 부정적인 것만은 아니다. 실제로 중요한 성장 기회의 대부분은 민첩하게 대처한 이들이 움켜쥔 예상치 못한 변화에서 나오게 마련이다. 상황이 앞으로 어떻게 전개될지를 파악할 수 있으면, 그저 나쁜 소식만 미리 알게 되는 것이 아니라 그 상황의 여러 가지 긍정적인 측면도 미리 간파할 수 있다.

전략을 짤 때는 불확실성의 영향에 천착하는 데 대부분의 조직이 일반적으로 투자하고 있는 것보다 더 많은 시간과 숙고를 기울일 필요가 있다.

> "…세상에는 '미지의 미지', 즉 우리 자신이 그것을 모른다는 사실조차
> 우리가 모르고 있는 것들이 존재한다."
>
> – 도널드 럼스펠드(Donald Rumsfeld)

불확실성을 다루기 위한 전반적 접근방법

그렇다면 의사결정권자가 자신의 선택이 어떤 결과를 초래할지 모르는 상태에서 중요한 결단을 내려야 한다는 '불확실성의 역설'에 우리는 어떻게 대처해야 할까? 한 가지 접근방법은 미래가 예측 가능한 양 가장하는 것이 무의미하다는 사실을 인정하는 것이다. 그 대신 융통성 있고 상황 변화에 맞춰 바로 조정이 가능한 옵션을 선택하자. 그러나 안타깝게도 그런 옵션을 선택한다고 해도, 전략가들은 과연 어떤 식의 조정이 필요할는지, 융통성을 유지하려면 무엇을 얼마나 투자해야 할지에 대해 고민해야 한다.

우리가 이 책에서 본격적으로 논할 또 다른 접근방법은, 미래를 내다보는

것은 불가능하지만 미래에 대비하는 것은 가능하다고 가정하는 것이다. 우리는 각자의 경험에 의거해 앞으로 상황이 어떻게 전개될지 추측할 수 있고, 가장 가능성 있는 미래상에서 성공 확률이 높은 (그리고 그보다 가능성이 낮은 미래상에서도 무사할 수 있을) 옵션을 선택할 수 있다. 행운과 불운이 미칠 영향을 배제하기란 불가능하지만, 그에 대응할 준비를 갖춰 잠재적인 위협을 기회로 바꿀 가능성을 증대시키는 것은 가능하다.

> "준비와 기회가 조우할 때 일어나는 것, 그것이 바로 행운이다."
>
> – 세네카(Seneca)

가장 간단한 방법은 직관을 이용하는 것이다. 미래가 과연 어떤 양상으로 펼쳐질는지, 중요한 불확실성 요소들이 어떻게 전개되어나갈지, 그에 대해 당신이 무엇을 할 수 있을지 생각해보라. 도움이 필요하다면, 다음 표에 제시된 좀 더 체계적인 접근방법을 활용해보자. 구체적인 단계 하나하나를 전부 좇을 필요는 없다. 몇 가지 다양한 요소를 '선별하고 결합해' 일부 단계는 직관적으로, 일부 단계는 분석적으로 풀어가는 것도 좋은 방법이다.

앞선 두 장에서 자세히 다뤘던 도구와 프레임워크를 사용해 현재 상황을 기술하는 제일 왼쪽 단계부터 출발해보자. 첫 단계 직후에는 큰 상자 안에 묶인 단계로 이동하는데, 이 장에서 다룰 내용이 바로 이들 단계다.

우선 소비자 수요 증가율 같은 잠재적인 불확실성을 목록으로 나열해보자. 그런 다음 이 같은 불확실성이 전개될 양상을 모델링해보자. 예를 들어 당신은 소비자의 수와 소비자 일인당 수요를 모델링한 결과, 수요가 연간

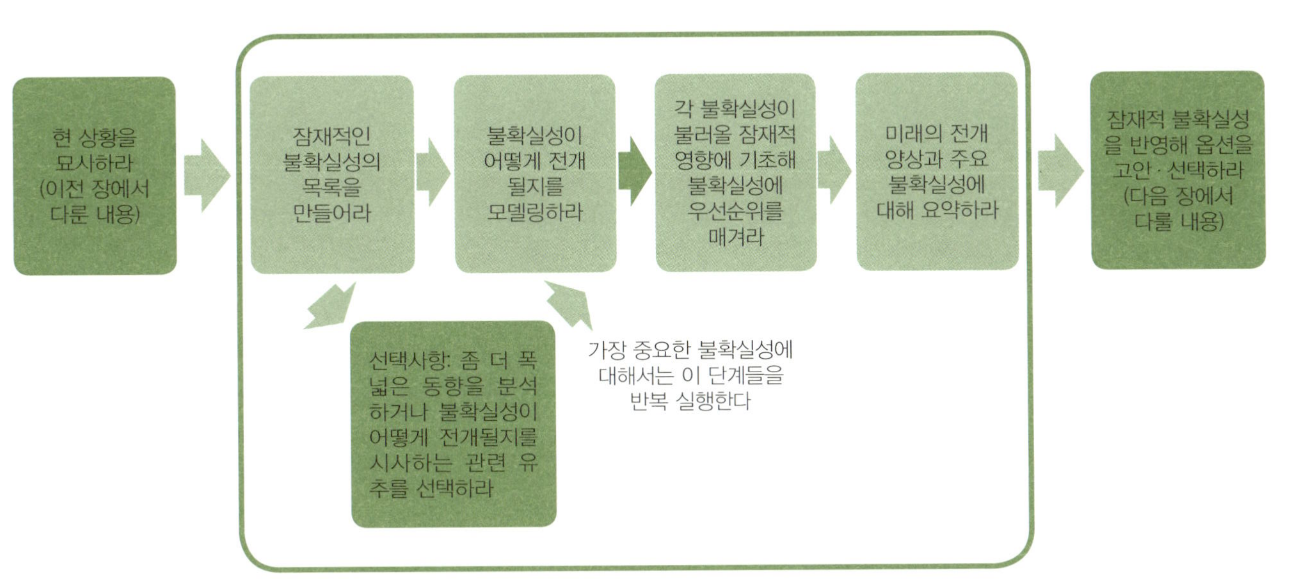
현 상황을
묘사하라
(이전 장에서
다룬 내용)
잠재적인
불확실성의
목록을
만들어라
불확실성이
어떻게 전개
될지를
모델링하라
각 불확실성이
불러올 잠재적
영향에 기초해
불확실성에
우선순위를
매겨라
미래의 전개
양상과 주요
불확실성에
대해 요약하라
잠재적 불확실성
을 반영해 옵션을
고안·선택하라
(다음 장에서
다룰 내용)
선택사항: 좀 더 폭
넓은 동향을 분석
하거나 불확실성이
어떻게 전개될지를
시사하는 관련 유
추를 선택하라
가장 중요한 불확실성에
대해서는 이 단계들을
반복 실행한다

5~10%만큼 증가하리라는 결론을 내릴 수 있다.

이제 각각의 불확실성이 초래할 잠재적 영향력을 평가해 불확실성에 우선순위를 매겨보자. 가령, 고정비 부담이 높은 조직에서는 수요의 수준이 수익성에 막대한 영향을 미칠 수 있다. 이 경우에는 수요의 변화가 목록의 상위를 차지할 것이다. 마지막으로, 이렇게 분석한 결과를 미래가 앞으로 어떻게 전개될 것인가, 대응책을 강구해야 할 주요 불확실성은 무엇인가에 대한 당신의 견해와 통합시키자.

이 장의 나머지에서는 불확실성을 분석하는 이러한 각각의 단계를 뒷받침하기 위해 사용할 수 있는 도구 및 접근방법을 설명할 생각이다.

잠재적 불확실성의 목록 작성하기

전략의 결과에 영향을 미칠 수 있는 불확실성의 목록을 작성하기 위해서는 상황이 어떻게 전개될 것인가, 불확실성에는 어떤 것들이 있는가, 등과 같은 간단한 질문을 던져보는 것만으로 충분할 수 있다. 충분히 폭넓게 사고하지 못하고 있다는 생각이 든다면, 서로 다른 항목의 불확실성을 따져봄으로써 사고를 자극해보자.

불확실성을 분류하는 한 가지 방법은 기간에 따른 구분이다. 화력발전소에 투자하기 위한 전략적 결단을 예로 들어보자. 1개월, 1년, 15년 단위로 그 기간 동안 우세할 불확실성에 대해 생각해보는 것이다. 단기적인 불확실성은, 당신이 발전소 건립 허가를 받을 수 있을지 여부와 배전망 회사가 당신을 전선망에 연결시키는 데 동의할는지 여부가 될 것이다. 중기적 불

나심 탈레브
Nassim Taleb

레바논에서 성장한 나심 탈레브(1960년~)는 불운한 조국에서 자연스레 불확실성에 대한 교훈을 깨칠 수 있었다. 월스트리트의 수석 트레이더, 위기관리 전문가, 위기관리를 가르치는 대학 교수로 활동해온 그는 무엇보다 베스트셀러 《블랙스완(The Black Swan)》의 저자로 널리 알려져 있다. 책에서 그는 조직과 인간의 삶에 영향을 미치는 가장 심대한 변화는 '미지의 미지'라는 점을 지적했다. 그는 라스베이거스의 MGM 미라지 카지노 경영진과 나눴던 대화를 예로 들었다. 그들은 '도박이론과 최첨단 감시기술에 수억 달러를 투자했지만 대부분의 위기는 그들이 구상한 모델 밖에서 출현'한 것이 당시 상황이었다. 2003년 10월 마술사 로이 혼(Roy Horn)이 공연 도중 백호의 공격으로 부상을 입어 카지노가 1억 달러를 물어야 했던 일이 그런 예였다. 《블랙스완》의 출간은 세계 금융위기가 발발한 시점에 이루어졌다. 그야말로 시의적절한 출간이었다. 헨리 민츠버그가 그랬듯, 탈레브 역시 계획이나 전문가 예측을 과신하는 일부 전략업계의 경향에 해독제를 제공한다. 그의 말을 그대로 인용해보자. "제 취미는 자신과 자신의 지식을 대단하게 생각하는 사람들, 가끔은 모르겠다는 말도 할 수 있을 텐데 그럴 용기조차 없는 사람들을 골려주는 겁니다…."

확실성은, 당신이 전력시장에서 팔게 될 전력의 가격이다. 장기적 불확실성에는, 정부가 이산화탄소 과다배출을 이유로 화력발전소를 폐쇄하는 규제법을 내놓을지 여부가 포함된다. 이렇게 항목별 불확실성을 따져보면 단순히 직관만 사용했을 때보다 훨씬 더 포괄적인 목록을 산출할 수 있다(직관에만 의존할 경우 평소의 사고방식에 따라 단기적 불확실성이나 장기적 불확실성에만 집중하게 될 가능성이 있다).

단기와 장기의 개념도 전략과 영역의 성격에 따라 달라진다는 점에 유의하자. 에너지 회사의 경우, 장기란 15~30년 사이를 의미할 것이다. 그러나 패션 의류 브랜드를 위한 계획을 짠다면 장기란 고작 12개월에 불과할 것이다.

불확실성을 분류하는 또 다른 방법은 이전 장에서 외부환경과 내부상황을 설명하며 소개한 개념과 관련된 전략적 불확실성(매력도나 경쟁우위에 관한 불확실성 등)을 따져보는 것이다. 다음은 화력발전소에 투자를 앞두고 있다고 가정했을 때의 예시다.

- '세분화'에 관한 불확실성. 산업과 영역은 어떻게 출현, 성장, 결합, 쇠퇴, 소멸할 것인가? 가령 전기자동차가 괄목할 만한 시장점유율을 확보하게 되면, 휘발유 소매업과 배전사업은 결국 통합될지 모른다.
- '영역 매력도(규모, 성장률, 수익률)'에 대한 불확실성. 전력시장의 규모와 성장률은 비교적 예측 가능한 부분이지만, 미래의 가격과 그에 따른 수익성에는 적잖은 불확실성이 존재한다. 전력시장의 생산과잉 수준이나 생산부족 수준처럼 예측하기 어려운 요인에 영향을 받는 측면이기 때

문이다.

- '고객 및 다른 이해관계자들이 어디에 가치를 둘 것인가'에 관한 불확실성. 예를 들어 지역사회는 발전소 건설에 어떻게 반응할 것인가? 지역경제 활성화를 환영할 것인가, 아니면 잠재적인 공해나 안전사고에 대해 우려를 표명할 것인가?
- '경쟁우위'에 대한 불확실성. 발전소가 장래에 얼마나 큰 경쟁력을 발휘할 것인가는 석탄 가격이나 탄소 배출에 부과될 세금 수준을 예측하기 어렵기 때문에 불확실한 측면이다.

불확실성을 분류하는 세 번째 방법은 예측 불가능성의 정도에 따라, 이를테면 '비교적 예측 가능한 것', '기지의 미지', '미지의 미지'로 나누는 것이다. 발전소의 경우 전력 수요는 '비교적 예측 가능한 것'에 속한다. 전기 가격, 발전소에 대한 지역사회의 정서, 경쟁사들의 반응은 당신이 이들의 불확실성은 알지만 그것이 어떻게 전개될는지 정확히 예측할 수는 없는 '기지의 미지'에 해당한다.

'미지의 미지'는 당신이 심지어 생각조차 해보지 못한 것들이다. 말 뜻대로 이를 파악하기란 어려운 일이지만, 그렇다고 예측이 아예 불가능한 것은 아니다. 전략을 평가하는 과정에서 고려해본 적 없는 불확실성, 이를테면 기존 기술의 경쟁력을 떨어뜨릴 수 있는 새로운 발전기술의 개발, 또는 특정 연료공급자의 안전을 위협해 결국 전력업계 전반에 대단한 파장을 가져올 지정학상의 급변과 같은 것을 브레인스토밍 방식으로 제시해보자. 이는 '미지의 미지'를 마침내 '기지의 미지'로 바꿔놓을 수 있는 방법이다.

불확실성에 대해 다소 환원주의적으로 접근한, 지금까지 설명한 방식에 대한 대안은 앞으로 미래가 어떻게 전개될지를 묘사하는 다양한 시나리오를 만들어보는 것이다.

시나리오는 잠재적인 미래 상황에 대해 논리적으로 일관적이고 총체적인 관점을 제시한다. 이는 가장 중요한 불확실성이 무엇이고 그것이 어떻게 전개될지 파악하는 것을 도와준다. 더불어 단순히 특정 불확실성에 대해 생각하는 데 그치는 대신 미래가 전개될 양상을 더욱 폭넓은 시야로 내다볼 수 있게 해준다. 예를 들어 발전소 투자 문제를 고려할 때, 당신은 다음과 같은 세 가지 시나리오를 떠올릴 수 있을 것이다.

1. '정상적인 사업 운영': 화력발전소가 비용 면에서 경쟁력을 갖고, 발전소를 확장해도 좋다는 인가를 받은 상황.

2. '좌절': 발전소가 유발하는 비용이 더 높아지지는 않았지만, 발전소 확장은 지역사회나 배전망 회사 같은 이해관계자들의 저항 때문에 불가능한 상황.

3. '친환경주의의 우세': 모든 화력발전소가 처벌적인 탄소세로 고충을 겪다가 결국에는 문을 닫는 상황.

이 같은 시나리오를 통해 당신은 두 가지 큰 불확실성이 존재한다는 것을 알게 되었다. 첫째는 화력발전소의 비용 상승을 야기해 발전소를 폐쇄하느냐, 낮은 이윤으로 계속 운영하느냐를 결단케 만들 환경 및 기술적인 압력이다. 둘째는 지역사회 또는 배전망 회사의 저항 때문에 발전소에 대한 초기 투자를 확대해도 좋다는 인가를 받지 못할 수도 있다는 점이다.

이 사례는 시나리오를 작성할 때 기억해야 할 몇 가지 쟁점을 보여준다. 첫째, 시나리오는 가장 중요한 불확실성을 포착하고 있어야 한다. 둘째, 비교적 적은 수의 시나리오를 만드는 것이 현명한 방법이다. 그렇지 않으면 전체적인 과정이 대단히 복잡해지게 된다. 마지막으로, 작성한 시나리오 중 어떤 것이 가장 가능성 있는 시나리오일지 미리 예측하려 들지 말아야 한다. 그중 어느 것도 충분히 일어날 수 있는 일이기 때문이다. 따라서 최종 전략은 앞선 예시에서 언급한 세 가지 상황 모두에서 이상적으로 이행될 수 있는 것이어야 한다.

시나리오 작성은 중요한 불확실성을 파악할 수 있는 유력한 방법이다. 시나리오는 특히 그룹 단위에서 전략을 개발할 때, 또는 다수의 사람들에게 전략을 전달해야 할 때 유용하게 쓰일 수 있다. 현재의 전략을 왜 바꿔야 하는지 납득할 수 없다는 이들이 존재할 때, 이런 시나리오는 그들의 마음을 열도록 해준다. 시나리오는 분석 도구일 뿐 아니라 기존 사고에 도전하고 논쟁을 점화시키는 한 방법이기도 하다.

"어떤 것도 확실히 알 수 있는 것은 없다….
어떤 것도 확실히 알 수 있는 것은 없다는 그 사실 외에는."

– 존 F. 케네디(John F. Kennedy)

상황 전개 모델링하기

이쯤 되면 당신이 작성한 불확실성 목록은 끝도 없이 길어질 것이다. 이제 해야 할 일은 거기에 우선순위를 부여하는 일이다. 이는 단순히 직관적으로 가능한 일일 수 있고, 문제의 답이 너무 명확해 고민할 필요가 없을 수도 있다. 그러나 그렇지 않은 경우, 당신은 일단 불확실성의 전개 양상을 모델링한 다음, 그것이 전략의 결과에 미칠 잠재적 영향을 기초로 각 불확실성에 우선순위를 매겨야 한다.

불확실성을 모델링하는 방법에는 여러 가지가 있다. 정량적인 모델링이 가능한 경우도 존재한다. 전력 수요에 관한 불확실성을 모델링할 경우, 당신은 그저 예상 인구 수준(상당히 신빙성 있는 자료)을 참조해 이를 1인당 에너지 사용 예측값(역시 꽤 신뢰할 수 있는 수치)과 곱하면 된다.

두 수치를 서로 곱하는 것보다 훨씬 정교한 정량적 모델링도 가능하다. 예를 들어 컴퓨터 모델링 기법을 활용하면 수요상의 변화, 미래의 연료 가격, 가용 발전소의 수와 유형, 해당 지역 총 개별 발전소의 운영 특성에 기초해 미래의 전력 가격을 예측할 수 있다. 연료 가격과 같은 정보를 입력하면 기대 전력 가격의 확률분포가 산출되기도 한다.

이런 모델링 기법을 활용하려면 예측에 필요한 데이터를 전부 갖고 있어야 한다. 그러나 그렇지 못한 상황이라면? 예컨대 컴퓨터 프로그램을 활용해 전력 가격을 예측하려면 미래 연료가격 예측값이 필요한데 이 자료를 얻는 것이 불가능할 수 있다. 이에 대한 한 가지 대안은 정성적 접근방법을 활용해, 좀 더 넓은 동향이나 유추를 살펴 이를 이용함으로써 연료 가격의 변화 양상에 대한 정성적 추론을 이끌어내는 것이다.

이를테면 세계 에너지 수요 증가세와 에너지 공급자들의 가용성에 대한 추론에서 드러나는 것은 전 세계 석탄 매장량은 풍부하지만 석유의 양에는 한계가 있다는 것, 그리고 이 석유 공급량의 많은 부분을 석유수출국기구(OPEC)가 좌우한다는 사실이다. 게다가 석유 수요는 석유 매장량 증가율보다 훨씬 빠른 속도로 증가하는 추세다. 따라서 당신은 석탄 가격이 장기적으로는 인플레이션 수준 가까이 오르겠지만 석유 가격은 그보다 큰 급증세를 보이리라는 가설을 세울 수 있을 것이다. 이 같은 전반적인 예측으로 무장한 당신은, 이제 컴퓨터 프로그램을 활용해 전력 가격의 변동 양상을 예측해볼 수 있다.

그러나 정량적 모델링 기법을 사용할 수 없거나 정량적 모델 창출이 불가능한 경우도 있다. 그럴 때 쓸 수 있는 것은 불확실성의 전개 양상을 모델링할 때 사용하는 테크닉이다. 그중에서 가장 자주 쓰이는 테크닉 몇 가지는 앞으로 나올 섹션에서 다룰 것이다.

넓은 동향

제2장에서 설명한 PESTLE 분석은 정치·경제·사회·기술·법·환경적 동향이 어떻게 전개될지를 추론해 거시환경의 넓은 동향과 관련한 불확실성에 대해 생각해볼 수 있는 유용한 방법이다. 이런 동향에 관한 데이터는 대개 습득이 가능하고, 좀 더 구체적인 불확실성의 전개 방향을 예측하는 데 사용될 수 있다.

일례로, 화력발전소 운영이 미래에도 허용될는지 여부에 관한 불확실성을 생각해보자. 환경적 동향은 화력발전소에 대한 폐쇄 압력으로 귀결될 수 있다. 이제까지의 사법 및 규제 이력을 보면 기존의 화력발전소가 명령으로 강제 폐쇄되는 일은 없을 듯하지만, 발전소에 과도한 추가 부담금이 부과돼 결국에는 비슷한 결과를 야기할 수 있다. 한편, 기술적 동향에서 알 수 있는 것은 화력발전소에서 배출되는 이산화탄소를 저장하는 방법이 개발될 수 있고, 풍력이나 태양력과 같은 대안 전력원이 전력 산출을 방해하는 요인 때문에 소비자 수요를 완전히 충족시키지는 못하리라는 것이다. 경제적 동향 면에서도 화력발전소 가동에 소요되는 비교적 낮은 비용은 풍력이나 태양력 발전소가 갖지 못한 이점을 제공한다. 이처럼 PESTLE 동향이 전개될 양상에 대해 생각해보면, 화력발전소의 생존과 관련된 좀 더 구체적인 불확실성이 어떤 식으로 전개될는지 내다보는 것이 가능해진다.

PESTLE 분석의 한 형태인 국가 위험도 분석은, 가령 인도네시아에 화력발전소 건립 계획을 세웠을 때처럼 미래에 특정 국가에 어떤 일이 벌어질는지를 체계적으로 탐색하는 데 PESTLE과 유사한 방식으로 사용될 수 있다.

이처럼 넓은 동향을 분석할 때는 상황별 요구에 따라 고도로 맞춤화된 작업을 진행해야 한다. 예를 들어 풍력 기술 발전이 당신이 처한 주요 불확실성 가운데 하나라고 가정해보자. 당신에게 필요한 것은 현재의 테크놀로지, 공급자, 생산비와 운영비, 규제 및 보조금 정책, 그리고 이 모든 것이 시간 흐름에 따라 어떻게 변화할 것인지에 관한 정보다. 이 같은 작업을 진행하기 위해서는 중요한 정보원, 주의 깊은 계획, 철저한 데이터 수집과 분석이 필요할 것이다.

업계 사례 유추방법

불확실성이 어떻게 전개될지를 추론하기 위해 넓은 동향을 분석하는 일은 사뭇 거창한 과제가 될 수 있다. 이것에 좀 더 집중적으로 접근해볼 수 있는 한 가지 방법은 해당 상황과 연관된 유추를 떠올리는 것이다. 다시 말해, '지금 나의 상황이 이러이러한 유추와 같은 식으로 전개된다면, 불확실성은 차후 어떤 양상을 띨 것인가?'를 생각하는 것이다. 화력발전소 사례로 돌아가서, 당신이 풍력 터빈 사업의 발전에 관한 불확실성을 염려하고 있고, 자동차업계의 발전사와 시장 주도기업으로서 포드의 부상이라는 유추를 이용한다고 가정해보자. 당신은 현존하는 수많은 풍력 터빈 제조사들이 대량생산 기술을 이용해 더 낮은 비용으로 표준화된 터빈을 생산하기 위해 -즉 자신들의 경쟁력을 증대시키기 위해- 한두 곳의 생산자로 통합될 수도 있으리라는 결론을 내릴 수 있을 것이다.

여기에서 핵심은, 당신이 분석하고자 하는 특정 상황과 들어맞는 유추를 찾아내는 것이다. 사용할 수 있는 유추는 다양한데, 그중에서도 가장 흔히 사용되는 몇 가지를 여기에서 간단히 다뤄볼 것이다. 각각에 대해 더 자세히 알고 싶다면 이 장의 끝에 실린 참고문헌을 참조하자.

대체곡선(substitution curve). 신기술이나 신제품이 기존 기술이나 제품을 대체하기 시작할 때, 이 양상은 '대체곡선'으로 알려져 있는 예측 가능한 관계를 따라 일어나는 경우가 많다(그 정확한 관계는 다음 표의 각주에 나와 있다). 과거에 일어난 현상의 대체곡선을 그려보면 당신은 그 양상이 당신의 업계에서도 일어나고 있는지 여부를 알 수 있다. 만약 그렇다면, 이는 그 동향이 같은 형태로 지속되리라는 가정 아래 미래의 대체 양상을 추론하는 데 사용될 수 있을 것이다.

그러나 이 점은 짚고 넘어가야 한다. 작금의 동향이 영원히 지속되리라는 법은 없다. 어떤 시점에 대체효과는 중단될 수 있다. 다음 표에 제시된 사례가 바로 이 점을 알려준다. 곡선은 합성섬유('신제품')가 천연섬유('기존 제품')를 대체했으나 신제품 대 구제품 비율이 50% 수준을 넘어서자 앞서의 동향이 더 이상 유효하지 않게 됐음을 보여준다(실제 이 동향은 한동안 반전 양상을 보이다 다시 지속되었다).

전력업계의 경우 대체곡선은 풍력발전이나 절전 전구와 같은 신기술의

$\dfrac{\text{합성 섬유}}{\text{천연 섬유}}$ 의 사용 비율 · **섬유의 대체곡선**

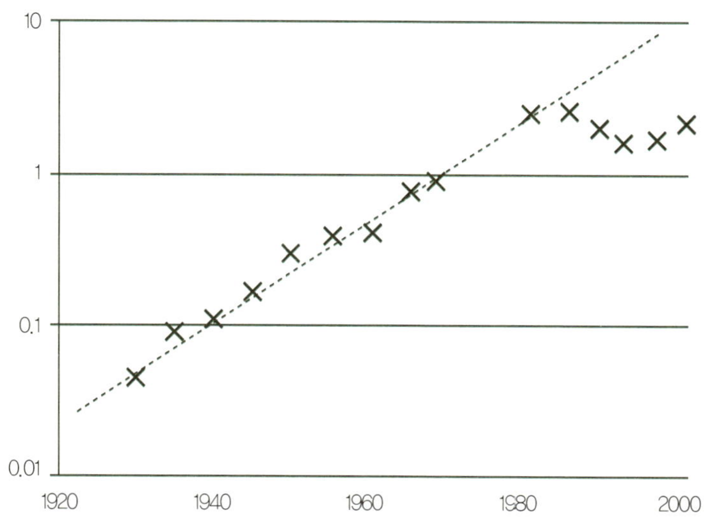

주: 위 그래프는 시간에 따른 로그함수 log(f/1−f)를 그린 것으로, 'f'는 총수요를 분모로 하고 신기술 또는 신제품이 달성한 수요를 분자로 하는 분수다.
출처: 시어도어 모디스(Theodore Modis), 《10년 뒤의 세계(Predictions 10 years later)》에서 저자의 승낙 하에 인용.

채택률을 평가할 때 사용할 수 있을 것이다. 다만, 이 같은 대체효과가 어느 시점에는 멈출 수 있다는 것을 명심하자. 이를테면 풍력은 전체 전력 수요를 100% 충족시키기 어렵다. 바람이 불어야 발전이 가능하다는 한계가 있고, 이를 보완하려면 좀 더 안정적인 전력원이 필요하기 때문이다.

제품 및 산업 순환주기. 제품이나 산업은 예측 가능한 동향이나 단계에 따라 전개되는 경향이 있다. 전형적인 순환주기는 도입, 성장, 성숙, 쇠퇴로 이루어진다. 예를 들어 화력발전소가 성숙한 제품이라면(비록 혁신적인 새로운 설계방법이 시도될 수도 있지만), 풍력은 성장 단계에 있고, 태양광은 도입 단계에 있다고 평가할 수 있다. 순환주기 유추를 활용하면 화력발전은 언젠가 쇠퇴기에 접어들 것이고, 풍력발전은 성숙할 것이며, 태양광은 어느 시점에 더 높은 성장 단계로 진입하리라는 것을 예측할 수 있다.

와해성 기술(disruptive technologies). 하버드 경영대학원 교수 클레이튼 크리스텐슨(Clayton Christensen)이 만든 이 용어는 '어떤 제품 또는 서비스가 일단 단순한 기술과 저렴한 가격으로 시장의 밑바닥에 뿌리를 내린 뒤 가차없이 '상부 시장(up market)'으로 치고 올라와 마침내는 기존 경쟁자들을 대체하는 과정'을 일컫는다. 일본의 모터사이클 회사들(혼다, 야마하)이 저렴한 제품으로 시장의 밑바닥에서 기반을 다진 뒤 상부 시장을 향한 노력을 계속한 결과, 마침내 고비용의 영국 경쟁자들을 무너뜨리고 대체해버린 사례가 대표적이다.

크리스텐슨에 따르면, 이 같은 일은 많은 업계에서 흔히 일어나는 현상이다. 이는 강력한 경쟁 포지션을 갖춘 기존 참가자들이 어떻게 권좌에서 물러나게 되는지를 설명해준다. 조직들은 이런 추세가 그들 각자의 산업에 영향을 미쳐 강력한 경쟁자를 대체할 기회를 제공하거나 예기치 못한 신규 진입자의 위협을 가져올 수 있다는 점을 고려해야 한다. 이 유추를 적용해, 가령 사하라 사막의 태양광발전소가 유럽의 전력 수요 대부분을 충족시킬 만큼 충분한 전력을 생산할 수 있다면 태양광 발전은 와해성 기술이 될 수 있을 것이다.

해체(deconstruction). 인터넷 시대에 특히 시의성 있는 또 다른 유추는 기존에 수직적으로 통합돼 있던 산업이 분할되는 산업 해체다. 그런 사례 중 하나가 퍼스널 컴퓨터(PC) 업계다. 1970년대와 1980년대에 애플과 IBM이 대표했던 수직 통합은, 이후 컴퓨터칩을 인텔(Intel)과 같은 전문 기업이 공급하고, 운영체계를 마이크로소프트가, 소프트웨어 패키지를 다양한 공급자들이, PC 조립을 델(Dell)이나 레노보(Lenovo) 같은 저비용 운영사가 제공하는, 현재와 같은 고도로 해체된 업계로 분열되었다. 전자통신이나 기존에 통제 아래 운영되었던 많은 산업 또한 전 지구적인 다양한 경제 및 규제상의 변화에 직면해 해체된 바 있다. 그러나 거꾸로 복원되는 산업도 존재한다. 이를테면 애초 수직 통합돼 있던 영국의 국영 전기사업은 각각 개별적인 발전소와 배전사로 분할됐지만, 시간이 흐르면서 광범한 복원 과정을 거쳐 이제는 일단의 수직 통합된 회사들로 모습을 갖췄다.

DIY 유추. 어떤 상황에서는 자체적인 유추를 개발해보는 것도 도움이 된다. 가령, 중국의 신규 경쟁자와 맞닥뜨리게 됐거나 국제 시장에 새로 진출하게 됐다면, 또는 업계의 규제완화에 대처해야 할 상황이라면, 비슷한 처지에 있었던 다른 회사나 산업이 어떤 수순으로 움직였는지 살펴보는 것도 도움이 될 것이다. 창의력을 발휘해보자!

행동

불확실성 가운데 모델링하기가 어려운 것은 소비자나 이해관계자, 경쟁자와 같은 동작주(動作主)들이 보이는 행동의 변화다. 다양한 분야의 광범한 동향을 분석해 이를 취합하면 소비자 행동이 시간 흐름에 따라 변화할 양상을 간접적으로 모델링할 수 있다. 분석 가능한 동향에는 다음과 같은 것들이 있을 것이다.

- 인구학적 변화(연령, 출생 국가, 혼인 여부, 사회계층)
- 사회경제적 변화(가처분 소득, 건강)
- 라이프스타일 경향(여가시간이 얼마나 주어지는가와 그 시간의 활용 방식, 무엇을 열망하는가)
- 일반적인 희망과 공포(범죄, 아동보호, 실업에 대해 느끼는 정서)

개발도상국 소비자들이, 브랜드가 다른 두 가지 세제를 놓고 어떤 선택을 내릴지와 관련된 불확실성에 대해 생각해보자. 경제적 동향에서 알 수 있는 것은 소비자들이 점점 더 부유해진다는 사실이다. 사회적 동향은 그들이 또한 더 바빠지며 자유 시간에 부여되는 가치도 더 높아지고 있다는 점을 시사한다. 이런 동향을 통틀어보면, 소비자들이 세탁 시간을 절약해줄 세제, 이를테면 애벌빨래를 건너뛸 수 있게 해주는 세제에 기꺼이 웃돈을 지불하리라고 예측할 수 있다.

넓은 동향에 대한 탐색은 좀 더 구체적인 불확실성을 간접적으로 모델링하는 것을 가능케 해준다. 그러나 그 같은 분석은 일반적으로 상황에 따라 맞춤 적용해야 한다. 공작기계 구매자들이 구매 행동을 어떻게 바꿀지 알고 싶은 경우에는 세제에 대한 소비자들의 행동 변화를 예측할 때와는 전혀 다른 분석이 필요하다.

경쟁자들의 행동을 이해하는 것 역시 매우 중요하다. 특히 그들이 어떤 활동을 펼치느냐가 전략의 결과에 적잖은 영향을 미칠 수 있는 집적산업(concentrated industry)에서는 더욱 그렇다. 이는 종종 직관적으로 예측이 가능한 부분이지만, 경쟁자들의 장래 행동을 모델링하는 데 사용할 수 있는 테크닉도 존재한다.

흔히 사용되는 접근방법은 역할극(role play)으로, 당신 스스로 경쟁자 입장이 되어 무엇을 할 것인지를 상상해보는 식으로 간단히 진행할 수도 있다. 역할극은 이미 간행된 데이터 연구와 병행한 사고 연습이 될 수도 있고, 좀 더 정교한 그룹 훈련으로 진행할 수도 있다.

역할극의 보다 발전된 형태는 종종 '워게임(war game)'이라 불리는데, 군대에서 사용되기 때문에 붙여진 이름이다. 전형적인 군사적 사례에서는 '청팀'이 아군 역할을 맡고 '홍팀'은 적군 역할을 맡는다. 두 팀은 각자 어떤 행동을 취할 것인지에 대한 계획을 수립하는데, 홍팀은 가능한 한 공격적이고 급진적인 방침을 마련해야 한다. 그 결과 도출된 다양한 전략의 잠재적인 결과를 판단하기 위해서는 규칙, 컴퓨터 프로그램, 심판(referee) 등의 요소를 조합해 활용할 수 있다.

전력업계 사례로 돌아가, 만약 발전소가 전력망 접속 여부에 사활을 걸고 있고 배전망 운영자 또한 발전업계 내부의 경쟁자라면, 당신은 세 개의 팀을 구성해 각각 발전소, 배전망회사, 규제자 역할을 하는 역할극이나 위

• 불확실성과 그로 인한 영향 모델링의 예

불확실성	불확실성의 영향을 모델링하는 데 사용된 테크닉	모델링 결과의 함의
발전소 건설 인가 승인 여부	• 지역사회와 발전소의 역할극	• 추후에 발전소 확장 인가가 나지 않을 수 있지만, 이 일이 어떻게 전개될는지는 대단히 불확실하다.
발전소에 대한 배전망 회사의 저항 효과	• 배전망 회사, 발전소, 규제자를 포함한 워게임	• 발전소 운행을 지연시킬 가능성이 있다.
전력 수요	• 인구증가 예측 • 1인당 전력 사용량의 역사적 발전 양상	• 순환성을 보이며 증가
연료 가격	• 에너지 업계의 넓은 동향	• 인플레이션으로 석탄 가격 상승 • 석유 가격은 더 높은 비율로 상승
풍력 기술의 발전	• 자동차업계의 역사, 특히 포드의 출현을 본보기로 한 유추	• 공급자들은 통합되고, 비용 및 가격은 절감될 것이다.
태양열기술의 발전	• 와해성 기술의 유추	• 태양열 발전이 대세가 되겠지만 미래의 결과는 매우 불확실하다.
전력 가격	• 연료 가격, 예상 수급균형, 풍력과 태양광 발전 기술의 예상 발전 수준을 투입한 컴퓨터 모델링 기법 활용	• 대부분의 시나리오에서 가격이 매력적이다.
이산화탄소를 배출하는 발전소에 대한 강제 폐쇄 조치	• PESTLE 분석	• 상반되는 추세들이 존재해 고도로 불확실성한 부분

게임을 시행해볼 수 있다. 발전소와 배전망회사를 대표하는 팀들은 규제자 측에 건의사항을 전달하거나 (각자의 이해관계에 부합하는) 조치를 제안할 수 있을 것이다. 그러면 규제자 역할을 맡은 팀은 판결을 내린다. 역할극은 작은 그룹 내에서 신속히 진행될 수도 있고 몇 주에 걸쳐 진행될 수도 있다. 두어 명의 가까운 동료들끼리 진행할 수도 있고, 과거에 규제자나 경쟁자 측에서 일했던 사람을 비롯해 사외 인사들까지 아우르는 식으로 참여 범위를 더 넓힐 수도 있다.

불확실성에 우선순위 매기기

이제 당신의 손에는 각각의 잠재적 전개 양상을 여러 가지 방식으로 모델링해본 불확실성의 장황한 목록이 쥐어져 있다(발전소 사례를 예로 든 앞의 표 참조). 다음에 해야 할 일은 그중 무엇이 당신의 전략에 가장 중요한 불확실성인지 우선순위를 매기는 일이다.

이 작업을 체계화하기 위해 흔히 사용되는 도구가 다음 페이지에 실린 매트릭스다(간단한 설명을 위해 발전소 사례에서 언급한 것 가운데 네 가지 불확실성만 다뤘다). 여기에서 소개할 유용한 개념 하나는 바로 '기본 조건(base case)'이다. 기본 조건은 환경과 그로 인해 전략이 이러이러하게 전개되리라는 믿을 만한 양상을 의미한다. 불확실성은 그것이 기본 조건에서 빗나갈 '확률', 그리고 그럼으로써 미치게 될 잠재적 '영향'이라는 관점에서 생각해볼 수 있다. '이산화탄소를 배출하는 발전소를 전부 강제 폐쇄한다는 결정이 내려질 것인가'와 같은 불확실성의 경우, 기본 조건은 '아니오'다. 이 기본 조건에서 빗나갈 확률('그렇다'일 확률)은 낮지만, 그 빗나감이 초래할 영향은 매우 클 수 있다.

오른쪽 아래 칸의 불확실성이 이처럼 부정적인 영향을 미칠 수 있다면, 이에 대비해 보험을 들거나 이를 저지하는 것, 이를테면 재생 에너지 사업에 투자하는 것이 가장 좋은 방책일 것이다. 만약 이 불확실성의 이면에 대단히 긍정적인 면이 있다면('공장의 수명이 다한 이후, 부지는 상업적 개발에 사용될 수 있다'와 같은), 이를 활용할 실현 가능한 옵션(가령, 부지 재개발 같은) 역시 갖추고 있어야 할 것이다.

오른쪽 위 칸의 불확실성은 가장 중요하게 다뤄야 할 불확실성으로, 어떤 긍정적인 이면도 유용할 수 있는 옵션을 추구하되 불리한 면은 경감시킬 수 있는 조치를 취해야 한다. 이 같은 불확실성에 대비한 전략 개발이 필요한 상황이 있다. 예를 들어 배전망 회사에서 발전소 운영을 중단시키려 한

• 불확실성에 우선순위 매기기

기본 조건에서 빗나갈 가능성	기본 조건에서의 이탈이 초래할 잠재적 영향	
	낮다	매우 크다
가능성 있음	예: 전력수요 변화 대응책: 실시간으로 적응	예: 발전소에 대한 배전망 회사의 저항 대응책: 전략을 수정해 응대
가능성 없음	예: 발전소에 공급되는 수자원의 수질 변화 대응책: 무시	예: 이산화탄소를 배출하는 발전소에 대한 강제 폐쇄 조치 대응책: 부정적인 면에 대처하고, 긍정적인 면은 유용

다면, 발전소에서 주식의 일부를 배전망 회사에 파는 것도 가치 있는 방침일 것이다.

왼쪽 위 칸의 불확실성은, 그로 인한 영향은 이해하고 있어야 하지만 대개는 극복할 수 있는 종류의 불확실성이다. 그러나 상황 변화에 따라 실시간으로 전략을 수정해나갈 운영능력을 갖추는 것은 중요한 일이다. 왼쪽 아래 칸의 불확실성은 일반적으로 무시해도 좋은 것들이다.

전형적인 접근방법은 일단 당신의 직관을 이용해 다양한 불확실성의 위치를 잡아본 뒤 분석을 심화해가면서 사고를 다듬는 것이다. 이런 식으로 당신은 가장 중요한 불확실성으로 보이는 것에 집중할 수 있다. 분석이 진행됨에 따라 우선순위는 수정을 거치게 되고, 작업의 초점 역시 그에 따라 바뀌게 된다.

당신은 이제 어떤 것이 주요 불확실성인지, 그것이 기본 조건에서 빗나갈 확률은 어떤지, 그 같은 빗나감이 가져올 영향은 무엇인지를 알고 있다. 다양한 잠재적인 미래 상황에서 조직이 어떻게 움직여야 할지에 대해 통찰할 수 있는 위치에 서게 된 것이다. 그 다음에 해야 할 일은 적실한 전략을 설계하고 선택하는 일이다.

이것만 기억하자
당신의 전략은 불확실한 미래에서도
성공을 거둘 수 있어야 한다.

돈 설
Don Sull

런던경영대학원의 교수인 돈 설은 과거 맥킨지와 사모펀드 투자회사 클레이턴 더빌리어 & 라이스(Clayton, Dubilier & Rice)에서 컨설턴트로 활동한 경력이 있다. 그는 또한 여러 기술창업 기업에 대한 적극적인 투자자이기도 하다. 설이 초기 연구에서 다룬 것은 기업이 변화를 다루는 과정에 직면하는, 스스로 초래한 난제들이었다. 연구는 외부 환경에서 무슨 일이 일어나고 있는지를 보지 않기 위해 기업들이 자발적으로 만들어낸 '눈가리개'들, 격식화된 과정, 그리고 기업이 변화하는 것을 막는 관계와 도그마의 망에 초점을 맞췄다. 그가 좀 더 최근에 진행한 연구는 변화와 불확실성을 기정사실로 상정하고 그에 관해 무엇을 해야 할 것인가에 초점을 맞추고 있다. 대규모 조직이 효율적으로 진화해나가는 것을 막는 장애물-변화 속에서도 번창하는 조직이 있는 반면, 다른 조직은 적응에 실패하는 원인-을 언급하면서, 그는 민첩성(agility: 변화에 적응하는 능력)과 흡수력(absorption: 난세에 살아남는 능력)의 조합을 생존하는 조직의 속성으로 꼽았다. 설은 특정 영역에서 기반을 닦아 성공한 조직이 또 다른 영역에서 성공할 수 있을까, 또는 어떻게 성공할 수 있을까라는 까다로운 문제에 답할 수 있는 몇 안 되는 학자 가운데 하나다.

- 휴 코트니(Hugh Courtney), 제인 커클랜드(Jane Kirkland), 패트릭 비게리(Patrick Viguerie)의 논문 「불확실한 상황에서의 전략(Strategy Under Uncertainty)」(《맥킨지 쿼털리》, 2000년 6월호)은 불확실성의 유형과 함께 불확실성을 다루는 방법을 개괄하고 있다.

- 돈 설이 〈하버드 비즈니스 리뷰〉에 기고한 논문, 그중에서도 「우량 기업이 퇴조하는 이유(Why good companies go bad)」(1999년 7/8월호), 「적극적인 기다림으로서의 전략(Strategy as Active Waiting)」(2005년 9월호), 「급변하는 시장에서 살아남는 방법(How to Thrive in Turbulent Markets)」(2009년 2월호)을 읽어보자.

- 셸(Shell)의 웹사이트(www.shell.com/home/content/aboutshell/our_strategy)나 www.mindofafox.com과 같은 웹사이트에서는 시나리오 짜기에 관한 다채로운 정보를 얻을 수 있다.

- 국가 위험도 분석, 기술예측(technology forecasting), 워게임에 관해서는 C. 플레이셔(C. Fleisher)와 B. 벤수산(B. Bensoussan)이 쓴 《사업 및 경쟁 분석(Business and Competitive Analysis)》(FT프레스, 2007)을 참조하자.

- 제품과 산업 순환주기에 관한 정보는 로버트 그랜트의 《현대 전략 분석》, 그리고 www.12manage.com에서 개관할 수 있는 애니타 맥가한(Arita McGahan)의 「산업변화의 궤적모델 설명(Explanation of the Four Trajectories of Industry Change)」, ['무어의 법칙(Moore's Law)'으로 유명한] 제프리 무어(Geoffrey Moore)가 쓴 《다윈에 대해 논하기(Dealing with Darwin)》에서 찾아볼 수 있다.

- 와해성 기술에 대한 논의는 www.claytonchristensen.com/disruptive_innovation.html

를 참조하자.

• 불확실성의 긍정적인 측면에서 이익을 얻는 방법은 피터 J. 윌리엄슨(Peter J. Williamson)이 쓴 「미래에 대한 옵션으로서의 전략(Strategy as Options on the Future)」(《슬론 매니지먼트 리뷰》, 1999년 봄호, 제40권 3호, pp.117~126)에서 논의된 바 있다.

쟁점과 옵션

구조화의 위력

새로운 구조 만들기

구조 좁히기

새로운 옵션 창출하기

옵션 평가하기

구조화–옵션 절차 반복하기

당신은 이제 중형 과제 중 상당 부분을 마무리했다. 현재의 상황과 그 상황이 앞으로 어떻게 흘러갈 것인지에 대한 분석도 끝냈다. 다음 단계는 가장 매력적인 옵션을 짚어내고 그중에서 선택을 하는 일이다.

때때로 이는 쉬운 과업이다. 쟁점이 분명하고, 조직이 목표를 이룰 수 있게 해줄 명확하고 현실적인 옵션이 존재할 경우에 그렇다. 그러나 대체로 문제는 그렇게 분명치 못하다. 옵션의 수가 너무 많거나 무엇이 최선의 옵션인지에 대한 의견이 분분할 수 있다. 이렇게 되면 분석에 임한 팀은 과부하에 걸리게 되고, 논쟁이나 마찰이 빚어질 수 있다.

반대로 옵션이 너무 적을 수도 있다. 옵션 가운데 아주 매력적인 것이 전혀 없거나, 그 어떤 옵션도 기저의 위험요소나 문제를 제대로 다루지 못할 수 있다. 또는 가능한 상황이나 옵션에 대해 팀 자체가 너무 편협하게 생각하는 것이 문제일 수도 있다. 매력적인 단기 옵션은 존재하지만 장기적인 방향이 명확지 않은 경우도 있고, 장기적인 방향에 대해서는 다양한 착상이 나온 반면 단기적으로 가능한 적절한 방향은 제시되지 못한 경우도 있다.

요컨대 당신은 때로 더 많은 옵션을 구상해내거나, 반대로 이미 너무 많은 옵션을 더 다루기 쉽고 집중하기 좋은 개수로 압축해야 할 필요에 처할 수 있다.

'더 많은 옵션을 산출'해내기 위한 가장 단도직입적인 접근방법은 브레인스토밍 세션을 마련하는 것이다. 만약 당신의 조직이 매출과 수익 저하로 고충을 겪는다면, 당신은 그저 전 직원에게 사업 성장을 위한 아이디어를 최소한 세 가지씩 제시하라고 주문할 수 있을 것이다. 그보다는 에두른 방법이면서도 종종 더 큰 잠재력을 발휘하는 또 다른 접근방법은 현재 상황을 새로운 옵션을 현시할 수 있는 방식으로 재정의하거나 재구조화하는 것이다.

'구조화(framing)'란 고려할 옵션 범위에 경계를 정하는 방식으로 쟁점을 규정하는 작업이다. 예컨대 당신은 '어떤 기회를 통해 사업을 성장시킬 수 있을까?'라고 쟁점을 구조화하는 대신 '어떻게 회사의 가치를 두 배로 만들 수 있을까?'라고 상황을 구조화할 수 있을 것이다. 후자와 같은 구조화는 고려할 수 있는 옵션의 한계를 넓혀, 매출을 증가시키기 위한 방법뿐 아니라 비용을 감축해 수익성을 증가시키는 방법에 이르기까지 전자에 비해 훨씬 폭넓고 다양한 아이디어를 산출할 수 있게 해준다.

반대로 '옵션 창출에 초점을 부여'하기 위해 특정 유형의 옵션을 세목화할 수 있다. 가령, '핵심 제품의 디자인을 어떤 식으로 바꾸면 좋을까?', 또는 상황을 좀 더 협소하게 구조화해 '어떻게 하면 핵심 제품의 판매를 1년 안에 20% 높일 수 있을까?', '어떤 국가에 새로 진출할 수 있을까?' 같은 질문을 해볼 수 있을 것이다.

전략을 개발하는 과정에서는 종종 범위를 넓히거나 좁혀 생각해야 할 필요가 생긴다. 어떤 단계에서는 상황을 좀 더 다양하게 구조화해 더 많은 옵션을 창출해야 하고, 또 어떤 단계에서는 구조화 방식이나 옵션의 수를 줄여야 한다. 이를 어떻게 하느냐가 이 장에서 다룰 중심 주제다. 그러나 강조점은 더 많은 구조와 옵션을 창출하는 방안에 놓일 것이다. 생각의 범위를 좁히는 것보다 범위를 넓히는 것이 대개 더 어렵기 때문이다.

쟁점을 구조화하고, 옵션을 산출하고, 그 옵션을 평가해 그중 하나를 선택하는 과정이 일련의 독립적인 활동으로 시행돼서는 안된다는 점은 강조할 필요가 있다. 이들 과정은 구조화, 옵션의 산출 및 평가, 더 나은 새로운 옵션 산출을 위한 재구조화-이 장의 끝부분에서 다루게 될 주제-로 이루어진 반복주기 형태로 시행돼야 한다.

구조화의 위력

구조화는 종종 전략적 판단의 핵심이 되는 반면, 그 중요성이 간과되는 경우 역시 드물지 않다. 구조화는 당신이 고려할 옵션과 옵션 사이에서 한 가지를 선택할 때 사용할 기준을 결정짓는다. 역으로, 부적절한 구조화는 잘못된 옵션으로 이어질 가능성이 크다. 그럼에도 불구하고 충분한 숙고와 논의 없이 구조화가 진행되는 경우는 부지기수다. 물론 무의식적인 수준에서 구조화가 이루어지는 경우도 있다. 사람들은 스스로가 무의식적으로 상황을 어떤 특정한 방식으로 구조화해버렸다는 사실조차 깨닫지 못한다. 따라서 대안이 될 구조를 고안하고 평가하는 작업을 도와줄 몇 가지 도구를 갖추는 것이 유용할 것이다.

구조화의 중요성을 이해하기 위해, 당신이 2010년 아프가니스탄에 파견된 북대서양조약기구(NATO) 군사사절단의 단장이었다고 가정해보자. 당신이 직면한 쟁점은 다음과 같은 방식으로 구조화할 수 있을 것이다.

1. 탈레반과 알카에다를 어떻게 물리칠 것인가?

2. 아프가니스탄을 어떻게 안정화할 것인가?

3. 2년 안에 모양새 좋게 철수할 수 있는 방법은 무엇인가?

육군 장교로 구성된 팀은 자연히 군사적 승리를 확보하는 옵션에 주목할 것이다. 그들은 직관적으로 '탈레반과 알카에다를 어떻게 물리칠 것인가?'로 쟁점을 구조화해버릴 터이기 때문이다. 그들이 '아프가니스탄을 어떻게 안정화시킬 것인가'로 쟁점을 재구조화할 때에야 순전히 군사적 승리에만 무게를 둔 옵션 외에 다른 옵션에 대해 생각하는 것이 가능해질 것이다. 구조(frame)를 바꿔 생각하는 것(또는 고정관념에서 벗어나는 것)은 어려운 일이지만, 실행에 옮기면 대단한 위력을 발휘한다.

구조화와 재구조화의 위력에 관한 경영 분야의 사례 가운데 하나는 미국의 대표적 기업 GE의 전 CEO 잭 웰치(Jack Welch)가 회고한 이야기다. 그는 애초 GE의 모든 사업부문 책임자들이 각자 자신의 사업을 업계 1위나 2위로 만들어야 한다고 주장했다고 한다. 불행히도 그의 주문에는 부작용이 뒤따랐는데, 각 사업 책임자들이 시장점유율 극대화로 저마다의 사업을 업계 선두주자로 만들기 위해 자신들이 속한 산업의 경계를 편협하게 구조화해버린 것이다. 이로 인해 그들은 결국 지나치게 보수적으로 변해 자신들이 즉시 시장주도기업으로 도약하기 힘든 새로운 시장에서의 성장을 요하는 옵션들은 무시해버렸다.

이에 웰치는 사업 책임자들에게 각자의 시장점유율이 10% 미만이 되도록 각 사업의 경계를 새로 그릴 것을 주문했다. 그럼으로써 그들이 각자의 업계와 활용 가능한 성장 옵션의 경계를 재구조화하게 만들었다. 각 사업 책임자들은 애초 그들의 목표를 '협소하게 규정된 업계 내에서 1위 또는 2위가 되는 것'으로 구조화했었다. 웰치는 그들을 독려해 각자의 목표를 '좀 더 넓은 업계에서 사업을 1위 또는 2위까지 성장시키는 것'으로 재구조화하게 한 것이다. 그 결과 "…차후 5년에 걸쳐 우리는 전과 달라진 곳은 없으나 새로운 활력으로 충전된 사업 포트폴리오로 GE의 성장률을 두 배로 끌어올릴 수 있었다"고 웰치는 회고했다.

새로운 구조 만들기

앞에서 언급한 것처럼, 우리의 두뇌는 자연스레 특정한 구조를 선택하고 그 결과 어느 협소한 범위의 옵션을 선택하게 마련이다. 고려할 옵션의 범위를 넓히기 위한 한 가지 방법은 다양한 구조를 추가로 고안해 그 각각이 일단의 옵션을 유도하도록 하는 것이다. 어떻게 그렇게 할 수 있을까?

대부분의 구조는 '탈레반 물리치기'와 같은 전략적 제안 목표를 담고 있고, 간혹 '2년 안에'와 같은 제한 요소를 수반하기도 한다. 따라서 대안적 목표와 제한 요소를 열거한 다음 그 둘을 조합해 다양한 전략적 질문을 창출하는 것은 대안 구조를 산출하는 한 가지 방법이 될 수 있다. 가령, '2년 안에 탈레반 물리치기'는 '2년 안에 아프가니스탄 안정화하기' 또는 '10년 안에 탈레반 물리치기', '10년 안에 아프가니스탄 안정화하기'로 바뀔 수 있다. 또 이들 각각에서는 그와 관련된 다양한 옵션을 도출할 수 있다.

대안 구조를 만들어내기 위한 또 다른 방법은 쟁점에 대한 현재의 구조화에 대한 범위를 좀 더 넓히거나 좁히는 방법을 생각해보는 것이다. '수용 가능한 피해(acceptable loss: 전과에 비해 아군의 피해가 크지 않은 것, 또는 작전상 감당해야 할 아군의 피해-역주)를 감수하는 한에서 탈레반을 물리칠 방법'이라는 구조화를 예로 들어보자. 이는 그 목표를 '고국의 지지적인 여론을 유지하면서 근동지방의 평화를 유지하는 방법'으로 언명해 범위가 '더 넓어질' 수 있고, 아니면 '200부대 이상을 잃지 않는 선에서 헬만드 지방을 장악하는 방법'을 물음으로써 범위가 '더 좁혀질' 수도 있다. 놀랍게도 새로운 옵션을 창출해내는 것은 협소한 구조 쪽이다. 협소한 구조가 좀 더 창의적인 옵션을 요구하기 때문이다. 가령, 200부대 미만의 손실을 명기한 협소한 구조화는 탈레반과의 협상을 통해 무력분쟁을 억제하는 방법에 대한 새로운 아이디어로 이어질 수 있다.

새로운 구조는 또한 '5 Whys' 테크닉을 이용해 당신이 진짜 쟁점에 도달했는지 여부를 파악하는 방법으로도 도출될 수 있다. 경영 사례로 돌아가,

당신이 채용한 사원 중에 실적을 내지 못하는 문제 사원이 있다고 가정해 보자. 당신은 '어째서 그들은 실적을 내지 못할까?'라고 질문하고 '그들이 맡은 일이 너무 많기 때문이다'라는 대답을 내놓을 수 있다. 다시 질문: '어째서 그렇게 많은 일을 맡았나?' 답: '사업은 성장했는데 직원은 그만큼 충원하지 않았기 때문이다.' 자, 이제 전략적 쟁점은 '문제 사원을 어떻게 해고할 것인가?'에서 '직원을 어떻게 늘릴 것인가?'로 바뀌었다. 문제의 기저 원인을 파악하려면 '왜?'라는 질문을 다섯 번쯤 던져야 한다. 다섯 번 되묻다 보면 당신은 진짜 쟁점에 도달하거나 최소한 모두의 인내심을 바닥내버리기라도 할 것이다.

더 많은 구조를 창출하기 위한 또 다른 방법은 시나리오 짜기 연습을 통해 몇 가지 대안적인 미래 환경을 구상하는 것이다. 그렇게 도출된 각각의 미래상에서는 '성장 시장에서 이득을 취할 준비 갖추기', '새로운 경쟁자들과 싸워 이기기' 같은 다양한 쟁점과 구조가 산출될 것이다.

구조 좁히기

새로운 구조와 옵션을 산출하는 것은 언제나 유익한 일인 듯하지만, 현실적으로 특정한 개인이나 그룹이 지나치게 많은 착상을 다루기란 어려운 일이다. 대상의 범위를 좁히면 전략 창출 과정에 집중도를 부여할 수 있다. 이 같은 작업은, 당신이 엄청난 분석 작업으로 '바다를 통째로 끓여야' 할 위험에 처했을 때는 프로젝트 초반에 시행하는 것이 좋고, 시간 여유가 부족해 옵션의 최종 명단에만 집중할 필요가 있을 때는 프로젝트 후반에 시행하는 것이 유용하다.

여기에서 문제는, 잠재적으로 매력적인 옵션을 간과해버리는 일 없이 구조의 범위를 어떻게 좁히느냐다.

위의 격언이 암시하는 것처럼, 가치 있는 구조는 보통 두 가지 특징을 지닌다. 사실에 기반을 두면서 전반적인 사명, 또는 위고의 유려한 표현대로 '꿈'을 반영한다는 것이 그것이다. 따라서 고려할 구조의 범위를 좁히기 위해서는 조직의 사명·목표와 가능한 경로의 현실(위고가 '사실'이라 표현한)을 둘 다 반영하는 것을 선택하는 쪽이 합리적이다.

예를 들어 NATO의 사명은 유럽과 북미의 안보 유지다. '탈레반을 어떻게 물리칠 것인가?'라든가 '아프가니스탄을 어떻게 안정화할 것인가?'라는 구조는 둘 다 이에 합치되는 구조다. 반면 '어떻게 2년 안에 철수할 것인가?'는 사명과 합치되지 않는 듯이 보인다. 그 같은 구조화 속에는 장래의 잠재적인 불안이 내포돼 있기 때문이다.

구조의 범위를 좁혀 두 가지 대안 가운데 하나를 선택해야 하는 단계에 도달했다면, 이제 둘 중 어느 것이 가능한 경로를 가장 잘 반영하는지 생각해볼 차례다. 불행히도 양쪽이 기술하고 있는 것 모두 쉽게 달성할 수 있는 일로 보이지 않는다. 탈레반을 물리친다는 것은 험한 지형으로 악명 높

은 지역에서 적들을 완전히 몰아내야 하는 일이며, 아프가니스탄을 안정화
하는 것 역시 험난한 일임은 마찬가지다. 가능한 방안은 이 둘을 서로 결합
해 '아프가니스탄이 경제적 발전과 법치를 누릴 수 있도록 탈레반을 저지
할 방안은 무엇인가?', 즉 사명과 잠재적으로 달성 가능한 경로 양쪽에 부합
하는 공식화로 쟁점을 구조화하는 것이다. 그리하여 이제 당신은 흥미로운
옵션을 찾기 위한 집중 탐색을 가능하게 할 단 하나의 구조를 손에 넣었다.

옵션 창출하기

전략 창안 과정은 상황을 분석하고 대안 전략을 평가하기 위한 비평적인
능력뿐 아니라 통찰과 새로운 옵션을 내놓을 수 있는 창의력 또한 요구하
는 모순적인 과정이다. 그렇다고 전략을 창안할 때 분석 능력이 필요 없다
는 뜻은 아니다. 다만, 전략적 쟁점을 해결할 통찰력 있는 옵션을 도출해내
기 위해서는 마법의 가루도 몇 줌 필요하다는 뜻이다. 좋은 옵션은 대체로
어느 정도는 창의적인 통찰에 빚을 져야 한다.

이 같은 전제 아래, 이 장의 남은 섹션에서는 당신의 창의력을 자극하는
몇 가지 방안을 제시할 것이다. 물론 제시된 방법을 전부 사용하고 싶지는
않을 테니, 각 방법이 가장 유용할 상황 같은 간단한 지침 역시 덧붙일 것
이다. 이제 소개하는 내용은 전략 창안 과정의 대안이라기보다는 보완적인
수단으로 보아야 한다.

상향식으로 옵션 산출하기

앞에서 언급했듯이, 전략은 목적 또는 목표, 그리고 그 목표를 달성하기 위한 경로로 구성돼 있다. 또 이 경로는 자원 투입, 자원을 배치할 수 있는 방식에 제약을 가하는 요소, 그리고 목표로 삼을 기회에 대한 전반적인 이해의 조합을 통해 규정된다.

당신은 지금까지의 분석과 지금까지 산출한 다양한 구조를 이용해 갖가지 목표와 경로를 단순히 조합해 상향식으로 전략 옵션을 개발할 수 있다. 그러나 맨 먼저 무엇에 초점을 맞춰야 할까? 다양한 목표 목록부터 살펴본 다음 그 목표에 맞는 경로를 찾아야 할까, 아니면 가능한 경로를 먼저 살펴본 다음 무엇이 가장 실현 가능한지를 기초로 목표를 선택하는 것이 좋을까? 답은 그 두 가지 작업을 반복적인 과정으로 수행해 바람직한 목표와 실현 가능한 경로가 최적으로 조합된 옵션을 탄생시켜야 한다는 것이다.

이를 위한 한 가지 접근방법은 먼저 목표부터 잡고 그 목표를 달성하기 위해 밟을 수 있는 경로에는 무엇이 있는지 생각해보는 것이다. 이렇게 도출된 옵션은 종종 '야망 중심' 옵션이라 지칭된다. 대안 목표는 당신이 고안한 대안 구조에서 도출할 수 있다. 목표가 도출되면 그에 따른 대체적 경로를 구상하는 것이다. 예를 들어 당신이 아프가니스탄 파견군의 목표를 '탈레반 물리치기'라고 구조화했다고 가정해보자. '15만 명의 나토군과 파키스탄 군대와의 협력(자원)을 통해 탈레반의 공급선을 끊고 탈레반을 한 지역씩 체계적으로 몰아내되(경로의 전반적 방향) 민간인 사상은 최소화한다(제약 조건)'와 같은 대안 경로를 창출하는 것이 그 다음 단계다.

옵션 창출의 초기 단계에서는 경로를 대단히 높은 수준에서 설명하고 싶은 마음이 든다. 하지만 잠재적인 전략의 범위를 좁혀나가면서 옵션의 현실성을 검증할 수 있을 만큼 상세한 계획을 세우는 것이 더 유리하다('행운이란 준비와 기회가 조우할 때 일어나는 것'이라던 세네카의 조언을 기억하자).

얼마나 자세한 부분까지 계획을 세울 생각이든, 전략 이행을 책임진 사람들도 반드시 그 과정에 참여시켜야 한다. 그들이야말로 그 경로가 현실적인지 여부를 판단할 통찰과 의욕을 갖춘 이들이기 때문이다.

목표를 잡는 것부터 시작하는 대신 현실적으로 가능한 경로부터 탐색하는 것도 가능한 방법이다. 이 방법은 종종 '조건 중심' 접근방법이라 불리는데, 현재의 상황 또는 조건에 대한 고려가 출발점이 되기 때문이다. 이는 훨씬 실용적인 접근방법인 반면에, 창출되는 옵션이 너무 많아진다는 단점이 있다. 예컨대 당신은 아프가니스탄의 상황을 고찰한 뒤 '주둔해 있던 10만 명의 미군을 동원해 탈레반이 장악한 주요 지역 일부를 탈환함으로써 탈레반을 산악지역으로 몰아낸다'와 같은 경로를 고려할 수 있다. 그런 다음 해야 할 일은 그에 부합하는 전략적 목표를 숙고하는 것이다. 이를테면 '탈레반을 협상 테이블에 앉힌다'는 목표를 만들고 그것이 전반적인 사명과 모순되지는 않는지 판단해야 한다.

야망 중심 접근방법과 조건 중심 접근방법은 서로를 훌륭히 보완해주며, 일반적으로 일단의 서로 아주 다른 옵션을 산출해낸다.

전략적 도구와 프레임워크를 사용해 옵션 산출하기

실행 가능성이 가장 높은 전략 옵션은, 성공적인 성장 전략에 관한 크리스 주크(Chris Zook)의 연구가 입증한 것처럼, 기존 포지션으로부터의 점진적인 팽창(incremental expansion)인 경우가 많다.

앞선 여러 장에서 다룬, '현재 상황'을 묘사하는 전략 개념과 도구는 잠재적인 '점진적' 옵션에 대해 생각하기 위한 출발점으로 유용할 수 있다. 이는 특히 옵션의 범위를 좁혀 실질적인 옵션에 초점을 맞추고자 할 때 도움이 된다. 전략 도구를 사용하는 방법에는 다음과 같은 것이 있다.

- 새로운 고객가치 구성(CVP) 창출하기. 고객 세분화 기법을 활용해 타깃으로 삼을 고객 수요의 새로운 조합을 생각해내는 것도 한 가지 방법이다. 가령, 당신은 커피숍을 찾는 고객을 세분화해, 갓난아기를 데리고 쇼핑하다가 잠시 쉬려고 들르는 부부 고객, 커피 한 잔을 테이크아웃으로 주문해 곧바로 매장을 나서는 고객 등 특정 고객 그룹의 수요에 응할 수 있는 설계안을 만들 수 있다. 또는 가치곡선 모델을 활용해, 일단 커피숍의 현재 가치곡선에서 출발한 다음 더 우수한 제품을 제공하거나 새로운 영역의 고객들에게 서비스할 수 있도록 가치곡선을 쇄신하려는 노력을 기울일 수 있다.

- 기존 경쟁우위 원천을 기초로 성장하기. 당신은 매력도·경쟁우위 매트릭스, 가치사슬 같은 개념이나 기존 역량과 포지션에 기초한 성장이라는 아이디어를 사용할 수 있다. 그런 다음 새로운 기회 공략에 현재 갖춘 역량과 경쟁우위 원천을 활용할 방법에 대해 생각해보는 것이다. 당신이 지닌 경쟁우위가 새로운 분야로까지 확대될 수 있을 만큼 강력한 경우, 이를테면 테스코나 스타벅스(Starbucks)가 새로운 사업 포맷이나

크리스 주크
Chris Zook

주크는 윌리엄스칼리지, 하버드 대학교와 옥스퍼드 대학교에서 학위를 받고, 베인 & 컴퍼니(Bain & Company)에 입사해 글로벌 전략부서를 이끌며 1990년부터 기업의 성장에 관한 프로젝트를 진행해왔다. 이 프로젝트에서 나온 첫 번째 책《핵심에 집중하라(Profit from the Core)》는 10년에 걸쳐 성장세를 유지해온 기업 중 십중팔구는 사업을 다각화하기보다 자신의 핵심 사업에 집중했다는 사실을 밝혀냈다. 뒤이어 나온 책들은 '핵심을 확장해' 성장하는 방법을 다루지만, 주크의 주된 메시지는 명확하다. 핵심 사업과 경쟁우위 원천에 기초를 둔 옵션이 대부분의 상황에서 가장 안전한 선택이라는 것이다(그는 기업들이 이 같은 사실을 충분히 엄격히 받아들이지 않고 있다고 보았다).

이후의 연구에서, 주크는 우리가 이 책에서 논한 것과 비슷한 과정을 통해 이른바 '과소평가된 사업 기반(undervalued business platforms), 고객에 대한 새로운 통찰(untapped customer insights), 개발되지 않은 능력(underexploited capabilities)'을 확대하고 신장시킴으로써 핵심 사업을 재규정하고 그것을 넘어서는 방법을 고찰했다.

주크의 연구가 지닌 강점은 대형 경영 컨설팅 회사가 입수한 수많은 사례연구에 바탕을 둔 결과라는 데 있다. 그의 연구는 이론이 아닌 실제 사례에 기초한 실천적인 지혜를 제공한다. 비록 그것이 현업에 있는 경영인들이 아닌, 대형 프로젝트를 대기업에 팔아서 생계를 유지하는 컨설턴트로부터 나온 것이기는 하지만 말이다.

제품 또는 국가로의 확장을 모색할 때 유용하게 활용할 수 있는 방법이다.

- **당신의 현 시장 매력도 향상시키기.** 5세력 모델을 활용해, 지나친 경쟁이나 구매자 영향력 같은 수익성을 감소시키는 세력을 약화시킬 방법을 궁구해볼 수 있다. 예를 들면 당신은 이 방법으로 스타벅스가 고객 충성도를 높이고 고객들이 다른 경쟁자들에 유혹될 가능성을 줄일 방안, 즉 포인트 적립 카드를 마련한다든가, 단골 고객에게 매장에서 트는 음악을 선곡할 기회를 주는 방법 등을 생각해볼 수 있을 것이다.

새로운 옵션을 도출할 때 유용하게 쓰일 수 있는 기타 프레임워크들도 여기서 간단히 소개하겠다.

- **복수 시계**(multiple horizons). 사고의 폭을 넓혀주는, 단순하면서도 강력한 방법이다. 다양한 시계(時界)에 적절한 옵션을 구상해보는 작업은 이를 수행하지 않았을 때와는 전혀 다른 착상에 도달하게 해준다. 가령, 12개월이라는 시계는 제조비용을 감축시켜줄 옵션에 대한 생각을 자극할 것이고, 3년 시계는 시장점유율을 확보해 지역 시장의 선도 기업이 되는 방안을, 그리고 그보다 더 긴 시계는 세계 시장 진출이 필요할지 여부를 고려하게 해줄 것이다.

- **안소프 매트릭스**(Ansoff matrix)는 '기존 제품'과 '신제품', '기존 시장'과 '신시장'을 나타내는('시장' 대신 '고객'이 들어갈 수도 있다) 두 축으로 이루어진 단순한 2원 매트릭스다. 해석방법 또한 간단하다. 네 개의 차원은 기업

이 성장할 수 있는 서로 다른 방법을 대변한다. 안소프 매트릭스는 각 옵션의 장점을 평가하지 않는다. 단지 대안에 관한 착상을 자극할 뿐이다. 이에 관해 더 자세한 설명은 전략에 관한 여러 교재와 인터넷을 참조하자.

- 누구에게, 무엇을, 어떻게 분석(who, what, how analysis). 우선 당신의 고객은 누구인지, 그들이 어떤 제품을 제공받고 있는지, 그 제품이 어떻게 생산되는지를 명시해 당신이 현재 위치한 포지션을 규정해본다. 다음 단계는 이러한 '누구에게, 무엇을, 어떻게'에 생길 변화에 대해 생각해보는 것이다. 가령, 허츠(Hertz)의 일차적 사업 모델은 출장 여행자와 레저 여행자들에게(누구에게) 렌터카 대리점 및 차고 네트워크를 이용해(어떻게) 공항에서의 차량 이용 편의성을(무엇을) 판매하는 것이다. 이에 대해, 당신은 자택 근처에 대기한 자동차를 이용할 기회를(무엇을) 자가용이 없는 사람들에게(누구에게) 판매하되, 고객들이 온라인으로 예약하고 도심 주차장에 주차된 자동차를 전자카드로 열고 탈 수 있게 한다는(어떻게) 새로운 옵션을 창출할 수 있다. 사실 이 옵션은 이미 지프카(Zipcar)에서 채택해버렸다!

이 같은 프레임워크에 관해서는 이 장의 끝에 실린 참고자료를 통해 더 자세히 살펴볼 수 있을 것이다.

보편 전략을 사용한 옵션 도출

옵션의 범위를 넓히기 위한 또 다른 방법은, 당신이 처한 특정 상황에 잘 들어맞는 일반 전략 또는 '보편적(generic)' 전략을 찾아 살펴보는 것이다. 보편 전략에는 다음과 같은 것이 있다.

- 시장점유율 증대, 운영효율성 향상, 구매비용 절감, 공급망 설계, 제품의 단순화나 제품디자인을 통한 비용우위전략. 소형차 부문의 도요타와 알디(Aldi) 같은 할인 마트 체인이 쓰는 전략이다.

- 가격보다 제품의 질에 비중을 두는 고객들에게 고급 제품을 공급하는 차별화전략. 강력한 브랜드나 명성 창출, 우수 인재 채용, 최첨단 기술 선점, 중요한 유통 채널 장악 등이 이 전략의 접근방법이다. 특제 보드카나 고급 화장품 같은 특제품 분야, 경영 컨설팅 같은 서비스 업종이 대표적이다.

- 집중전략. 특정 수요나 제품의 틈새시장을 공략해 그 시장을 지배하는 전략이다. 일례로, 독일 회사 아가톤(Agathon)은 대규모 산업생산용 초콜릿 주형 제조업계에서 내로라할 위치를 차지하고 있다.

- 좀 더 매력적인 산업이나 영역에 투자를 배정하는 전략. 여러 사업을 동시에 진행하는 경우라면, 자본과 시간이 어디에 투여되며 그 투여 양상이 매트릭스상의 사업 포지셔닝과 얼마나 잘 부합되는지 살펴볼 필요가 있다. 업계의 강호가 될 가능성이 있는 사업에 투자해야 한다. 사양사업을 호전시켜보겠다고 실속 없는 투자를 하거나 자사가 최강의 입지를 굳힌 사업에 충분한 투자를 망설이는 것은 많은 조직이 범하는 실

수다.

- 네트워크 가치를 활용한 전략. 이베이(eBay)와 페이스북(Facebook)은 더 많은 고객을 확보해 서비스 가치를 높이고 덕분에 다시 더 많은 고객을 유인하는 선순환에 기초한 네트워크를 창출해 성공을 거뒀다.

- 합병과 수직통합으로 특정 산업(특히 매력도가 낮은 산업)을 지배하는 전략. 이 전략은 고객들에게도 구체적인 혜택이 돌아갈 때 성과를 낼 수 있다. 애플이 아이팟과 아이튠스를 결합한 사례가 그 예다.

- 협력 네트워크를 창설해 공급자, 고객, 잠재고객 사이에 강력한 연계를 다지는 데 중점을 둔 전략. 휴대전화 제품의 95%에 사용되는 컴퓨터칩 기술을 보유한 ARM이 대표적인 경우다. ARM은 400곳의 기업과 수만 명의 개발자들을 아우른 네트워크 또는 '생태계(ecosystem)'를 확보해 회사 규모로 볼 때 자신보다 40배나 더 큰 인텔과의 경쟁에서 성공을 거둘 수 있었다.

위에 설명한 보편 전략은 대개 장기간에 걸친 적극적인 관여를 필요로 한다. 전략을 실제 시행하는 것이 어렵거나 위험할 수 있어 관련 문제에서 대담한 행보를 취해야 할 때도 생긴다. 산소와 질소, 헬륨, 아르곤 같은 산업용 가스 분야의 주요 생산 및 유통업체 에어리퀴드(Air Liquide)의 포지션을 한번 생각해보자. 이 회사는 업계의 세계 선두기업으로 도약해 기술과 투자비용 면에서 규모의 경제를 달성하는 것을 목표하고 있을 수 있다. 하지만 이미 확고한 자리를 구축한 경쟁자들이 존재하는 시장에서 어떻게 해야 시장점유율을 확보할 수 있을까?

한 가지 접근방법은 치열한 경쟁 속에서 점유율을 확보한 회사들이 사용한 전략에서 단서를 얻는 것이다. 새로운 시장에 발을 들이기에 앞서 먼저 '교두보를 만드는 것'도 그런 전략 중 하나다. 일본 모터사이클 제조사들은 대형 제품 판매에서 부진한 실적을 거둔 뒤 소형 제품 판매로 전략을 바꿨지만, 이후 동일한 플랫폼을 이용해 제조한 제품으로 대형 모터사이클 시장에 진입할 수 있었다. 에어리퀴드의 경우에는 대형 고객 한 곳에 제품을 공급할 단일 공장을 세우는 것으로 출발해, 이를 기반으로 입지를 확대해나가는 것이 가능할 것이다. 또 다른 전략은 기존업체들과의 정면승부를 피하거나 되레 기존업체들의 힘을 이용해 그들에 대항하는 '유도(柔道) 전략'이다. 예를 들어 에어리퀴드 같은 신규 진입업체는 일단 규모부터 다지기 위해 기존업체보다 낮은 가격에 제품을 판매할 수 있다. 기존업체 입장에서는 자사의 유리한 사업에 손해를 입힐지 모를 위험을 무릅쓰고 굳이 그에 대응할 의향이 없을 것이다. 또 다른 접근방법은 크리스텐슨이 제안한 대로, 제4장에서 논한 것 같은 와해적 경쟁자(disruptive competitor)가 되는 것이다. 다시 에어리퀴드를 예로 들면, 이 전략은 순도가 낮은 가스를 저가에 판매해 틈새시장을 개척하는 방식으로 이행될 수 있다. 기존업체들은 자사의 수익성 좋은 핵심 사업에 악영향을 끼칠 것을 염려해 그 같은 시장에 같이 발을 담그길 꺼려 할 것이다.

성공적인 전략에 관한 여타의 다양한 사례는 전략에 관한 책이나 논문을 통해 접할 수 있다. 문헌을 많이 읽으면 읽을수록 취합할 수 있는 사례도 늘어날 것이다. 그러나 주의할 점이 있다. 그 모든 전략이 지금까지 언급한 단순화된 모델에 부합돼야 하는 것은 아닐뿐더러 부합되지도 않으리라는 것이다. 당신은 최소한 당신이 속한 업계 및 상황과 관련된 전략만 수집하면 된다.

불확실성에 대처하기 위한 옵션 도출

불확실성 수준이 높은 상황에서는 다양하고 폭넓은 옵션을 도출하는 데 시간을 투자하는 것이 특히 중요하다. 의사결정권자들이 흔히 빠지기 쉬운 함정은 특정한 미래 상황에서 성공을 약속하는 옵션에만 초점을 맞추는 것이다. 이런 옵션은 문서상으로는 꽤나 그럴 듯해 보여도, 전반적인 상황이 기대와 달리 흘러가면 곧장 쓸모없는 것이 되고 만다.

이처럼 까다로운 조건 아래에서 좋은 옵션을 도출할 백발백중의 방법이 있는 것은 아니지만, 이제 소개하는 몇 가지 아이디어는 사용해볼 만한 지침이다.

- 가능한 많은 미래 시나리오에서 효력을 발휘할 옵션을 구상하자. 예컨 대 독일 전력회사 에온(E.ON)은 원자력과 화석연료, 재생 에너지 등 다양한 분야에 복합적으로 투자하고 있다.
- 시나리오에 언급돼 있지는 않지만 충분히 실현 가능한 사태를 하나 이상 생각해보자. 가령, 주택에 소규모 자가 발전장치를 설치하는 세대가 늘어나 전력 수요가 급감하는 상황이 벌어진다고 가정해보자. 그런 다음 그 같은 상황에서 수익을 낼 수 있을 추가 옵션을 구상해보는 것이다. 자가 발전시설의 설치·유지 업종에 훌륭한 포지션을 갖춘 에너지

서비스 회사에 투자하는 것도 한 가지 옵션이 될 수 있다.

- 잠재적인 위협에 응대하도록 민첩성과 융통성을 부여하는 옵션을 구상하자. 가령, 고정비와 자본투자를 최소화해줄 옵션을 고려해보자. 당신이 예상한 전력 수요 가운데 10%에 대한 계약을 다른 발전소들과 체결하되 특정 상황 아래에서는 계약을 파기할 수 있다는 조건을 다는 것도 한 가지 방법일 것이다.

- 가능한 최악의 상황에서도 강건함을 유지하고 회복력을 발휘할 옵션을 고안하자. 가령, 경기호황 시기에는 추후 불황이 닥쳤을 때 가격이 떨어진 자산과 경쟁사들을 매입하도록 현금을 비축해두는 것이 좋다.

- 시행 과정에서 학습할 수 있는 옵션을 개발하자. 그 자체로는 별 매력이 없는 소규모 투자도 무언가를 학습하고 좀 더 수익성 있는 기회에 접근할 기반을 제공할 수 있다. 가령, 애플이 2000년대 중반 모토로라와 합작해 모토폰(Motophone)을 개발한 경험은, 비록 제품 자체는 시장에서 실패했으나 애플이 휴대전화 제조에 대해 배우는 기회가 됐다. 이는 이후 아이폰을 개발할 때 대단히 유용하게 사용된 지식이었다.

> "…기업은 철저히 분열증적이어야 한다. 한편으로는 전략의
> 연속성을 유지하면서, 다른 한편으로는 전략을 끊임없이
> 개선시키는 데에도 능숙해야만 한다."
>
> — 마이클 포터

기발한 옵션 산출하기

최선의 전략 옵션은 식별이 어려운 경우가 많다. 분명한 옵션일수록 지나치게 팽창주의적이거나 너무 위험천만하고 비용이 너무 많이 드는 옵션일 수 있다. 사후에 돌아봤을 때에야 명쾌히 보이는 기발한(cunning) 옵션을 창출하기 위해서는 종종 반짝이는 직관력이 필요하다.

가령, 유니레버가 기능을 더욱 향상시킨 신제품 세제 퍼실파워(Persil Power)를 내놓았을 때 P&G[유니레버의 최대 맞수인 프록터 & 갬블(Proctor & Gamble)]는 자사의 시장점유율을 방어하기 위해 어떤 전략을 사용해야 했을까? 고전적인 대응 방침은 홍보비를 늘리고 자체 제품 역시 품질을 향상시켜 재출시하는 맞불작전일 것이다. 그러나 P&G가 택한 방법은, 유니레버의 신제품은 세탁 때 반복 사용할 경우 속옷에 구멍이 뚫릴 수 있다는 연구결과를 발표하는 것이었다. 유니레버는 이를 반박했지만 어쨌든 제품 성분을 바꿔야 했다. 지루하게 이어진 신경전 끝에 결국 유니레버는 신제품에 함유된 '기적적인' 망간 성분이 어떤 드문 조건에서는 특정 염색물을 손상시킬 수 있다는 사실을 인정했고, 결국 제품을 시장에서 회수해야 했다.

기발한 옵션이 가장 큰 가치를 발휘하는 것은, 유니레버가 신제품을 출시했을 때의 P&G처럼 난처한 상황에 처했을 때다. 직면한 쟁점을 색다른 방식으로 정의한 뒤(P&G가 쟁점을 정의한 방식은 '유니레버의 제품 특장점을 무력화시킬 방법은 무엇인가?'였다), 이와 비슷한 상황에 처했을 때 다른 조직들이 대처한 방식을 고려해 창의적인 옵션을 만들어낼 수 있다. 기발한 옵션이란, 말 그대로 독특하고 독창적인 전략이기 때문에 기발한 옵션의 포괄적인 목록을 만든다는 것은 불가능한 일이다. 그러나 몇 가지 비교적 전형적인 사례들은 기술

에드워드 드 보노
Edward de Bono

에드워드 드 보노는 1933년 몰타에서 태어났다. 그의 전공은 의학과 심리학이었지만, 전 세계 사람들이 대부분 그의 이름에서 떠올리는 것은 그가 발명한 용어 '수평적 사고(lateral thinking)'일 것이다. 그는 논리적 절차를 밟는 이른바 '수직적 사고(vertical thinking)'의 대척점에 '새로운 방식으로 사고해 새로운 옵션과 아이디어를 산출해내는' '수평적' 사고가 존재한다고 주장했다.

자신의 사상과 기법을 넓은 독자층(7세 아동부터 고령의 CEO에 이르는)에 전달해 개인이나 그룹의 창의성을 향상시키는 실천적 방법을 제시한 것이야말로 그의 특기이자 업적이었다. 그중에서도 특히 유명한 것은 그가 발명한 '여섯 가지 색깔 모자 기법(six hats)'으로, 이는 한 그룹에 속한 여섯 명의 구성원으로 하여금 각기 다른 역할을 맡게 해 새로운 아이디어를 산출하는 기회를 극대화시키는 방법이다. 그가 개발한 또 다른 창의성 도구는 '인식의 힘(power of perception)'이다. 이는 문제를 다양한 각도로 살펴봄으로써 상황을 적절히 구조화하고 분석해 그로부터 얻을 수 있는 이점에 초점을 맞춘 것이다.

드 보노의 연구는, 인간이 본성적으로 독단적이고 시야에도 한계가 있지만, 그럼에도 때로는 대단히 비약적인 통찰이 가능한 존재라는 사실, 더불어 틀을 벗어난 사고가 결코 쉬운 일이 아니라는 사실을 우리에게 상기시킨다.

해볼 수 있다.

- **위협요소에 대처하기.** 위협을 기회로 바꾸는 전략이야말로 이상적인 전략이다. P&G가 유니레버의 신제품 퍼실을 오히려 유니레버를 옥죄는 짐으로 만들어버린 것이 그 예다.

- **지배적인 경쟁자와 맞붙기.** 미국과 영국 시장에 진출한 일본 모터사이클 제조사들이 보여준 전략이다.

- **신제품 시장 창출하기.** 일찌감치 1981년부터 4개국 전역의 고객에게 서비스를 제공하는 단일 네트워크를 창설한 북유럽 휴대전화 제조사와 운영사의 사례가 대표적이다(반면 미국은 각 네트워크가 독립적으로 개발된 까닭에 훨씬 더딘 출발을 보일 수밖에 없었다).

- **타협하지 않기.** 고도의 기술과 스타일에다 저비용까지 요하는 제품을 생산하려면 타협과 절충은 피할 수 없는 것처럼 보인다. 그러나 스와치(Swatch)는 그 같은 양보 없이 혁신적이고 다양한 손목시계 제품을 만들어냈다.

- **조직적·문화적 저항 극복하기.** 포스트잇(Post-it)의 발명가는, 자신이 만든 샘플을 수석 경영진의 개인비서들에게 보내 경영진의 관심을 샀다. 비서들로부터 제품을 소개받은 상관들이 추가물량을 주문하게끔 한 것이다.

기발한 옵션 창출을 촉진할 수 있는 다른 요인에는 운과 끈기, 그리고 창의적인 전략 창안 과정 또는 에드워드 드 보노가 제시한 것과 같은 창의력

도구의 활용이 포함될 것이다. 이들 중에서 무엇을 사용하든 충분한 시간을 투자하도록 하자. 해답을 단시간에 발견할 가능성은 적다. 기발한 옵션이 제 모습을 드러내기까지 수차례의 시도가 필요할 수도 있다

그렇게 창출된 옵션을 평가하는 방법에 대해 논하기에 앞서, 지금까지 언급한 다양한 접근방법을 간단히 요약해보고 넘어가자. 접근방법 목록이 너무 장황하다고 느끼는 독자에게 특히 도움이 될 것이다.

옵션의 범위를 '확장하기' 위해서는 브레인스토밍 기법을 활용하거나 다양한 목표와 제약 요소를 조합해 문제를 재구조화할 수 있다. 당신이 목표로 삼은 것이 과연 올바른 목표인지 아닌지는 '5 Whys' 테크닉을 사용해 시험해볼 수 있다.

단도직입적으로 새로운 옵션을 산출하는 방법에는 브레인스토밍, 합리적인 목표와 현실성 있는 경로를 여러 가지로 조합해 옵션 끌어내기, 앞에서 소개한 전략 도구 활용하기, 보편 전략 고려하기, 시간을 추가로 투자해 특히 불확실한 미래에 시행할 수 있을 옵션 설계하기, 비슷한 상황에 처했던 다른 이들의 사례에 기초해 기발한 옵션 창출하기 등 다양하다.

만약 당신이 자원을 너무 많은 일에 배분하고 있다는 생각이 든다면 옵션의 범위를 줄이는 방식으로 이에 대처할 수 있는데, 이를 위한 효과적인 방법은 구조를 협소화하는 것이다. 앞에서 논한 유사한 테크닉이 여기에도 사용될 수 있다. 다만, 협소하게 조정된 구조가 전반적인 전략 목표나 사명과 모순되지 않는지, 가능한 경로를 놓고 봤을 때 현실성을 갖춘 구조인지는 반드시 확인해야 한다.

옵션 평가하기

지금까지 산출된 옵션 중에서 최선의 옵션 선택이 이루어지지 않는다면 이제까지의 모든 노력은 헛수고가 될 것이다. 옵션을 평가하는 기준에는 전략적 기준, 실현 가능성, 위험 대 수익성이라는 세 가지 유형이 있을 수 있다.

전략적 기준은 세분화, 영역 매력도, 경쟁우위 등 이 책에서 소개한 주요 전략 개념을 반영하는 기준이다. 다음 표는 이 기준에 따른 평가방법을 구조화한 체크리스트다. 각 기준에는 그에 대한 평가 결과에 따라 '신호등 색깔'(빨강, 노랑, 녹색)을 이용한 점수가 매겨진다. 체크리스트에서 빨간불이 하나만 켜져도 해당 전략을 심각하게 재고해봐야 한다는 것이 통상적인 견해다. 최소한 빨간불이 나온 문제를 해결할 계획은 세워야 한다. 중요한 항목에서 녹색불이 한두 개 켜졌다면 그 전략은 충분히 매력적인 전략으로 보아도 무방하다.

이 체크리스트로 평가할 수 있는 전략이나 조직의 다양성을 고려할 때, 빨간불, 노란불, 녹색불이 어떤 비율로 구성돼 있어야 적절하다고 할 수 있을지에 대해 이 이상으로 단정 짓기란 불가능하다. 가령, 경쟁우위라는 쟁점은 경쟁이 치열한 업계에서는 무엇보다 중요한 기준이 되겠지만, 국가와 정부에 대해 준독점적 지위를 누리는 방산회사의 입장에서는 그다지 유의미한 문제가 아닐 수 있다. 오히려 일차적인 고객을 위한 가치를 창출하는 것, 그래서 고객과의 우호적인 관계를 확실히 유지하는 것이 이 방산회사로서는 더 중요한 문제일 것이다. 그러므로 신호등 체크리스트를 사용할 때 제일 먼저 해야 할 일은 당신의 상황에 따라 각 기준에 우선순위를 부여

옵션 평가 체크리스트

1. 해당 옵션은 조직을 규모가 크고 성장 중인 산업 영역에 위치시키는가?
   - ☐ 빨간불: 규모가 작거나 쇠퇴 중인 영역
   - ☐ 노란불: 보통 규모에 평균적인 성장률을 보이는 영역
   - ☐ 녹색불: 규모가 매우 크거나 고도의 성장률을 보이는 영역

2. 옵션은 조직을 수익성 있는 산업 영역에 위치시키는가?
   - ☐ 빨간불: 기반이 잘 잡힌 참가자들조차 낮은 수익을 거둬들이는, 수익성이 특히 낮은 업계
   - ☐ 노란불: 평균적인 수익성을 보이는 업계
   - ☐ 녹색불: 수익성이 이례적으로 훌륭한 업계 또는 틈새시장

3. 옵션은 산업의 양태를 형성하고 있는 넓은 동향과 부합하는가?
   - ☐ 빨간불: 옵션을 이행하기 위해서는 심대한 외적인 정치 · 정부 · 규제적 방해에 직면해야 할 것이다.
   - ☐ 노란불: 넓은 동향은 옵션의 결과에 제한적인 영향만 미친다.
   - ☐ 녹색불: 넓은 동향은 옵션을 이행하는 데 큰 지원과 장점을 제공할 수 있다.

4. 전략은 고객 및 이해관계자를 위한 유의미한 가치를 창출하는가?
   - ☐ 빨간불: 옵션은 고객 및 이해관계자를 위한 가치를 손상시킬 것이다.
   - ☐ 노란불: 옵션은 가치 창출에 제한적인 영향만 미친다.
   - ☐ 녹색불: 옵션은 새롭고 유의미한 가치 창출 기회를 제공할 것이다.

5. 옵션은 산업 영역 간의 연계에서 나오는 추가적인 이점을 포함한 경쟁우위를 제공하는가?
   - ☐ 빨간불: 불이익을 제공할 것이다.
   - ☐ 노란불: 모방 경쟁자를 양산할 것이다.
   - ☐ 녹색불: 중요하고 지속 가능한 경쟁우위를 제공할 것이다.

6. 옵션은 조직의 사명, 목표, 가치, 행동에 부합되는가?

☐ 빨간불: 확고하게 뿌리박힌 신념과 행동에 심각한 도전을 제기한다.

☐ 노란불: 옵션은 조직의 목표 및 가치와 일치한다.

☐ 녹색불: 옵션은 조직의 목표에 크게 기여한다.

7. 옵션은 가장 영향력 있는 이해관계자의 이해(利害)와 부합하는가?

☐ 빨간불: 강력한 이해관계자의 강경한 저항이 예상된다.

☐ 노란불: 영향은 전반적으로 중립적일 것이다.

☐ 녹색불: 옵션은 가장 강력한 이해관계자들의 이해와 부합한다.

8. 전략은 직면할 수 있는 유형의 불확실성에 대한 적응력과 회복력을 갖추고 있는가?

☐ 빨간불: 심각한 불확실성이 존재하며, 옵션은 제한적인 범위의 미래 시나리오 아래에서만 성공적으로 이행될 것이다.

☐ 노란불: 기지의 불확실성과 미지의 불확실성에 대처할 수 있는 융통성을 얼마간 갖추고 있다.

☐ 녹색불: 해당 옵션은 여느 옵션보다 더 큰 융통성이나 회복력을 갖춰 이로부터 경쟁우위를 얻어낼 수 있다.

9. 전략은 조직에 미래를 위한 전략적 옵션을 창출할 능력을 부여하는가?

☐ 빨간불: 대단히 가치 있는 역량이나 옵션을 포기하게 만든다.

☐ 노란불: 미래 옵션 중 일부는 가능성이 차단됐지만, 나머지는 남아 있다.

☐ 녹색불: 창출된 옵션이나 역량으로부터 막대한 옵션 가치를 얻을 수 있다.

10. 분석은 외부 및 내부 환경의 전개 양상에 대한 탄탄한 이해, 그리고 모든 범위의 옵션에 기초를 두고 있는가?

☐ 빨간불: 데이터와 통찰 내용에 의심스런 부분이 존재한다.

☐ 노란색: 추후 핵심 가정에 대한 추가 분석이 필요할 수 있다.

☐ 녹색불: 분석은 철두철미하게 이루어졌다.

하는 일이다. 특별한 중요성을 띤 경쟁우위 원천처럼 특히 중요한 기준을 새로 추가하는 것이 필요할 수도 있다.

실현 가능성 평가하기

신호등 체크리스트는, 옵션이 원칙적으로 훌륭한지 판단하는 것을 도울 수 있다. 그러나 그 옵션에 실현 가능성이 있는지, 실제 적용 가능한 옵션인지 재확인하는 작업 역시 중요하다. 판단 기준은 상황에 따라 다양해지지만, 다음과 같은 것이 그중에 포함될 수 있다.

- 전략 시행에 필요한 자원과 역량을 동원하는 것이 가능한가?
- 경영진이 충분히 수행할 수 있는 전략인가?
- 강력한 후원자가 존재하는가?
- 핵심 이해관계자들이 수용할 만한 전략인가?
- 심각한 부작용이 있을 수 있는 옵션이라 조직 내 일부 구성원들이 이에 저항할 가능성은 없는가?
- 우리의 전략 시행을 가능케 해줄 적절한 공급자와 파트너가 존재하는가?

특정 맥락에 따른 기준 역시 있을 수 있다. 가령, 신사업을 인수할 경우 중요한 쟁점은 '우리가 합병 후 통합(post-merger integration)을 이룰 수 있겠는가?'일 것이다. 새로운 국가에 진출할 경우에는 '우리가 운영에 필요한 승인을 얻을 수 있을까?' 등과 같은 쟁점을 예상할 수 있다.

이 같은 기준을 분석 과정의 말미에 열거했다고 해서 반드시 전략 고안 과정의 막바지까지 기다렸다가 이를 고심해야 한다는 것은 아니다. 옵션의 실현 가능성에 대한 숙고는 안팎의 환경을 평가하는 도중에, 즉 분석 과정을 끝내기 훨씬 이전부터 시작해야 한다. 그러지 않을 경우, 당신은 현실화할 수 없는 전략을 고안하는, 전략계의 대죄(大罪) 중 하나를 범할 수 있다.

위험 대 수익성 평가

전략적 기준과 실현 가능성 기준에 대한 평가가 끝나면, 잠재적인 수익과 위험을 비교함으로써 평가 결과를 정리하는 것이 통례다. 수용 가능한 일단의 옵션 각각은 서로 다른 위험과 수익의 조합을 수반하고 있을 것이다(위험 수준은 동일한데 수익성이 더 낮은 옵션들은 이 단계에서 폐기해버릴 수 있다).

'수익성' 척도는 부분적으로 조직의 재정정책에 의해 결정되는 경우가 많고, 이윤율(profitability), 회수기간(payback period) 또는 할인회수기간(discounted payback period), 순현재가치(net present value), 투자수익과 같은 측정 기준을 포함할 수 있다.

'위험'을 측정하고 분석하는 방법은 여러 가지다. 그중 가장 일반적인 것을 개괄적인 것에서 구체적인 것 순으로 나열하면 다음과 같다.

- 주요 위험 열거하기. 위험 요소들을 간단히 서술하는 것만으로도 다양한 옵션에 포함된 위험의 수준과 성격에 대해 감을 잡을 수 있다.

- 민감도 분석(sensitivity analysis). 타임투마켓(time to market), 투자비용, 이윤, 투자자금 회수 기간과 같은 운영 및 재정 척도를 기준으로 위험의 잠재적 영향을 측정하는 방식이다.

- 기본 조건, 긍정 및 부정적 조건. 민감도 분석에서 나온 결과를 이용해 전략이 어떻게 전개될 것인지에 대한 가능성 있는 일단의 시나리오를 세운 뒤, 각 시나리오에 따른 재무실적을 측정하는 방법이다.

- 확률 나무(probability tree). 기본 조건, 긍정적 조건, 부정적 조건에 확률을 부여해 전략의 기대 실적에 미칠 위험의 영향을 더욱 정확히 측정하는 방법이다.

- 특정 위험에 대한 좀 더 상세한 분석. 복잡하고 중대한 위험에 대해서는 특별한 모델링이 필요할 수 있다. 부품을 수출입하는 제조공장에 대한 투자에 환율 변동이 미칠 영향, 새로 건설한 가스 가열 발전소가 받게 될 에너지 가격에 연료 가격과 수요가 미칠 영향 등이 그 예다.

어떤 위험을 염려해야 하고 각각의 잠재적 영향은 무엇인지를 따져 위험에 우선순위를 매기는 과정에서 수치(數値)는 중요한 역할을 할 수 있지만, 수치를 얻는 것만으로 과제를 완수했다고 생각해서는 안된다. 전략적 판단은 통상 근거가 충분한 사실과 수치를 도출함으로써 뒷받침될 수 있지만, 사실과 수치를 얻는다고 해서 전략적 판단이 기계적으로 해결되는 경우는 드물다. 위험 대 수익성 분석에도 정량화할 수 없는 쟁점이 존재할 가능성이 있다.

도움말: 다양한 옵션의 장단점을 저울질할 때, 가장 매력적인 옵션만을 대상으로 가장 중요한 전략적 기준과 시행 가능성, 위험 대 수익성 기준에 따라 정리한 간단한 표를 만드는 것도 도움이 된다. 이 같은 표는 당신의 논리를 점검하는 데 유용할 뿐 아니라 훌륭한 토론 자료가 되기도 한다.

반복하기

이 장에서 기억해야 할 가장 중요한 핵심을 한 마디로 요약하면 다음과 같다. 즉 쟁점을 구조화하고 옵션을 산출 및 평가하는 한 주기의 과정을 반드시 여러 차례 반복하라는 것이다! 책에서는 이 과정을 순차적으로 기술했지만, 이들 단계는 전략 창출의 모든 과정이 그렇듯이 반복적이고 주기적인 방식으로 이루어지는 것이 대부분이다. 당신은 상황과 그 전개 양상을 분석하면서 쟁점 구조화와 옵션 도출 작업을 시작할 수 있다. 옵션을 평가하면서는 그 옵션들이 기대했던 것보다 덜 매력적인 것으로 드러날 경우, 새로운 옵션이 출현할 때까지 추가적인 분석과 질문 재구조화 작업을 재개해야 할 수도 있다. 물론 이 같은 작업이 순서대로 진행되는 경우도 있지만, 알쏭달쏭한 수많은 생각과 산란한 문제 속에서 매 순간 다음 걸음을 신중히 떼는 식으로 작업이 이루어질 가능성이 더 크다.

예를 들어보자. 소련이 쿠바에 핵미사일을 설치 중이라는 사실을 미국이 우연히 알게 됐을 때, 당시 대통령이었던 케네디는 애초 이 쿠바 미사일 위기를 '쿠바에서 그 미사일들을 어떻게 제거할 것인가?'로 구조화한 뒤 그에 따른 군사적 옵션을 다양하게 제안 받았다. 그러나 그 같은 옵션이 핵전쟁 위험을 수반한다는 점을 깨달은 정책팀은 '러시아로 하여금 미사일을 제거하게 할 방법은 무엇인가?'로 문제를 재구조화했다. 이로써 항구 봉쇄라는 옵션이 도출됐고, 마침내는 러시아를 협상 테이블로 이끌 수 있었다.

때로 구조화와 재구조화 과정에는 몇 년이 소요되기도 한다. 예를 들어 스티브 잡스가 애플을 음악 사업에 진입시키자는 아이디어를 구조화한 것은 2001년이나 그 이전이었지만, 아이튠스의 론칭은 2003년이 되어서야 비로소 이루어졌다. 구조와 그에 따른 옵션은 그 몇 년의 공백기 동안 '어떻게 음악 사업에 뛰어들 것인가?'에서 '어떻게 매킨토시 컴퓨터에서 음악을 들을 수 있게 할 것인가?'로, 다시 '어떤 음악 플레이어를 개발할 것인가?'에서 '음악업계로 하여금 애플에 그들의 음악을 인터넷에서 판매할 권리를 부여하게 할 방법은 무엇인가?'로 진화했다.

이 같은 과정을 어떻게 하면 가장 훌륭히 헤쳐나갈 수 있을까? 첫째, 시험시간이 끝나기 전에 답안지를 검토하는 것처럼, 쟁점을 구조화한 방식과 선택한 옵션을 얼마간의 시간을 투자해 재검토해보는 것이 좋다. 지루한 전략 창출 과정을 거친 뒤라 지친 상태겠지만 마지막이라고 일을 너무 서둘러서는 안된다. 하루나 이틀쯤 일에서 손을 떼고 휴식을 취한 다음, 다시 과제를 붙잡고 상세히 살펴보면서 그 안에 담긴 논리가 과연 탄탄한지 검증해보자.

이때의 작업에서 핵심은 새로운 구조와 새로운 옵션을 상상해볼 수 있어야 한다는 것이다. 전략 고안 과정의 말미에서도 새로운 인재나 관점을 도입할 수 있는 각오가 되어 있어야 한다. 당신의 논리를 피라미드 원칙으로 정리해 아무리 작은 약점도 빠트리지 말고 짚어내보자. 이렇게 자문해보자. "우리가 구조화한 방식이 잘못됐다면? 구조화할 수 있는 또 다른 방식에는 어떤 것들이 있나?" 전략을 발전시켜나가는 과정 내내 학습하고 대응하는 능력을 길러야 한다.

이것만 기억하자

재구조화와 반복 작업을 최소한
세 번은 되풀이하라!

- 주크는 성장에 관한 삼부작 《핵심에 집중하라》, 《핵심을 확장하라(Beyond the Core)》, 《멈추지 않는 기업(Unstoppable)》(하버드 비즈니스스쿨 프레스, 2001년, 2003년, 2007년)을 집필했다.

- 도요타가 처음 개발한 '5 Whys' 테크닉에 대한 설명은 http://en.wikipedia.org/wiki/5_whys에서 찾아볼 수 있다.

- '누구에게, 무엇을, 어떻게' 분석방법은 데릭 아벨(Derek Abell)이 처음 제안했고, 코스타스 마르키데스(Costas Markides)가 자신의 저서 《옳은 행보(All the Right Moves)》(하버드 비즈니스스쿨 프레스, 2000년)와 논문 「돌파전략의 여섯 가지 원칙(Six Principles of Breakthrough Strategy)」(《비즈니스 스트래티지 리뷰》, 1999년, 제10권 2호, pp.1~10)을 통해 발전시킨 기법이다. '누구에게'를 '고객', '수요', '채널'로 분리하는 등 이 세 가지 차원을 해체한 변종 분석법도 다수 존재한다.

- 드 보노의 《사고 과정: 당신의 사고를 변화시키는 강력한 도구들(Thinking Course: Powerful Tools to Transform Your Thinking)》(BBC 액티브, 2006년)은 그의 사상 전반을 개괄한 책이다.

- 폴 J. H. 슈메이커(Paul J. H. Schoemaker)가 쓴 《불확실성에서 수익 거두기: 어떤 미래에서든 성공하는 전략(Profiting from Uncertainty: Strategies for Succeeding No Matter What the Future Brings)》(프리프레스, 2002년)은 불확실성 아래에서 전략을 개발하는 방법에 대한 많은 아이디어를 제공한다.

- 《하버드 비즈니스 에센셜 시리즈: 경영전략(Harvard Business Essentials: Strategy)》(하버

드 비즈니스스쿨 프레스, 2005년)의 제3장과 제4장에는 보편 전략의 여러 사례가 실려 있다.

- 도미니크 홀더(Dominic Houlder)가 편집한 《전략: 사업의 미래를 만드는 방법(Strategy: How to Shape the Future of the Business)》(포맷 퍼블리싱, 2004년)은 독자의 사고를 자극하며 협동협상전략(Collaborative Strategy)에 관한 흥미로운 생각을 제시하는 책이다.

우선순위

전략 질문을 배열하기 위한 접근방법

다양한 접근방법의 장단점

올바른 접근방법을 선택하는 방법

이제 당신은 전략 도출에 필요한 개념과 도구 들을 구비했다. 그러나 실제 전략 고안 과정을 조사한 연구 결과에 따르면, 전략 개발이라는 과정이 단 하나의 동일 경로에 따라 이루어지는 것은 아니다. 전략은 CEO 혼자서 짤 수도 있고, 조직 전반에 걸쳐 다양한 직원들의 참여로 창출될 수도 있다. 그 과정 또한 일회성의 대규모 작업이 될 수도 있고, 긴 시간에 걸쳐 일련의 소소한 결정을 내리는 방식으로 전개될 수도 있다. 이미 익숙한 사업에 누적적으로 적응하는 과정이 될 수도 있고, 아니면 불확실성으로 가득한 영역에 큰 내기를 거는 일이 될 수도 있다. 고도로 구조화된 과정을 거친 신중한 분석을 통해 전략이 만들어질 수도 있고, 또는 그런 구조를 갑갑하게 여기는 대단히 직관적인 인물 몇몇이 전략을 창출해낼 수도 있다. 전략 고안 과정은 표준적인 규준을 따르지 않는다.

그렇다면 자신의 상황에 맞는 적절한 접근방법은 어떻게 고를 수 있을까?

이를 위한 좋은 출발점은 여러 전략 질문 가운데 당신이 우선순위를 두어야 할 질문은 무엇인지 파악하는 것이다. 일단 각 질문에 동일한 비중을 두고 이를 순서대로 평가해보는 것이 한 가지 접근방법이 될 수 있다(이 같은 방법은 종종 '계획적', '분석적', 또는 '포지셔닝' 접근방법이라 불린다). 그와는 정반대로, 아무런 분석 작업 없이 단지 뭔가를 시도해보고 그 결과에서 배우고 그에 따라 판단을 수정하는 것 역시 가능하다(이는 '학습적', '출현적', 또는 '점증적' 접근방법이라 불린다). 이들 사이에는 두 극단의 장점을 추구하는 가지각색의 접근방법이 존재한다. 가령, 이미 답을 안다고 확신이 드는 질문은 그냥 통과하는 방법이 있을 수 있다. 전체 질문을 '약식으로' 훑어본 다음, 자신 없는 질문으로 되돌아가 시간을 들여 고심해보는 것도 한 방법이다.

이 장에서는 일반적으로 사용되는 다양한 접근방법과 각자의 상황에 적합한 접근방법을 고르는 방법을 다룰 예정이다. 다음에 소개할 여러 장에서도 다루겠지만, 누구를 어떤 과정에 참가시킬 것인가, 하는 문제 또한 이와 함께 생각해볼 필요가 있다.

풀몬티 접근방법

전략 질문을 다루는 가장 자명한 순서는 톱니바퀴들을 하나씩 차례로 굴려가는 것일 것이다('풀몬티' 접근방법(The Full Monty Approach)이 다룰 수 있는 몇 가지 하위질문도 함께 제시된 다음의 다이어그램을 참조하자). 이는 옵션에 존재하는 불확실성 수준이 대단히 높고 반드시 정답을 찾아야 하는, 비교적 새로운 상황을 탐

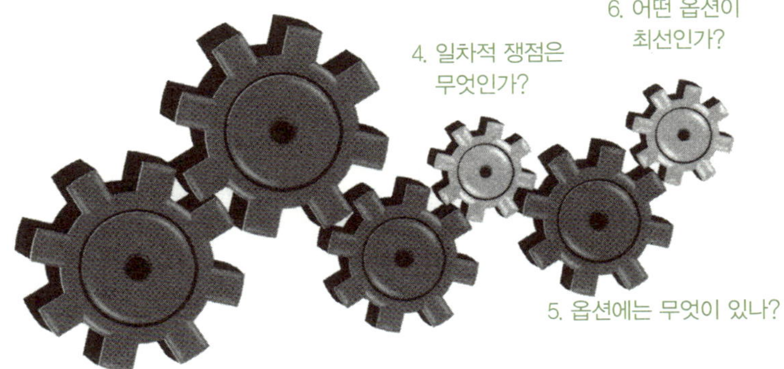

색할 때 일반적으로 사용되는 방식이다. 전형적인 풀몬티 방식의 전략 연구는 4인조로 구성된 한 팀이 첫 세 개의 톱니바퀴를 6~8주에 걸쳐 분석하면서 소비자 수요, 시장 동향, 전반적인 산업 맥락, 경쟁자, 해당 사업의 자본 환경을 탐색하는 과정으로 시작된다. 뒤이어 현재 상황과 미래 동향을 분석하고, 주요 쟁점뿐 아니라 옵션에 대한 일차적 견해를 요약하는 것으로 첫 단계가 마무리된다. 다시 2~4주가 걸리는 다음 단계에서는 옵션을 구체화하고 평가하는 작업을 거친다. 실행 계획을 세운 뒤 새 전략을 마침내 공개하는 것이 마지막 단계다.

이 접근방법의 약점은 비용과 시간이 많이 든다는 것이다. 이를 보완할 수 있는 방법은 한 가지 특정 질문 또는 하위질문에 집중적으로 시간을 투자하는 식으로 분석 작업에 우선순위를 부여하는 것이다.

예를 들어 레이저프린트 업계에서 휴렛패커드와 경쟁하던 모 기업의 경영진은 HP가 그들을 앞선 이유가 프린터와 프린터 소프트웨어의 사용자 친화적인 디자인에 있다는 것을 알아냈다. 이 문제를 해결하기 위해 그들은 'HP는 어떤 제품개발 과정을 거쳐 레이저프린터를 만드나?'라는 단 한 가지 질문을 놓고 집중적인 연구를 진행했다. 이 프로젝트를 통해 회사는 자사의 가장 큰 취약점을 해결할 통찰을 얻었고, 고객과 시장, 경쟁사를 포함한 모든 영역을 분석하는 부담을 피할 수 있었다.

다시 말해 풀몬티 접근방법은, 당신이 처한 상황이 대단히 불확실할 때, 예를 들어 신규 국가나 신규 시장 진출을 앞두고 있을 때, 또는 현재의 전략에 관해 증거 없는 주장이 만들어지고 있다는 염려가 들 때 사용해야 하는 최후의 방법이다.

약식 접근방법

의사결정권자들은 종종 그들의 직관과 경험을 이용해 초기 가설 또는 심지어 문제의 결론에 재빨리 도달해버린다. 그들은 질문들을 건너뛰면서 최대한 신속히 답을 구한 다음, 필요할 경우 먼젓번 질문으로 되돌아가 좀더 상세한 작업을 수행하는 방법을 쓴다. 이 같은 '약식' 접근방법(The Quick-And-Dirty Approach)은 추가적인 분석이나 숙고를 요하지 않으면서 즉시 적

케네스 앤드류스

Kenneth Andrews

케네스 앤드류스(1916~2005년)는 마크 트웨인 연구의 권위자로 출발해, 마침내 하버드경영대학원의 교수이자 기업 리더십 및 전략 분야의 가장 영향력 있는 초기 사상가 중 한 사람으로 경력의 대미를 장식한 인물이다.

앤드류스는 1948년 하버드경영대학원에서 박사 과정을 마친 뒤, 곧바로 하버드 경영정책 교수과정 체제를 살피기 위해 구성된 그룹에 참여하게 되었다. 이 과정은 학생들이 조직 리더의 관점에서 조직 전반의 문제를 개괄할 수 있게 하기 위해 설계된 강좌였다. 앤드류스와 동료들은 이 작업에서 '기업 전략(corporate strategy)'이라는 핵심 개념을 개발해냈다. 앤드류스의 접근방법에서 근본적이었던 것은 조직의 강점과 약점, 기회와 위협에 따라 조직의 향배가 결정되어야 한다는 'SWOT 분석'이었다.

앤드류스는 전략이 결단력 있는 행동으로 이어져야 한다고 믿었다. "모든 사업 조직, 사업의 모든 하위조직, 모든 구성원은 *계획적으로 선택된 방향으로* 조직을 계속 움직이고 조직이 원치 않는 방향으로 부유하는 것을 막아주는, 명확히 규정된 일단의 목적 또는 목표를 갖고 있어야 한다"
는 것이 그의 입장이었다(이탤릭체는 필자의 강조). 조직이 장기적인 성
공을 거두려면 뚜렷한 경쟁력을 갖춰야 한다는, 경쟁우위에 대한 후기
이론의 기초가 된 발상 역시 그가 발전시킨 생각이다.

앤드류스의 저작은 더 이상 널리 읽히지 않는다. 그가 집필한 몇몇 서적
은 급속한 기술변화와 글로벌 경쟁, 그가 살았던 시대의 상명하복식 구
조를 탈피한 조직으로 대변되는 오늘날의 관점에서는 고리타분하게 보
이는 것이 사실이다. 그럼에도 불구하고 그는 전후 미국 재계는 물론 하
버드경영대학원을 비롯해 학술기관에 경영전략에 대한 사고를 출현시
킨 핵심 주자로 간주되고 있다.

용 가능한 분명한 옵션을 재빨리 찾아내는 것을 가능케 해준다. 그러나 어떤 전략 질문이 추가 작업을 요하는지를 알 수 있게 해준다는 것이야말로 약식 접근방법에서 보다 통상적으로 얻는 이점인 것이 사실이다.

예를 들어 말레이시아 정부는 자국에서 생산되는 천연고무에 부가가치를 더해 국가산업화를 이룩할 방안을 찾는 과정에서, 약식 검토를 활용해 타이어 산업이야말로 고무를 원료로 하는 최대 시장 중 하나인 동시에 대단히 크고 세계적이자 경쟁적인 사업 영역이라는 것을 알아냈다. 이에 그들은 말레이시아가 일본, 한국, 미국, 유럽에 기반을 둔 글로벌 경쟁자들과 겨룰 수 있게 해줄 옵션을 찾기 위한 상세한 연구를 의뢰했다. 즉 말레이시아 정부는 약식 접근방법에서 몇 가지 초기 가설을 산출해 이를 발전시키고 좀 더 상세한 연구로 이를 검증해볼 수 있었다.

> "우리는 전통적인 기술회사에서 볼 수 있는 전형적인 전략
> 과정이나 계획 과정을 거치지 않습니다. 덕분에 구글이 그만큼 빠른
> 혁신을 보일 수 있었던 것이죠. 저는 이것이야말로
> 구글의 진짜 힘이라 생각합니다."
>
> ―에릭 슈미트(Eric Schmidt)

약식 접근방법의 강점은, 무엇이 기지의 사실이며 추가 작업이 필요한 문제는 무엇인지를 파악함으로써 작업 노력을 신속히 어느 한 곳에 집중하도록 해준다는 데 있다. 덕분에 이는 매우 자주 쓰이는 접근방법이자, 전반적으로 유용한 접근방법이기도 하다.

그러나 이 방식에 존재하는 한 가지 위험은 편견이나 오해의 소지가 있는 가정이 일찌감치 전략 과정에 고착될 수 있다는 것이다. 모든 전략 작업에는 모순되는 데이터를 열린 관점에서 다루는 대신 초기 가설을 입증하는 데만 몰입할 수 있는 위험이 존재한다. 가끔은 단순히 데이터를 취합해 시간을 들여 그 데이터들의 함의를 찾아보는 것도 도움이 된다. 이 위험만 예방할 수 있다면(가령, 최초에 도출된 결과에 회의적인 비판을 가하는 방식으로) 약식 접근방법은 좀 더 상세한 전략 작업에 앞선, 유용한 전반 작업이 될 수 있다.

'후속 작업이 따르는 약식' 접근방법은 아예 풀몬티 방식으로 모든 과정을 살펴보자는 결정으로 이어질 수도 있고, 충분한 정보를 이미 갖췄으니 좀 더 집중적이고 효율적인 접근방법을 사용해도 좋다는 것을 확인하는 계기가 될 수도 있다. 이제 우리가 다룰 것들은 이 '좀 더 집중적인 접근방법' 가운데서도 자주 쓰이는 방법이다.

미래 탐구 접근방법

이 접근방법은 현재의 상황이 아니라 '상황이 어떻게 전개될 것인가?'라는 세 번째 전략 질문에 초점을 두고 출발하는 방식이다. 그래서 전략 창안 과정 역시 미래가 어떤 모습을 하게 될 것인가에 대한 시나리오를 작성하는 일로부터 시작된다. 가능성 있는 다양한 미래상을 만든 다음, 각 시나리오에 따른 조직의 포지션을 평가한다. 경제가 예기치 않게 수축 또는 팽창할 경우, 조직이 어떻게 운영되고 어떤 실적을 낼 것인지에 대해 사고 실험이나 연구를 시행하는 것도 흔히 쓰이는 방법이다.

이 접근방법은 급변하는 환경에 있는 조직에 유용하다. 예컨대 소니와 같은 소비재 회사는 목표로 삼은 신시장을 파악하기 위해 소비자 생활양식과 테크놀로지가 어떻게 변화할지에 대해 숙고할 수 있다. 자동차 회사는 전자 조종 장치나 배터리 기술이 어떻게 발전할 것이며 자동차산업에 어떤 영향을 미칠 것인가에 대해 생각해볼 수 있다.

조직이 더욱 창의적으로 생각하도록 자극할 필요가 있을 때 역시 '미래탐구' 접근방법(Future Thinking Approach)을 사용할 수 있다. 개구리를 뜨거운 물이 든 냄비에 떨어뜨리면 곧바로 뛰쳐나오지만, 찬물에 담그고 천천히 열을 가하면 데어 죽을 때까지 냄비에서 나오지 않는다는 이야기가 있다. 과학적 타당성을 보장할 수는 없는 이야기지만(19세기에 실험된 이후로 이 실험을 시도했다는 과학자가 아무도 없었기 때문에), 이 유추에 빗대 알 수 있는 것은 인간의 뇌가 누적적으로 일어나는 변화에 대처하는 데는 무능한 경향이 있다는 것이다. 사람들은 이따금 전략적 온도가 오르고 있다는 사실, 그러니 매우 신속히 창의적인 옵션을 내야 한다는 사실을 깨닫고 충격을 받을 필요가 있다.

이 접근방법은 아파르트헤이트 정책이 살아 있던 시절 남아프리카공화국에서 흑인 지도자와 백인 지도자들을 서로 만나게 하기 위한 목적으로 사용됐었다. 다국적 광업회사 앵글로아메리칸(Anglo American)의 시나리오계획부서는 남아프리카공화국을 위한 두 가지 시나리오, 즉 협상을 통해 정치적 안정을 이끈다는 '하이 로드(high road)'와 대결로써 결국 내전을 야기하리라는 '로 로드(low road)'에 대한 프레젠테이션을 마련해 아프리칸들과 ANC 캠프 양측을 설득할 도구로 사용했다. 남아프리카공화국이 결국 하이 로드를 택했던 것도 부분적으로 바로 이 시나리오 덕분이었을 것이다.

1970년대 셸(Shell)은 석유 가격이 대폭 상승할 경우 생길 수 있는 상황에 고위 경영진이 민감하게 대처하도록 미래 석유사업에 대한 시나리오를 활용한 것으로 유명하다. 실제로 유가가 폭등했을 때, 셸은 경쟁자들보다 훨씬 빠르게 대처할 수 있었다.

이 같은 사례는 '상황이 어떻게 전개될 것인가?'라는 질문 제기의 위력을 드러낸다. 이는 사람들로 하여금 현재 상황과 그것이 전개될 양상에 대한 자신의 가정에 도전하고, 그러지 않았다면 상상하지 못했을 좀 더 혁신적이고 강력한 옵션을 도출할 수 있게 해준다.

전략 창출 과정을 이 질문으로 시작하기 위해서는 과정에 참가한 사람들이 이미 현재 상황을 폭넓게 이해하고 있어 환상이 아닌 있음직한 미래 시나리오를 세울 수 있는 이들이어야 한다. 따라서 이 작업은 팀으로 진행되는 경우가 많다. 팀을 구성해야 다양하고 폭넓은 시나리오를 개발할 만한 경험의 폭을 갖출 수 있기 때문이다. 가령, 애플이 휴대용 단말기 시장의 추후 발전 양상에 대해 생각해보려 한다면, 그들은 기술 전문가, 고객 수요 전문가, 경쟁사들의 활동에 대한 정보통, MP3 플레이어나 PDA, 휴대전화 같은 관련 시장의 잠재적인 발전 양상에 대한 전문가를 포함한 그룹을 소집해야 할 것이다.

현 상황과 그것이 전개될 양상에 대해 파악했다면, ‘쟁점 구조화하기 (frame the issue)’ 접근방법을 사용해 ‘일차적 쟁점은 무엇인가?’라는 네 번째 전략 질문으로 곧장 넘어가는 것이 효율적이다. 그렇게 하면 이제 그 쟁점의 성격과 그에 대처할 수 있는 옵션에 관한 논의를 진행할 수 있게 된다.

국영 고압 배전망으로부터 가정과 기업에 전력을 공급하는 전선을 소유·운영하는 지역 전력배급회사가 회사의 목표 이윤을 맞추지 못해 분투 중이라고 가정해보자. 경영진 구성원들은 회사가 직면한 쟁점을 각자 다른 식으로 보았다. 몇몇이 보기에 현 쟁점은 ‘이윤을 유지 및 증가시키기 위해 비용을 어떻게 삭감할 것인가?’였다. 그들의 이런 ‘구조화’는 업무 수행 방식 개선과 같은, 운영효율성을 향상시키기 위한 다양한 옵션으로 이어졌다. 다른 이들은 당면 쟁점을 ‘어떻게 업계 내 소규모 경쟁자인 우리가 더 큰 규모의 경쟁자들과 겨룰 수 있을까?’로 보았다. 이들이 도출한 옵션은 인수 목표 기업의 선택, 작업 일부를 대형 회사에 아웃소싱함으로써 규모의 경제를 향상시키는 방법과 관련된 것이었다. 세 번째 그룹은 문제를 ‘수익성 있는 신성장 원천을 어디에서 찾을 것인가?’로 보았다. 이 구조화가 유도하는 것은 태양 전지판의 설치 및 운영, 대형 고객을 위한 추가 서비스 제공과 같은 신사업 탐색이다. 쟁점을 이처럼 다양하게 구조화한 상태에서 진행된 논의는 매우 다양한 옵션을 이끌어냈고, 경영진은 그 다음 단계로 이들 옵션 각각을 좀 더 자세히 분석할 수 있었다.

‘미래 탐색’ 접근방법처럼 이 접근방법 또한 새로운 가능성을 빨리 받아들일 수 있게 해준다. 이는 무엇이 현재 가장 중요한 전략적 쟁점이며 어떤 옵션을 심도 있게 고려해야 하는지에 대해 매우 다양한 아이디어를 산출한다. 노련한 경영자에게 이는 아이디어를 신속히 공유하고, 의견차를 파악하고, 추가 분석이 필요한 주제 선정에 합의할 수 있게 해주는 접근방법이다.

그러나 쟁점을 현명히 구조화하려면 작업을 맡은 팀이 당면 상황과 가능한 발전 양상에 대해 충분히 숙지하고 있어야 한다. 쟁점을 너무 일찍 구조화해버리면 나중에 다룰 옵션의 범위가 너무 좁아질 수 있기 때문에, 나중에 이 단계로 다시 돌아와 쟁점의 성격을 되짚어보는 것도 도움이 될 수 있다. 취합 정보가 누적됨에 따라, 팀은 자신들이 잘못된 쟁점을 다루고 있었으며 관점을 재구조화할 필요가 있다는 것을 깨닫게 될 수도 있다.

옵션 접근방법

숙련된 의사결정자는 종종 '옵션에는 어떤 것들이 있나?'라는 질문을 던져 곧바로 본론으로 들어가기도 한다. 심지어 전략 창출 과정 초반에 이 질문을 다루는 경우도 있다. 그럴 때 작업은 각 개인에게 그가 선호하는 옵션을 묻거나 그룹을 대상으로 가능한 옵션을 전부 열거해보도록 하는 식으로 이루어질 수 있다. 이 같은 작업은 추가적인 데이터 취합 및 분석을 요하는 문제를 찾아주고, 도출된 옵션 목록에서 선택을 하는 데 필요한 활동에 관한 논의에 초점을 부여해준다.

이 접근방법은 쟁점 구조화 접근방법과 유사하지만, 어떤 이들은 쟁점을 다양하게 규정하는 방식을 논하는 것보다 다양한 옵션을 논하는 것이 더 실용적이라고 보기도 한다. 예컨대 앞에서 언급한 전력배급회사는 구성원

헨리 민츠버그
Henry Mintzberg

헨리 민츠버그(1939년~)는 전략, 경영관리, 조직을 주제로 수많은 저작을 집필한 다작가다. 그는 1968년부터 몬트리올 맥길 대학교의 교수로 재직 중이다. 그가 전략 분야에 기여한 여러 가지 업적 중 하나는 (일부 다른 저자들처럼) 전략이 어떻게 '창안되어야 하느냐'가 아니라 전략이 '실제로' 창출되는 다양한 방식을 지적하고 비평해왔다는 것이다. 민츠버그는 형식적인 '전략 계획'을 통렬히 비판한다('전략'과 '계획'이라는 두 단어를 결합하는 것부터가 모순이라고 그는 생각한다).

경영에 관해 잘못 알려진 내용을 짚어내는 일은 5명의 CEO를 대상으로 그들이 실제 자신들의 시간을 어떻게 보내는지를 조사한 그의 박사학위 논문으로부터 출발했다. 1973년《경영업무의 본질(The Nature of Managerial Work)》이라는 책으로 출간된 이 논문은, 경영자들이 계획을 창안하고 시행을 주관하는 데 그들의 시간을 투자한다는 통념을 깨뜨렸다.

1990년대에 이르러 전략 창안 과정에 주목하게 된 그는, 전략이 단순히 계획되는 것이 아니며 종종 우연이나 소소한 결정, 기회주의의 결과로

‘출현’하기도 한다는 점을 지적했다. 그는 더 나아가 전략 창출 공식에 대한 비평을 발전시켰고,《전략 사파리(Strategy Safari)》에서는 전략 창출 과정이 기술되어온 몇 가지 방식을 요약해 보였다. 그는 전략이 창출될 수 있는 다양한 방식을 아우르는 좀 더 전체론적인 관점을 옹호한다. 몸소 그의 비판을 받은 사람들로서는 생각이 다르겠지만, 민츠버그는 단순한 잔소리꾼 이상의 인물이다. 그는 또한 경영에 대한 사고가 좀 더 인간성을 띠고 유용해질 수 있도록 분투해온 진지한 학자이기도 하다. 그가 종종 자신의 논지를 과대포장한다고 믿는 사람들조차 그가 최소한 자신의 주장을 열렬히 변호한다는 점만큼은 인정한다.

전략을 진지하게 공부하는 학생이라면, 설혹 이 분야의 끔찍한 저작들을 감내하기 위한 해독제로서일지는 몰라도 민츠버그의 저서를 몇 편이나마 읽게 된다. 민츠버그는 비범한 사상의 총괄자, 저자이자 연설가이며, 전략 형성, 조직 구조, 힘, 경영 및 경영 교육 분야에서 훌륭한 책들을 펴냈다.

모두에게 그들이 고려해야 한다고 생각하는 옵션을 전부 열거해보도록 할 수 있을 것이다. 경영진 내부의 다양한 관점이 모아지면 근로방침에 관한 노동조합과의 협상에서부터 태양 전지판 같은 신사업 진출에 이르는 굉장히 다양한 범위의 옵션이 도출될 수 있다. 그 다음 작업은 이들에 우선순위를 매기고 각 옵션을 좀 더 상세히 평가하는 일일 것이다.

옵션 중심으로 생각하는 것의 또 다른 이점은 이것이 특정 옵션에 안주할 수 있는 경향을 상쇄해준다는 것이다. 상황 분석부터 순차적으로 진행하는 '풀몬티' 접근방법에 의존할 때 생길 수 있는 문제점 가운데 하나는 분석이 진행됨에 따라 팀 구성원 각자가 무엇이 최선의 옵션인가에 대한 자신만의 견해를 굳히기 시작한다는 것이다(뒤에 다시 언급하겠지만, 곧바로 결론을 내버리는 것이 인간의 심리다). 그래서 마침내 '옵션에는 어떤 것들이 있나?'라는 질문에 이를 무렵에는, 각자가 선호하는 옵션이 이미 그들 마음속에 뿌리를 내리고 있게 된다. 다양한 옵션에 대한 논의로부터 출발하는 것은 개인적 또는 집단적 편견이 위력을 발휘하기 전에 훨씬 다양한 옵션을 창출할 수 있게 해준다.

옵션에 관한 토의가 효과적으로 이루어지기 위해서는 의사결정을 맡은 팀이 순차적인 전략 창출 과정의 앞선 질문에 대한 답을 이미 명쾌히 이해한 상태여야 한다. 당신이 외부환경이나 내부상황, 이들의 가능한 발전 양상, 해결책을 강구해야 할 전략적 쟁점에 대해 익숙하지 못한 상황에서, 옵션에 대한 논의로 시작한 전략 창출 과정이 제대로 된 성과를 낼 리는 만무하다.

시험-학습 접근방법

앞에서 소개한 것과 다소 다른 접근방법 하나는 전략 질문에 가능한 답을 생각하는 대신 무언가를 실제 시도해 그것이 효과를 발휘하는지를 확인함으로써 질문에 답을 구하는 것이다. 가령, 슈퍼마켓 체인 테스코는 새로 출시된 어느 식료품에 소비자들이 어떻게 반응할지 걱정하는 데 시간을 낭비하지 않는다. 그저 판매를 시도할 뿐이다. 제품이 팔리면, 오퍼(offer)를 약간 수정해 그것이 더 나은 성과를 내는지 살펴본다. 흑여 제품이 팔리지 않는다면 또 다른 실험을 시도한다. 이 같은 다수의 작은 실험으로 얻게 되는 누적효과 덕에 그들의 식료품 판매 전략은 좀 더 다르고 효율적인 것으로 진화하게 된다.

이 시험-학습 접근방법('준비, 발사, 조준(Ready, Fire, Aim)'이라 불리기도 한다)은 전폭적인 변화를 요구하지는 않지만 고객 수요와 경쟁자들의 행동, 시장의 발전 양상에 작고 점증적인 불확실성이 허다한 시장에서 특히 강력한 힘을 발휘한다. 테스코의 경쟁사들은 자신들이 신제품을 성공적으로 출시하더라도 테스코가 이를 복제해 자사 매장에 출시할 수 있는 것보다 더 신속히 출시하리라는 것을 알아차렸다.

불행히도, 어떤 조직은 '시험'은 하되 '학습'은 하지 못하기도 한다. 경영자들 상당수는 우수한 '실행자'로, 병력을 동원하고 제품을 홍보하거나 생산을 증가시키는 데 실력을 발휘한다. 그들은 어떤 판단에 도달해 이를 실천하지만, 그 결과를 통해 무언가를 배우지는 않는다. 조직이 그것을 기록하고 그에 응대할 능력을 갖추지 못하기 때문이다. 학습 역량을 증대시키기 위해서는 일반적으로 대단한 투자가 필요하다. 테스코는 해당 IT 시스템을 갖추고 임직원들이 데이터를 정확히 입력하고 나중에는 그 데이터를 활용하도록 그들을 훈련시키는 데 몇 년을 투자했다. 한편, 테스코와는 다른 업계에 속한 전문 서비스 회사들은 지식관리 시스템과 지식의 기록과 공유를 장려하는 조직적 과정-성숙시키는 데 몇 년이 걸리고, 조직 문화가 지식의 공유를 장려하지 않는다면 그것이 약속한 이득을 전혀 전달해주지 못할 수 있는 과정-에 방대한 투자를 기울인다.

시험-학습에 투자하는 것은 결코 만만치 않은 일이다. 게다가 이는 혁신적인 변화를 창출하는 데는 우수한 기법이지만, 이를 통해 근본적으로 새로운 해결책을 발견할 가능성은 거의 없다(유추를 써보자면, 양서류는 점진적으로 파충류로 진화했고 파충류는 새로 진화했지만, 그들이 돌연 나무나 포유류로 변모하지는 않았던 것과 마찬가지다). 이 때문에 테스코는 새로운 국가에 진출하거나 약제 또는 금융 서비스 같은 신사업에 진출하는 것 같은, 시험-학습 접근방법으로는 대처할 수 없는 주요 변화에 대해 숙고하는 전략 부서를 갖추고 있다. 시험-학습 접근방법으로 마련된 전략 대부분은 앞에서 설명한 다른 접근방법 중 몇 가지로 보완해야 할 필요가 있다.

또 다른 접근방법: 직관적인 점프

지금까지 설명한 접근방법 대다수는 특정 전략 질문에서 출발해 이를 이용해 추가적인 작업이 필요한 지점을 파악하는 방식이었다. 이와 다른 대안적인 접근방법은 어느 전략 질문에서 다른 질문으로 직관적으로 건너뛰는 것이다. 이는 전략 논의에 익숙한 팀에게 시간을 절약해주고, 아이디어를 교환하고 문제의 핵심에 도달하는 데에도 효율적인 자유분방한 테크닉이다.

전문가로 구성된 팀이 가장 자연스럽게 이용하는 접근방법 중 하나인 이 기법은, 특히 전략이 지속적으로 논의되고 세련화될 필요가 있는 급변하는 환경 속에서 대단한 효율성을 발휘할 수 있다. 그러나 여기에는 전략 창출 과정이 결국 혼돈에 빠져, 핵심적인 불확실성을 논의하지 않거나 개인적 편견이 결단을 이끄는 데 무방비상태가 될 수 있다는 위험이 있다. 이는 또한 팀이 필수 정보를 심도 있게 파악하고(그 지식의 총체를 그룹 구성원들이 나눠 갖고 있어도 무방하다) 각자가 서로를 신뢰하고 잘 협력할 수 있어야 효과를 발휘하는 접근방법이다.

전략을 창출하는 과정에 이 같은 점프를 위한 시간 여유를 남겨두자. 서로 만나 전략 질문에 관해 비구조화된 방식으로 브레인스토밍해볼 기회를 만들자. 그러나 회의를 마무리하기 전에 앞으로 기울일 작업 노력을 재편하고 재구조화해야 한다는 점을 잊지 말자.

적절한 접근방법을 찾아내는 방법

전략 질문에 우선순위를 부여하는 방법은 여러 가지다. 그 여러 가지 중에서 적절한 것을 고르는 방법은 무엇일까? 다음 도표는 이를 위한 다양한 접근방법을 기술하며, 각각의 장단점을 요약해 보이고 있다.

당신이 처한 특정 상황에 맞는 접근방법을 고르기 위해서는, 일단 전략 질문을 훑어보고 당신이 생각하기에 어떤 질문에 당신이 명확한 답을 갖고 있는지 자문해보자. 이상적으로는 이 작업을 그룹 단위로 시행해 당신이 비교적 편파적이지 않은 관점을 유지할 수 있도록 하는 것이 좋다. 구성원들이 서로 동의한 지점, 불화한 지점, 단순히 무시된 지점이 어디인지 파악하기 위해 약식 접근방법을 활용하는 것도 도움이 된다.

몇 명의 핵심 인사와 전문가를 면접해 그들이 무엇을 주요 쟁점과 옵션으로 생각하는지, 외부 및 내부 환경, 그것이 전개될 양상에 대한 그들의 견해는 무엇인지를 구체화하자. 이 같은 초기 논의에서는 호기심 있게 잘 듣고 신중히 캐묻는 것이 중요하다. 각 인물의 세계관을 기초하고 있는 핵심 가정에 내재한 차이점을 살피자. 그런 갈등에서 종종 전략 과정이 집중해야 할 지점이 시사될 수 있기 때문이다.

앞 장에서 설명한 '5 Whys'는 그 같은 가정의 뿌리를 파악하는 데 유용한 테크닉이다. 누군가 두루뭉술한 답변을 내놓는다면 그에게 어째서 그렇게 믿고 있는지 질문하자. 그의 언술 기저에 있는 가정이 드러날 것이다. 이번에는 어째서 그런 가정이 세워졌는지 질문해보자. 해당 인물의 견해가 기반하는 하위 가정을 전부 파악할 때까지 질문을 계속하자.

수중에 있는 유관 정보를 요약한 '사실 보따리(fact pack)'를 만드는 것도 도움이 된다. 사실 보따리를 정리하는 작업에 다른 이들도 참여시켜 불필요한 데이터 수집과 분석에 시간을 할애하는 일이 없도록 하자.

이 과정이 끝나고 몇 가지 초기 질문에 좋은 답을 갖고 있다는 확신이 들면, 후속 질문 중 하나를 제기한 뒤 이와 유관한 네 가지 접근방법, 즉 미래 탐구 접근방법, 쟁점 구조화 접근방법, 옵션 접근방법, 시험-학습 접근방법 중 하나를 사용해 전략 창출 과정을 시작할 수 있다. 한편, 그렇지 않은 상황에서는 풀몬티 접근방법을 적용할 필요가 있다.

접근방법	설명	장점	쟁점 사안 및 평
풀몬티 접근방법	• "현재 상황은 어떠한가?" 라는 질문으로 출발 • 다음 질문으로 이행하기에 앞서 모든 질문에 철저하고 논리적인 답변을 찾는다	• 철저하다 • 최종 옵션과 결단을 확고히 지지할 구체적인 사실 기반을 다진다	• 느리다 • 비용이 많이 든다
후속 작업이 따르는 약식 접근방법	• 전체 질문을 빠르게 훑어본 다음 그 이상의 주의를 요하는 질문과 하위질문에 집중한다	• 아이디어를 신속히 공유할 수 있게 해준다 • 추가 분석과 논의가 필요한 영역을 판별하준다	• 시기상조로 결론을 내버릴 위험을 피할 수 있도록 충분한 지식 또는 의견의 다양성을 갖춰야 한다
미래 탐구 접근방법	• "상황이 어떻게 전개될 것인가?"라는 질문으로 출발 • 그런 다음 쟁점과 옵션, 필요한 추가 분석 내역을 도출한다	• 현재 상황과 쟁점, 옵션에 대한 창의력을 자극한다	• 현재 상황에 대한 충분한 사전 지식을 요한다
쟁점 구조화 접근방법	• "일차적인 쟁점은 무엇인가?"라는 질문으로 출발 • 그런 다음 옵션과 필요한 추가 분석 내역을 파악한다	• 가장 유관한 옵션에 대해 신속한 집중을 가능케 한다 • 대안적인 구조화에 대한 논의를 자극한다	• 현재 상황과 그 가능한 발전 양상에 대해 충분한 사전 지식을 갖춰야 한다
옵션 접근방법	• "옵션에는 어떤 것들이 있나?"라는 질문으로 출발 • 그런 다음 필요한 추가 분석 내역을 파악한다	• 가장 직접적인 접근방법 • 대안에 대한 논의를 자극한다	• 앞선 질문에 대한 답을 충분히 숙지하고 있어야 한다
시험-학습 접근방법	• 일단 무언가를 시도한다 • 그 결과에 기초해 전략을 조정한다	• 다수의 작은 불확실성에 대처할 때 효과적이다	• 혁신적인 변화만을 이끌 수 있다
직관적 점프	• 질문 사이를 넘나들며 중요한 질문에서 멈춰 그에 집중한다	• 가장 중요한 질문에 집중할 수 있게 해준다	• 전략 창출 과정이 혼란에 빠질 수 있다 • 노련한 전략가일 필요가 있다

접근방법을 최종 선택하기 전에, 앞선 표에 기재된 '장점' 난과 '쟁점 사안 및 평' 난을 반드시 훑어보자.

제한된 시간과 자원 때문에 전략 창출 과정이 제약을 받게 해서는 안된다. 흠 있는 전략을 도출하느니 차라리 팀의 규모를 늘리고 시간을 더 투자하는 편이 낫다. 고위간부들 사이에서도 견해차가 있다는 사실이 발견된다면, 이는 전략 창출 과정을 철저히 진행해야 한다고 주장할 강력한 논거가 될 수 있다.

전략을 발전시키면서 이따금 진전 상황을 검토해보자. 당신이 보유한 지식에 치명적으로 부족한 부분을 메우기 위해 또는 핵심 가정을 테스트하기 위해 '외부환경은 어떤가?' 등과 같은 초기 질문으로 되돌아가야 할 필요가 생길지 모른다. 또 애초 계획한 것보다 일찍 다음 질문으로 넘어갈 수 있게 됐다는 사실을 깨달을 수도 있다. 제1장에서 논한 피라미드 원칙을 이용해 당신의 논리와 스토리라인이 어떻게 발전해가는지 검토해보자. 전략 작업에 참여하지 않은 개인이나 그룹에게 당신의 사고를 검토하고 비판해달라고 요청하자. 필요할 경우 당신이 초점을 맞춰오던 질문을 다른 질문으로 교체할 준비를 하자.

시험-학습 접근방법은 특수한 접근방법이다. 당신이 (좀 더 분석적인 접근방법을 활용해) 이미 포괄적인 전략을 규정했을 때, 또는 잔류 수준의 온건한 불확실성만이 존재하는 상황에서만 적합한 접근방법이다. 그와 같은 환경에서, 당신은 '시험-학습' 접근방법으로 선(先)규정된 외피 안에서 전략을 점진적으로 진화시킬 수 있다. 이 접근방법은 방향에 큰 변화를 주는 데에는 효과적이지 못하므로, 이따금 더욱 근본적인 검토가 필요하지는 않은지 되짚어볼 필요가 있다.

적용 중인 접근방법에서 벗어나 항로를 바꿔야 하는 상황에도 대비해야 한다. 예컨대 '직관적 점프' 접근방법은 회의실 상황이나 당신이 매우 숙련된 팀과 함께 신속한 결정을 내려야 할 때 유용하다. 직관적 점프는 창안 과정의 일부다. 그러나 이것이 전략 창출의 모든 과정을 혼돈으로 몰고 가도록 해서는 안된다.

추천 필독 자료

- 헨리 민츠버그가 쓴 《전략적 계획의 부침(The Rise and Fall of Strategic Planning)》(프렌티스 홀, 1994년)과 이를 좀 더 대중적으로 풀어쓴 《전략 사파리》(FT프렌티스 홀, 2002년)는 전략 창출 과정의 본질을 다룬 고전적 텍스트다.
- 약식 접근방법이나 직관적 점프 접근방법처럼 급변하는 산업에서 유용한 전략 창출 과정이 캐슬린 아이젠하트(Kathleen Eisenhardt)의 논문 「전략적 의사결정으로서의 전략(Strategy as Strategic Decision Making)」(《슬론 매니지먼트 리뷰》, 1999년 봄호, p.65)에 개괄돼 있다.
- 전략에 관한 케네스 앤드류스의 고전(이지만 다소 오래된 책)은 《기업전략의 개념(The Concept of Corporate Strategy)》(리처드 D. 어윈, 1987년)이다.
- 샹텔 일버리(Chantell Ilbury)와 클렘 선터(Clem Sunter)가 쓴 《여우들의 게임(Games Foxes Play)》(휴먼&루소; 타펠버그, 2005년)은 미래 탐구 방식의 전략 창출 과정을 설계하는 방법을 설명해준다.
- 리처드 코치가 쓴 《파이낸셜 타임스의 전략 안내서》는 풀몬티 접근방법의 사례를 제시하며, 애드리언 하버버그(Adrian Haberberg)와 앨리슨 리플(Alison Rieple)이 쓴 《조직의 전략경영(The Strategy Management of Organisations)》(FT프렌티스 홀, 2001년) 제11장에는 좀 더 학술적인 사례가 제시돼 있다.

과정

전략에 대한 포부 규정하기

불확실성 다루기

두뇌는 오류를 범한다

인력 및 과정을 통해 객관성 향상시키기

전략팀 창단하기

편견 짚어내기

과정을 미세조정하기

앞 장에서는 전략 질문에 우선순위와 순차를 부여하는 방법을 설명했다. 이는 전략 창출 과정의 뼈대, 즉 대체적인 성격을 잡는 일이다. 예를 들어 풀몬티 접근방법을 선택한다면, 당신은 내부 및 외부 상황, 상황이 시간에 따라 보일 추세에 대한 데이터를 취합·분석하는 데 몇 주가 필요할 것이다. 그런 다음에도 쟁점을 구조화하고 옵션을 분석하는 데 시간을 투자해야 한다. 그러지 않고, 만약 당신이 '옵션' 접근방법을 선택한다면, 경영진에 그들이 선호하는 옵션을 묻고 이를 분석하는 시간을 가진 다음 그들의 논의와 승인을 요할 선택안을 최종적으로 제시하게 될 것이다. 이 과정은 필요할 경우 1주일 안에 완료될 수 있다.

이제 해야 할 일은 과정과 그에 참여할 사람들에 관한 다음 질문에 답함으로써 뼈대에 살을 입히는 일이다.

- 무엇이 주요 활동이 되어야 하는가? 가령, 데이터 수집, 분석, 브레인스토밍, 더 넓은 조직과의 연계 활동, 프레젠테이션 준비 중에서.

- 어떤 그룹 또는 팀의 참여가 필요한가? 가령, 프로젝트팀, 운영위원회, 자문단, 임원진, 이사회 등이 그 예가 될 수 있다.

- 각 그룹이나 팀에는 누가 포함되어야 하는가?

- 과정은 어떻게 운영 · 촉진되어야 하는가?

- 시간표는 어떻게 짜야 할까?

- 어떤 검토 회의가 필요한가?

- 의사결정 및 승인 과정은 어떠한가?

최선의 적용 모델이 마련되어 그대로 적용할 수 있다면 좋겠지만, 전략 개발 과정은 상황에 따라 맞춤 조정되어야 한다. 그러나 다음 질문에 답을 구해보면 과정을 합리적으로 설계하는 작업이 가능할 것이다.

- 전략이 달성해야 할 포부[ambition: 이때의 '포부'는 전략으로 달성하려는 '목표(objective)'가 아니라 고안하려는 전략이 얼마나 총체적이고 포괄적이어야 하는가에 관한 계획 또는 기대치를 의미한다－역주]는 무엇인가?

- 전략은 얼마나 세부적으로 짜야 하나?

- 객관성을 위협하는 주된 요인은 무엇인가?

- 전략 창출 과정에는 누구의 참여가 필요한가?

포부 규정하기

전략 창출 과정은 조직의 포부에 따라 대단히 다양해질 수 있다. 무엇보다 중요한 것은 '변화의 정도(degree of change)'와 '전략의 시간틀(time frame)'이다.

단적으로 1년 계획 주기의 경우에는 포부 수준이 낮다. 이때의 과정은 전략에 관한 중요 논의는 전혀 포함되지 않는, 본질적으로 현재의 전략을 실제 적용하는 데 필요한 구체적인 행동, 계획, 목표가 형성되는 과정이다. 초점 역시 단기간에만 맞춰진다. 이 같은 과정에는 전략과 재정적 목표를 명확히 하고, 이를 달성하는 데 필요한 행동을 규정하고, 재무계획을 창출하는 일 등이 포함될 수 있다. 이는 각 사업과 주요 부문의 현업 종사자들이 전략을 마련하면 조직서열의 상부에서 검토 및 승인하는 방식으로 진행될 것이다. 이 과정에는 몇 주 또는 몇 개월이 걸릴 수 있고, 최종적으로는 구체적인 목표와 중요한 사업계획에 대한 공식 승인이라는 결과를 거둘 수 있다. 이 같은 과정은 아마 해마다 반복될 것이다.

이와 대척점에 놓이는 것은, 조직이 미래에 어떤 모습이 될지를 상상하는 전망훈련(visioning exercise)이다. 포부 수준은 높다. 급진적인 옵션이 긴 시간틀, 아마도 10년에서 15년에 걸쳐 고려되어야 한다.

이 같은 과정은 1년 계획 과정과는 전혀 다른 활동으로 구성될 것이다. 여기에는 좀 더 방대한 조직과 유관 이해관계자들로부터의 아이디어 수집, 외부환경 동향에 대한 폭넓은 분석, 그리고 임원진 및 이사회와 진행하는 일련의 워크숍이 포함될 수 있다. 이 과정은 최고경영자가 직할하는 소규모 팀에 의해 촉진될 수 있으며, 외부 자문가의 도움이 더해질 수도 있다.

야심찬 전략을 창출하는 데에는 막대한 경영 시간이 소요되고, 이 같은 과정은 꼭 필요할 경우에만, 이를테면 현재의 전략이 더 이상 조직의 목표에 부합되지 않을 때만 이행돼야 한다. 이 과정을 얼마나 빈번히 수행하느냐는 회사와 환경에 달려 있다. 그러나 그 빈도가 아주 잦으리라고는 기대하지 말자.

정밀도

전략 창출 과정은 필요한 구체화 수준을 반영해야 한다. 한편, 구체화 수준은 전략 시행에 필요한 활동을 둘러싼 불확실성의 수준에 달려 있을 것이다.

불확실성이 거의 존재하지 않을 경우에는 고도로 구체적인 수준에서 전략을 짜는 것이 유익하다. 그렇게 되면 전략이 이른바 '압력시험'을 받게 되고, 전략의 실행 면에서도 상세한 계획이 도움이 되기 때문이다. 이 과정에는 전략 시행을 책임진 이들이 깊이 관여해야 하고, 재무팀 역시 마찬가지다. 상세 계획과 예산안을 개발하는 데 시간을 투자하자.

> "…전반적인 방향을 잡았다면, 이를 악착같이 시행해야 한다."
> – 잭 웰치(Jack Welch)

다른 한편, 고도의 불확실성이 존재할 경우 전략 창출 과정은 단순히 (잭 웰치의 표현대로) '전반적인 방향'을 잡는 것에 그쳐야 할 수 있다. 그래야 시행을 맑은 사람들이 상황 전개에 따라 전략을 조정해나갈 수 있기 때문이다. 학습과 적응을 위해 역량과 시스템을 배치하는 데 훨씬 더 큰 주안점이 놓여야 할 것이다. 구체적인 실행 계획을 짜는 데 드는 시간은 앞서보다 줄어들 것이고, 전략의 이행 양상을 주기적으로 검토하고 다양한 관리자들에게 상황 모니터링을 맡기고 또는 새로운 접근방법을 시도해보는 식으로 전략이 어떻게 개진돼 변화하는 상황에 적응할 것인가를 숙고하는 데는 더 많은 시간이 소요될 것이다. 상세한 예산안을 짜는 데 매달리는 것은 별 의미 없는 일일 것이다. 예를 들어 2008년 금융위기 당시 일부 회사는 그들이 전통적으로 수행해온 3년 단위, 짧게는 1년 단위의 예산 계획 과정을 포기하고, 대신 분기별로 예산 계획을 짜자는 결정을 내렸다.

오류를 범하는 뇌

이제 생각해볼 질문은 이것이다. 객관성을 위협하는 주된 요인은 무엇인가? 전략은 개인적 의사결정과 집단적 의사결정이 맞물려 형성된다. 그 과정에서 판단을 내리는 것은 스프레드시트, 프로그램, 템플릿도 아니요, 세상에서 가장 위대한 컴퓨터, 즉 인간의 두뇌에 존재하는 1000억 개의 뉴런이다. 전략적 판단의 질은 사용된 개념과 도구뿐 아니라 그것들이 두뇌에서 어떻게 처리되느냐에 의해서도 영향을 받는다.

노벨경제학상을 수상한 허버트 사이먼(Herbert Simon)은 인간의 두뇌가 '어느 한계 안에서 합리적'으로 판단을 내린다고 언급한 바 있다. 두뇌는 사용 가능한 데이터와 처리능력에 한계가 존재하는 조건에서 이른바 발견법

(heuristics)으로 알려진 단순 사고와 어림짐작에 의존해 가능한 최선의 판단을 내린다는 것이다. 발견법은 과거의 패턴과 연상으로 구성되는 사고방식이다.

보통 이 접근방법은 상당히 효과적이다. 수백만 년에 걸쳐 진화해온 인간의 두뇌는 일반적으로 좋은 판단을 내린다. 그러나 두뇌도 오류를 범할 수 있다. 패턴과 연상, 어림짐작에 기초한 판단은 때때로 문제를 일으킬 수 있다. 예를 들어 다음 그림을 살펴보자. 무엇이 보이는가?

사람들이 무엇을 보느냐는, 그들이 어디에 초점을 맞추느냐에 따라 달라진다. 왼쪽 아래를 주시한 사람은 윗면이 검은 계단을 볼 것이다. 반대 쪽을 주시한 사람에게는 윗면이 흰 계단 위에 고양이 한 마리가 앉은 모습이 보

일 것이다.

어떻게 두뇌는 이 두 가지 양립할 수 없는 관점을 그렇게 쉽게 받아들이는 것일까? 그 이유는 두뇌가 과거 연상에 따라 정보를 해석하는 방식과 관련이 있다. 두뇌는 그림 속의 패턴을 계단으로 인식하는 데 익숙해 있기 때문에 실제 역시 보이는 것과 같으리라고 곧바로 단정한다. 그런 다음 계단의 방향은 두뇌가 초점을 맞춘 그림의 위치에 따라 조정하는 것이다. 두뇌는 그림을 있는 그대로 보지 못한다. 왜냐 하면 이 그림은 두뇌가 경험해보지 못한 대상, 다시 말해 그에 대한 인식력을 발달시킨 적이 없는 대상이기 때문이다. 완벽히 합리적으로 그림의 상반되는 성격을 이해한다는 것은 두뇌로서는 불가능한 일이다. 대신 두뇌는 일정 한계 안에서만 합리적이며, 기존 경험이라는 한계 안에서 결론을 속단한다. 바로 그렇기 때문에 불행히도 우리의 두뇌는 부정확한 판단을 내리는 것이다.

이제 사업전략의 세계로 눈을 돌려, 성공가도를 달리던 기업 인수자들이 도를 넘어선 단 한 번의 나쁜 투자로 몰락해버린 사례가 얼마나 허다한지를 생각해보자. 가이 핸즈(Guy Hands)가 이끌던 테라퍼머(Terra Firma) 그룹은 인터넷 파일 공유 기술 발전이 음반업계의 수익을 침식하던 시점에 EMI를 인수하는 데 지나치게 큰돈을 쏟아 부었다. 그가 앞서서 추진했던 인수 사례들처럼 EMI의 인수도 성공적이리라는 생각에 도를 넘어선 것이다. 그러나 과거의 패턴이 이번에는 해로운 지침이었음이 드러났다. 핸즈 특유의 공격적 경영 방식은 프리마돈나들과의 친분에 의존하는 사업에서는 효과를 발휘하지 못했고, EMI에 소속돼 있던 많은 대형 가수들이 계약을 파기하는 사태로 이어졌다.

비슷한 예로, 렌토킬(Rentokil)이 과욕을 부려 시큐리가드(Securiguard)와 BET(British Electric Traction)를 인수한 뒤 곧장 내리막길로 굴러 떨어진 일을 생각해보자. 시큐리가드와 BET라는 두 거대기업은 서로 판이한 업계에 있었고, 다수의 소기업을 인수해 렌토킬 특유의 사업 방식 안에 통합시키는 렌토킬식(式)의 사업모델 안에는 쉽게 흡수될 수 없었다. 렌토킬 경영진이 그동안 경험해온 바에 따르면 기업 인수는 성장을 위한 매력적인 기회를 제공했다. 그러나 이 같은 경험은 그들로 하여금 새로운 산업 분야의 대기업을 인수할 때 맞닥뜨릴 수 있는 위험을 간과하게 만들었다.

두뇌는 내장된 패턴과 경험뿐 아니라 의사결정자의 개인적 관심과 애착에서도 영향을 받는다. 엔론(Enron) 사태에서부터 영국 하원의원 활동비 스캔들에 이르기까지, 사람들의 판단이 자신들의 개인적 이해가 개입될 때 어떻게 왜곡되는지 보여주는 사례는 수두룩하다. 아마도 가이 핸즈는 수많은 A급 스타를 거느린 회사를 지배한다는 생각에 마음이 흔들렸을 것이다. 그는 가수 미트로프(Meatloaf)의 팬으로 알려져 있고, 세계 최대 규모의 가라오케 레코드 컬렉션을 갖고 있다는 소문도 있으니 말이다.

다행스러운 점은, 전략 질문에 답할 때 두뇌는 객관적으로 되려고 노력한다는 것이다. 그러나 나쁜 소식은 두뇌가 이에 실패할 수 있다는 것이다. 두뇌는 외부 및 내부 상황에 대한 부분적인 지식에 기초해 순간적인 판단을 내릴 수 있다. 미래를 어디까지 예측할 수 있는지에 대해 과신할 수도 있다. 일차적 쟁점을 잘못 구조화할 수도 있다. 옵션을 선택할 때 모든 옵션을 고려하지 않거나 필요한 모든 기준을 적용하지 않을 수도 있다.

그러므로 '전략 창출 과정의 중대한 역할은 판단의 합리성과 객관성을

대니얼 카네만
Daniel Kahneman

대니얼 카네만은 노벨상을 수상한 프린스턴 대학교의 심리학 교수로, 그의 연구 동료 아모스 트베르스키(Amos Tversky)와 함께 행동경제학이라는 분야를 확립했다. 행동경제학은 경제학계에서 가정하는 '합리적 존재'란 픽션에 불과하다고 상정한다. 오히려 인간의 두뇌는 인지 · 사회 · 정서적 요인에 기초해 판단을 내린다는 것이다. 결과적으로 사람들의 판단은 발견법, 즉 과거 경험상 꽤 유효했던 어림짐작에 기초해 이루어진다. 사람들은 상황을 바라보는 각자의 방식에 따라 사건을 구조화하며, 이는 다양한 인지 편향(cognitive bias)으로 귀결된다.

이 같은 생각은 '제한적 합리성(bounded rationality)', '최소만족' 같은 용어를 만들어 인간의 합리성의 한계를 설명한 허버트 사이먼의 저작에 그 뿌리를 두고 있다.

카네만은 이스라엘 방위군 심리학부에서 사관학교 후보생들을 평가하는 일로 경력을 시작했다. 캘리포니아 버클리 대학교에서 박사 과정을 마친 그는 이스라엘로 돌아가 트베르스키와 함께 결국 10년 동안 지속될 공동연구를 시작했다. 트베르스키 역시 노벨경제학상을 수상한 학자로, 1996년 59세의 이른 나이로 세상을 떠났다. 그들이 집필한 논문 가운데 가장 유명한 하나는 '닻 내리기 효과(anchoring effect)'라는 아이디어를 소개한 「불확실한 상황에서의 판단: 발견법과 편향(Judgement Under Uncertainty: Heuristics and Biases)」이다.

행동경제학 분야는, 사람들이 실제로 판단을 내리는 방식과 그러한 판단의 질을 향상시킬 방법에 대한 광범한 통찰을 빠르게 축적해왔으며, 이는 신경과학, 진화심리학, 사회학, 조직학을 비롯해 다양한 학문에서 나온 통찰로 뒷받침되고 있다.

증진시키는 것'이다. 이 장의 나머지에서는 바로 이 주제를 다룰 것이다.

과정 및 인력을 통해 객관성 향상시키기

객관성을 증진시키려면 불합리한 사고의 잠재적 원천을 해소할 수 있도록 전략 창출 과정을 수정해야 한다. 먼저 비객관적 성향이 파고들 수 있는 영역을 지목해보자. 그런 다음 이를 보완할 적절한 절차, 전문가나 자문단, 좀 더 공식적인 관리구조를 추가하는 방안을 고려하자. 꼭 필요한 회의와 검토 세션을 배치하자. 끝으로, 적절한 견제와 균형을 제공할 판단 절차의 윤곽을 잡아보자.

다음은 객관성을 위협할 수 있는 몇 가지 대표적인 취약점과 이를 해결할 수 있는 방법이다.

지식 부족. 객관적인 판단을 내리기에는 지식이 불충분한 경우, 가령 새로운 시장 진출이나 새로운 경쟁자에 대한 응대 방안을 전략에서 다뤄야 할 경우에는 정보 수집에 좀 더 많은 시간과 자원을 배분해야 한다. 프로젝트팀이나 외부 전문가의 장기에 걸친 지원이 필요할 수도 있다. 만약 어떤 자원을 어떻게 투자해야 할지 확신이 서지 않는다면, 몇 차례 면접을 통해 당신이 아는 바가 무엇이고 모르는 것은 무엇인지부터 파악하자.

데이터 부족이 심각한 상황이라면, 중요한 분야의 '사실 보따리' 산출에 초점을 둔 모듈을 중심으로 초반 작업을 구성하는 것이 좋다. 예를 들어 고객 수요를 파악하는 일에 한 사람을 배치하고, 시장 동향 분석에 한 사람, 경쟁사 분석과 거시 동향 탐색에도 각각 한 사람씩을 배치하는 것이다. 그렇게 해서 데이터가 수집되면, 팀 전체를 다시 전략 질문에 집중시켜 외부 및 내부 환경, 그리고 가능한 전개 양상을 정리해볼 수 있다. 또 다른 접근방법은 전략 창출 과정을 하의상달(bottom-up)식으로 조직하거나 외부인을 참여시키는 식으로, 다양한 전문 분야의 사람들을 포함시키는 것이다.

도전 부족. 팀 안에서 의견차이나 논쟁이 빚어지는 경우가 너무 적으면, 지나치게 일찍 한 가지 해답에 초점을 맞추게 될 위험이 있다. 전략 창출 과정을 조정해 도전적인 상황을 더 늘릴 수 있는 방법에는 여러 가지가 있다. 그중 하나는 의사결정권자로 하여금 자신의 주장과 가정의 타당성을 입증해보게 하는 것이다(여기에는 민토 피라미드 원칙이 유용할 수 있다). 또 다른 방법은 충분한 시간을 투자해 핵심 가정에 대해 토론하고 대안을 창출해보는 것이다. 외부인을 대상으로 면접을 진행하거나, 그룹 토론을 시작하기 전에 참석자 전원에게 각자의 생각을 적어내도록 하거나, 일부 참가자들에게 이견을 가진 사람 역할을 부여하거나, 또는 가정에 도전하는 것이 주된 역할인 리더 한 사람을 뽑는 것도 가능한 방법이다.

다른 관점을 갖고 있으면서 자신들의 그런 관점을 변호할 준비가 되어 있는 사람들을 과정에 참여시키자. 전략팀의 구성원으로도 좋고, 조정위원회를 창설할 때 참여시킬 수도 있다. 이사회 같은 기존 집단을 활용해도 도전적인 요소를 만들어낼 수 있다.

합의 부족. 반대로, 도전적인 상황이 너무 자주 빚어져 전략 창출 과정이 개인이나 부문 간의 불화로 치달을 수도 있다. 과열된 논쟁에 과잉반응하지 말아야 한다는 것은 중요한 사항이다. 당신의 전략 창출 과정이 필요로 하던 것이 바로 그런 논쟁일 수 있기 때문이다. 그러나 건강한 의견충돌이

잭 웰치
Jack Welch

GE의 CEO 잭 웰치는 오늘날 가장 큰 영향력을 발휘하고 있는 기업주 가운데 하나다. 1935년생인 그는 화학공학 학사와 석사·박사 과정을 마친 뒤 GE에 합류해, 마침내는 회사 역사상 최연소로 제8대 회장 자리에 올랐다.

그의 지휘 아래에서 GE의 기업 가치는 총 230억 달러에서 수천억 달러로 치솟았다. 그러나 거대한 관료체제와 광대한 제국을 거느린 GE의 사령탑으로서 웰치 자신이 직접적으로 할 수 있는 일에는 한계가 있었다. 그의 영향력은 대부분 전략 창출 과정을 변화시켜 조직의 전략적 사고력에 내재한 취약점을 해소시키는 데서 구현되었다.

예를 들어 그는 인터넷의 발달이 마련해준 기회를 유용하려면 GE의 모든 사업부문이 민첩히 대응해야 한다고 판단했다. 그러나 어떻게 해야 웰치 자신을 포함한 GE의 전통적 경영진으로 하여금 창의적으로 사고하고 사업 운영에 대한 보수적 견해를 포기하게 할 수 있을까? [웰치는 이렇게 털어놓았다. '나는 (인터넷이) 두려웠습니다. 자판 치는 방법을 몰랐거든요.']

그는 600명의 최고위급 관리자들에게 사내 '인터넷 멘토'-주로 젊은 직원일 가능성이 높은-를 찾아 그들로부터 웹 행동을 교수 받도록 지시했다. 이로써 그들은 인터넷의 힘을 깨닫고, 인터넷으로 무엇이 가능한지에 대한 직접 경험을 쌓게 되었다.

결국에는 전략 창출 과정과 조직 내 조화를 위태롭게 할 역기능적인 갈등으로 이행하는 역치에 도달했는지 여부는 파악할 수 있어야 한다.

그런 일이 생길 위험을 줄이기 위해, 참가자 전원을 객관적 전략 창출과 같은 특정 목표에 집중시키자. 갈등이나 의견충돌은 인정하되 논쟁이 사적으로 치닫는 것은 막을 수 있는 기본 원칙을 마련하자. 역할 바꾸기를 하거나 와해적 인물을 참여시키는 것은 좋은 방법이지만, 괴짜와 이단아, 역발상가가 가져다줄 수 있는 이점이 상쇄되는 일은 없어야 한다.

포부 부족. 당신이 포부를 정했다 하더라도, 전략팀에서는 기존 계획을 다소 조정하는 것 이상으로는 움직이지 않으려 할 수 있다. 그런 경우에는 제5장에서 다룬 테크닉을 활용해 참가자들로 하여금 다양한 대안 구조와 옵션을 생각해보도록 하자. 작업의 효과를 높이려면 팀원들이 평소의 한계를 벗어나 대담한 발상을 하도록 유도해, 포부가 적당히 포괄적인 검토와 설계를 포함하도록 규정될 수 있게 해야 한다.

좀 더 혁신적이거나 이상적으로 사고하는 사람들을 추가로 받아들이는 방법도 있다. 비록 그렇게 한 결과 오히려 그들이 창의적으로 생각하는 능력을 잃어버리면, 그들을 전략 창출 과정의 핵심에까지 끌어들이느냐 여부는 재고해볼 문제가 될 수도 있지만 말이다. 우수한 운영위원회나 자문단 역시 전략팀의 사고 폭을 넓히는 데 도움이 될 수 있다.

실용성 부족. 포부 부족의 반대편 극단은 단기 안에 달성 가능한 것이 무엇인지에 대한 현실적인 개념이 전무한 경우다. 이 문제를 해결하려면 전략 시행을 맡은 사람들의 참여를 늘려야 한다. 과정에 참여한 사람들에게 조직을 장기적 비전으로 이끌어주는 동시에 실행성도 갖춘 단기 활동을 구상해보도록 주문함으로써 논의에 초점을 부여하자.

모호하고 불확실한 상황에 대응하면서 생길 수 있는 문제들. 전략 창출 과정에 참여한 사람들은 때때로 의사결정 과정에 내재된 불확실성 수준에 당황스런 반응을 보이기도 한다. 미래를 예측하는 자신의 능력을 과신하거나 지나친 불확실성 요인에 직면해 무력감에 빠지는 것이다. 이는 흔한 현상으로, 특히 그들이 다소 빠한 운영상의 결정을 내리는 데 익숙해 있는 이들일 경우에는 더 그렇다.

팀원 구성에 변화를 주는 것이 이에 대한 한 가지 해결책이 될 수 있다. 또 다른 해결책은 미래에 대한 시나리오를 작성해 사람들이 해당 불확실성 수준을 좀 더 수월히 받아들일 수 있게 하는 것이다(이 밖에 제4장과 제5장에서 언급한 다른 도구도 사용할 수 있다). 전략 창출 과정을 밟아나가는 동안 이들 시나리오를 계속 되짚어보며 전략이 잠재적인 미래상에 내재된 불확실성을 반영하고 있는지 여부를 확인하자. 훌륭한 운영위원회는 여기에서도 도움이 될 수 있다.

시간이 부족할 경우…

객관적인 전략 고안 과정에 특히 도전적인 상황은, 시간이 촉박해 일반적인 전략 창출 과정을 완수할 가능성이 없는 경우다. 이런 상황에 처한 조직은 어떻게 해야 판단 오류를 피할 수 있을까?

스탠퍼드 경영대학원의 캐슬린 아이젠하트는 수십 년에 걸쳐 전략적 의사결정에 대해, 특히 실리콘밸리의 급변하는 환경에서 이루어지는 의사결정에 관해 연구해왔다. 도전과 창조적 갈등을 독려하되 반목이나 사내 정치는 피한다는 것과 같은 성공적인 기업의 핵심 요건은 이 책에서도 다룬 바 있지만, 아이젠하트는 팀 단위의 효과적인 의사결정을 가능케 해주는 그 밖에 다른 원칙을 그녀가 명명한 이른바 '급변하는 환경(high velocity environments)' 속에서 찾아냈다.

첫 번째 원칙은 전략적 의사결정을 '임원진의 정례 활동'으로 확립해야 한다는 것이다. 이를 연례 활동으로 넘기거나, 반대로 매번 정교한 과정으로 진행할 수는 없기 때문이다. 또 다른 원칙은 '경영진이 정보에 몰입하게' 만들라는 것이다. 그 어떤 계획도 적과 조우한 순간에는 어긋나기 마련이다[프로이센의 군사학자 카를 폰 클라우제비츠(Carl von Clausewitz)의 말을 인용한 내용—역주]. 환경이 불확실하면 할수록 충분한 정보는 그만큼 더 중요해진다. 언뜻 생각하기에는 그 반대일 것 같아도, 이는 급변하는 환경에서 성공을 거둔 회사의 고위간부들이 그보다는 성공하지 못한 회사의 간부들보다 정보를 논하는 회의에 '더 많은' 시간을 투자한다는 것을 뜻한다. 이를 실천하는 방법에는 다음과 같은 것이 있을 수 있다.

- 경쟁사들과 시장의 발전 양상을 논하는 정례회의(예를 들어 한 달에 한 번꼴로)를 개최한다.
- 업계에서 도는 소문, 근래의 계약 성사율·실패율과 같이 회사 안팎에서 일어나는 일을 추적하는 경영보고체계를 마련한다.
- 고위간부들에게 경쟁사 활동이나 기술 동향과 같은 특정 데이터 수집의 책임을 지운다.

당연한 이야기지만, 신속한 판단을 내리기 위한 또 다른 원칙은 촉박한 시간을 의식하면서 작업에도 철저히 임할 수 있도록 '잘 통솔된 페이스를 유지하는 것'이다. 이를 가능케 하기 위해서는 팀의 목표를 유지하고, 에너지 수준을 고도로 지탱하고, 불필요한 논쟁은 중단시킴으로써 가속도를 높여야 한다. 이는 전략 창출 과정을 더욱 효율적으로 만들어줄 뿐 아니라 내린 결정에 대해 사람들의 지지를 얻을 가능성도 증대시킨다. 논의에 충분히 많은 시간을 투자하되 모두가 그 결과에 관심을 잃을 만큼 오래 끌지는 않는다면, 최종 결론이 사람들의 지지를 받을 가능성은 커지게 마련이다.

여기에서는 다음과 같은 테크닉을 사용할 수 있다.

- 당신의 조직이 전략적 판단을 내릴 때 통상 소요되는 시간에 대한 감을 키운다. 2개월 또는 4개월인가? 결단의 성격에 따라, 예컨대 그 주제가 신제품 론칭이냐, 조직 변화냐, 또는 기업 인수냐에 따라 기간은 어떻게 달라지는가? 상황이 기대했던 것보다 더 복잡하거나 덜 복잡한 것으로 드러날 경우 시간틀을 조정할 수 있는 준비를 갖춰야 한다.
- 실제 결정이 이루어지는 페이스에 대해 당신의 주의를 환기시켜줄 이정표를 갖춘 의사결정 과정의 일정표를 세워둔다.
- 신뢰할 수 있는 공급자 또는 고객과 옵션에 대해 논의하는 식으로, 일단 도출된 판단을 단순히 시험해보는 것 또한 더욱 신속한 결정을 가능케 한다. '마음속으로 밭을 간다고 밭이 갈리는 것은 아니다'라는 옛말을 기억하자.
- 아무리 노력해도 합의가 도출되지 않는 상황에서 반드시 결단을 내려

야 한다면, 의사결정을 마무리할 다른 방법을 찾아보자(예: 리더에 의한 최

종결정, 투표).

전략팀

우리는 지금까지 의사결정 과정이 각 조직에 따라 맞춤 적용돼야 한다는 점을 강조해왔지만, 전략개발팀이나 개발 과정을 지원하는 팀을 구성하는 것은 대부분의 기업에 도움이 되는 방법이다. 이 같은 그룹을 적절히 구성하고 작업 절차 및 보고 체계를 올바로 수립하는 것은 필수이지만 쉽지는 않은 일이다. 왜냐 하면 당신은 으레 전략 개발 능력을 갖췄는지 여부와는 무관하게 쓸 수 있는 사람을 고용할 수밖에 없기 때문이다. 그룹 안에서 판단을 논하는 것은 긍정적인 효과를 낼 수 있지만, '집단적 사고'라는 현상은 그 효과가 늘 보장되는 것은 아님을 드러낸다. 앞선 섹션에서는 그룹이 효과적으로 작업할 수 있게 할 몇 가지 방법을 제안했었다.

일반 원칙 몇 가지는 반드시 따라야 한다. 일단, 맹점이나 편협한 관점을 상쇄할 만큼 다양한 시각을 가진 사람들을 혼용시키자. 괴짜나 이단아도 몇 사람 포함시키자. 조직 내부의 사람들에게 당신의 위시리스트 안에서만 선택하도록 강요하지 말자. 충분히 다양한 사람들로 그룹을 구성하기 힘들다면, 기존 구성원들에게 '고객의 수호천사', '주주', '데이터 사냥개', '점술가'와 같이 다양한 역할을 부여해보자. 전략 시행 책임을 진 사람들도 참여케 하자. 특히 당신이 세워야 할 전략이 불확실한 미래에 고도의 적응력을 발휘해야 하는 것일 때는 반드시 참여시켜야 한다.

그룹을 효율적으로 관리하자. 전체 작업을 모듈 단위로 어떻게 분할할지를 강구하자. 회의를 주최하고 데이터베이스를 공유해 여러 사람들의 다양한 노력이 조화롭게 펼쳐지도록 하자. 일정표를 짜고, 팀에 동기를 부여하고, 필요한 자원을 확보하고, 진전 상황을 모니터링하고, 좀 더 폭넓은 조직적 쟁점을 팀에 숙지시키고, 상향식 소통과 하향식 소통 양상을 감독하고, 성공을 거뒀다면 이를 축하하자.

이 과정에서의 경험이 부족할 때는 프로젝트 그룹 관리에 관한 몇 가지 일반 지침이 도움이 될 수 있다. 신속한 진단이 필요하다면 보스턴컨설팅 그룹이 개발한 DICE 기법을 이용해보자. 이 기법은 과업의 성격과 팀의 특성, 조직으로부터의 지원, 사용 가능한 자원을 평가할 수 있게 해준다.

효율적인 관리(governance) 구조를 수립하는 것 또한 중요하다. 어떤 개인이나 어떤 그룹도 단독으로는 일을 제대로 해내기 어렵다. 작업을 검토하고 비평하기 위한 보고체계를 마련하는 것도 중요하다. 당신이 내린 결론을 상부에 제출하기에 앞서 비공식적으로 자문단의 비평을 구해보는 것도 좋다. 이때 역시 당신은 그룹의 객관성을 위협할 수 있는 주된 요인을 염두에 두고 보고체계를 설계해야 한다.

설계안 종합하기

지금까지의 설명을 요약해보자. 적실한 설계안을 도출하기 위해, 당신은 다음 다이어그램의 왼쪽 면에 기재된 지침 질문이나 개념을 활용해 전략 창출 과정의 다양한 요소에 대한 맞춤 설계안을 만들 수 있다.

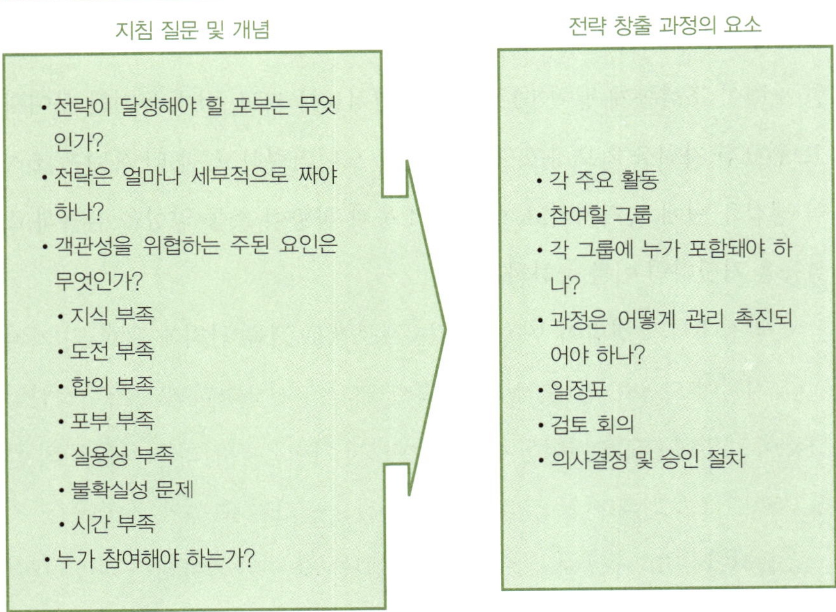

우리는 아직 다이어그램의 마지막 질문, 즉 '누가 참여해야 하는가?'에 담긴 함의에 대해서는 논의하지 않았다. 이것은 다음 장에서 다룰 주제다.

다이어그램의 내용이 너무 복잡해 보일 수도 있으니, 전략 창출 과정 설계에 관한 감을 잡을 수 있도록 일단 두 가지 예를 들어보겠다. 당신의 조직이 힘든 시기를 겪고 이제 막 안정을 찾은 참이라고 가정해보자. 이제 당신에게 필요한 것은 차후 몇 년에 걸쳐 추구할 기회를 평가하기 위해 전략을 종합적으로 검토해보는 일이다. 당신의 포부는 시행 방식을 미리 너무 상세히 결정하지 않는 선에서 기존 전략과는 근본적으로 다른 전략을 고안하는 것이다. 당신이 처한 상황에는 객관성을 위협할 수 있는 요인이 많이 존재한다. 현재 구성된 팀이 회사를 살리기 위해 급조된 팀이라 시장 상황에 대한 지식이 충분치 않기 때문이다. 게다가 그들은 12개월 시계 밖을 내다보지 못하는 경향을 보인다. 그러나 시간상의 여유는 충분하고 조직이 현재의 상황조차 분명히 이해하지 못하는 상황이라는 판단에, 당신은 자원이 풍부한 전략팀과 일부 외부 자문가들의 도움을 받아가며 풀몬티 접근방법으로 철저한 전략 창출 과정을 이끌어가는 방안을 선택한다.

반대로, 당신이 신규 경쟁자들의 시장 진입을 허용할 규제 변화가 임박한 상황에 처해 있다고 가정해보자. 당신은 현재의 상황은 충분히 파악하고 있지만 '상황이 어떻게 전개될 것인가?'라는 전략 질문을 탐색해볼 필요가 있다는 판단에 '미래 탐구' 접근방법을 사용하기로 결정한다. 당신의 포부는 매우 집중적으로, 다음 석 달 동안 대처할 수 있는 방안을 세우는 것이다. 조직 각 부문의 활동이 조화롭게 맞물려 이루어지게 하려면 전략안은 대단히 상세하고 구체적이어야 한다. 당신이 가장 크게 염려하는 부분은, 앞으로 무슨 일이 일어날는지 당신이 모르고 있다는 점이다. 하지만 그것만 빼면 객관성 부족 문제는 크게 염려할 사항이 아니다. 당신은 무엇을 해야 할는지에 대한 빠른 결단을 내려야 한다.

이 같은 맥락을 고려해, 전략 창출 과정은 먼저 소규모 팀이 초기 시나리오를 구상한 다음 실제 3개월 계획을 시행하게 될 사람들로 구성된 팀이 상세한 대응책을 내놓는 순서로 이루어질 수 있다. 지금까지 이야기한 두 사례를 요약해보면 다음 페이지에 실린 표와 같다.

전략 창출 과정의 설계는 기계적으로 수행할 수 있는 활동이 아니다. 여기에 제시된 방법론을 활용해 당신의 사고를 자극하고 당신이 내놓은 안이

• 풀몬티 접근방법의 예

모듈	하위 모듈 및 활동	일정표
약식 과정	• 초기 면접 • 전략 질문 대답에 대한 가설 마련 • 워크숍, 가설 재검토, 전략 창출 과정 계획 조정	• 2주 소요
내부 및 외부 상황 평가	• 세분화 및 시장과 업계 분석 • 경쟁자 분석 • 가격 구조 분석 • 소비자 면접 및 영역별 고객 수요 평가 • 가격책정 분석 • 상황 평가 결과를 논하기 위한 워크숍	• 4~6주 소요
상황 전개 파악	• 시장 동향 및 유추 • 테크놀로지 동향 • 경쟁자 동향 • 시나리오 • 쟁점 구조화 방식에 대한 논의를 포함한 워크숍 • 상급 팀에 프레젠테이션	• 4주 소요 (일부 작업은 앞선 모듈에서 완료될 수 있음)
쟁점 및 옵션 도출	• 옵션 규명 • 옵션 재구조화 및 재검토 • 옵션 평가 • 워크숍 • 상급 팀에 프레젠테이션	• 3주 소요

• 집중적인 미래 탐구 접근방법의 예

모듈	하위 모듈 및 활동	일정표
시나리오 짜기	• 경영진을 대상으로 면접 • 외부에 의뢰해 진행하는 조사 및 면접(최선 노력 조건 계약) • 다음 12개월을 위한 시나리오 준비 • 경영진과의 워크숍	• 1~2주 소요
활동 계획 짜기	• 경영진이 90일 계획안 작성 • 계획안 제출 및 통합 계획안 창출 • 경영진 회의에서 검토 후 승인 • 이사회에 보고	• 1주 소요
모니터링	• 계획이 시행되는 과정을 지속적으로 모니터링 • 외부 환경이 전개되는 양상 검토 • 주간 경영회의에서 논의	• 계속 진행

합리적인지 점검해보자. 그러는 과정에서 필요할 경우 언제든 설계안을 조정할 수 있는 준비를 해야 한다.

개인적 편견

객관성에 대한 '일반적인' 위험에 대처할 수 있는 전반적인 전략 창출 과정을 설계했다면, 이제는 의사결정 과정, 특히 최고위급 결정권자들의 의사결정 과정을 왜곡할 수 있는 '개인적' 편견을 체크할 차례다. 전체적인 설계안을 그럴 듯하게 마련했다 하더라도, 개인적 편견은 여전히 객관성에 대한 잠재적인 위협으로 남아 있다.

> "뇌는 놀라운 기관이다. 아침에 일어나는 순간 작동을 시작해
> 사무실에 들어서기 전까지는 멈추지 않는다."
> – 로버트 프로스트(Robert Frost)

식견 있고 유능한 의사결정자라 할지라도 편견 때문에 곤란을 겪을 수 있다. 널리 알려진 사례도 많다. 토니 블레어(Tony Blair)와 조지 부시(George Bush)가 이라크 침공을 결정한 일, 앨런 그린스펀(Alan Greenspan)이 금융시장규제를 완화해 시장의 붕괴를 야기한 일, 리먼브러더스가 파산하고 금융시장이 곤두박질치기 시작한 직후에 스코틀랜드왕립은행(Royal Bank of Scotland)의 CEO 프레드 굿윈 경(Sir Fred Goodwin)이 ABN 암로(ABN Amro)를 인수하기로 결정한 일 등이 그것이다.

어째서 똑똑한 사람들이 잘못된 결정을 내리는 것일까? 그 이유는 앞에서 설명했듯이 두뇌의 작동 방식과 관련이 있다. 우리의 뇌는 패턴 인식과 발견법을 활용해 세계를 해석하도록 진화되었다. 하지만 어떤 조건 아래에서, 특히 얼핏 익숙하게 느껴지지만 실제로는 그렇지 않은 상황에서, 뇌는 우리를 잘못된 길로 이끌 수 있다.

의사결정권자의 판단을 왜곡할 가능성이 있는 요인에는 오해를 일으킬 수 있는 경험, 성급한 판단, 부적절한 개인적 사리사욕이나 애착이 있다. 예를 들어 고든 브라운(Gordon Brown)이 대규모 적자예산을 운영하기로 결정한 일을 생각해보자. 영국의 총리로서 브라운은 신중한 경제 관리의 모범이었다. 그러나 임기 말에 이르자 그는 이전까지 그토록 꽉 움켜쥐고 있던 경제의 고삐를 놓아버렸다. 세수가 줄어들고 있는데도 2001년에서 2005년까지 지출이 연간 4.4%씩 급증한 것이다. 평자들은 위험을 경고했다. 전 세계적인 금융위기가 발발했을 때 영국 경제는 침체를 막아내지 못했고, 곧 유럽 최대의 예산적자 중 하나를 운영하게 되었다. 어째서 이런 일이 벌어졌을까? 그 전까지만 해도 정도만을 밟았던 브라운이 어째서 그토록 잘못된 판단을 내린 것일까?

정치가들은 부적절한 사리사욕에서 유권자들의 마음을 얻기 위해 돈을 쓰려는 경향이 있을 수 있다는 것이 한 가지 설명이다. 또는, 브라운이 정부 지출 증대로 혜택을 입은 사람들, 즉 불우하고 궁핍한 사람들에게 부적절한 애착을 느꼈을 수도 있다. 이는 지극히 정상적인 일이지만서도 그의 판단은 이 때문에 흐려졌을 것이다. 또 다른 설명은, 브라운이 자신이 이미 벼락경기를 잠재웠다는, 오해를 일으킬 수 있는 성급한 판단을 했다는 것이다. 그는 미국 서브프라임 모기지 시장의 대담한 대출 관행이 낳은 은행위기 같은 외부 충격이 그의 안정적인 시스템에 영향을 미쳐 적자가 통제 불능으로 급증할 수 있다는 점을 무시했다. 브라운의 그 같은 판단은 오해를 일으킬 수 있는 경험에 의해 강화되었을 수 있다. 노동당이 정권을 잡은 직후에는 공공재정상에 심각한 문제가 생기리라는 여측이 있었지만, 임기 2년째가 되자 기대와는 달리 120억 파운드가 넘는 예산흑자가 추산됐다. 이 같은 상황은 브라운으로 하여금 공공재정 추이를 지나치게 낙관하도록 유도했을 수 있다.

지금까지 언급한 요인은, 의사결정권자가 오류를 범할 수 있는 고도의 위험이 존재한다는 경고가 되어주기 때문에 흔히 '적기(赤旗)'라고 불린다. 다시 말해, 만약 당신이 잠재적인 적기에 주의를 기울인다면 그것이 판단에 영향을 미치기 전에 잠재적인 편견을 짚어낼 수 있다는 것이다. 특정 인물이 판단착오를 범하리라고 확신할 수 있어야 한다는 것은 아니다(이는 사실상 불가능한 일이다). 다만, 보통 때보다 그 가능성이 더 높다는 것만 파악할 수 있으면 된다.

과정을 미세조정(微細調整)하기

적기를 발견했다면 이제 무엇을 해야 할까? 첫째, 그것이 판단을 어떻게 왜곡시킬 수 있을지를 생각해보고 판단왜곡을 상쇄할 추가적인 과정 요소 또는 '안전장치'가 무엇일지를 파악한다. 안전장치란 잘못된 판단을 내릴 위험을 감소시켜주는 조치로서, 여기에는 광범한 개입, 과정 변경, 참가자

선택, 분석 테크닉, 그 외 전략 창출 과정을 미세조정(fine tuning)할 다른 메커니즘이 있을 수 있다. 이 같은 추가 조치는 자칫 판단오류로 귀결될 수 있는 개인적 편견의 영향을 견제해준다.

안전장치는 총 네 개의 항목으로 분류해볼 수 있다. 첫 번째 항목은 '경험, 데이터, 분석'이다. 기업이 데이터를 수집하고 경험을 넓히는 방법은 여러 가지다. 예컨대 핵심 고객과의 논의를 통해 신제품에 대한 귀중한 피드백을 얻을 수 있다. 시장조사를 통해서는 새로운 시장 진출의 위험도를 평가할 수 있다. 외부 컨설턴트의 도움을 받을 수도 있는데, 이는 부분적으로 그들의 전문성과 조직 내부 인력의 한계를 고려한 결정이겠으나 그들의 관점이 상대적으로 더 객관적이기 때문이기도 하다.

고든 브라운은, 물론 호황 국면에 적자예산을 운영하는 정책의 위험성을 분석해보도록 지시할 수도 있었을 것이다. 브라운에게는 내각의 지출 전략에 의혹을 제기할 수 있는, 사용 가능한 정보는 충분했다. 그러나 불행히도 그는 지출에 대한 자신의 견해와 상충하는 보고를 묵살해버렸다. 어느 공직자는 이런 말을 했다. "브라운은 사심 없는 조언과 중상모략을 구별 못하는 사람입니다."

안전장치의 두 번째 유형은 '논쟁과 도전'이다. 반드시 정교한 과정으로 진행할 필요는 없다. 그저 친구나 동료와 함께 쟁점에 대해 이야기를 나누는 것만으로도 족할 수 있다. 그러나 대규모 조직이 이를 수행할 수 있는 일반적인 방법은 앞에서 논의한 의사결정 그룹을 구성하는 것이다. 단, 이 경우에는 인원구성과 그룹의 작업 과정을 의사결정권자의 특정 적기를 상쇄하도록 더욱 미세조정할 수 있다는 점이 다른 점이다.

"가장 만족스런 결과를 내놓는 사람이 항상 가장 영리한 사람은 아니다.
오히려 동료들의 두뇌와 재능을 가장 잘 융합할 수 있는
사람이 최선의 결과를 도출해낸다."

– W. 앨턴 존스(W. Alton Jones)

고든 브라운은 자문관 한 사람에게 자신의 의견에 도전하는 역할을 맡기거나 견해가 다른 구성원을 팀 안에 새로 들일 수도 있었다. 그러나 그는 자신의 의견에 반대하는 목소리를 참아내지 못했다. 복지개혁부 장관 프랭크 필드(Frank Field)가 브라운의 복지정책에 이의를 제기하자 브라운은 바로 논의를 끝내버렸다. 나중에 그는 필드에게 물었다. "어떻게 내게 반대할 생각을 했나? 난 자네가 내 친구인 줄 알았는데." 필드는 "내가 친구였기 때문에 반대할 수 있었던 걸세"라고 대답했지만, 브라운이 자신의 의견에 대한 도전을 그런 식으로 받아들이지 못했다는 것은 명백한 사실이었다.

세 번째 유형의 안전장치는 추가적인 '관리(governance)'다. 권력을 쥐고 성급한 판단을 내리기 십상인 대규모 조직의 전형적인 리더들은 새로운 분석이나 도전에 저항하는 경우가 많다. 이 경우에는 제안을 상세히 검토할 이사회 소속 특별하위위원회를 결성하는 식으로 관리 과정을 강화할 필요가 있다. 고든 브라운의 경우에는 직접적인 관리에 한계가 있었다. 다수당을 이끄는 총리인 그를 철저히 감독하기란 불가능했다. 그가 속한 당조차 그의 판단에 많은 영향을 발휘하지는 못했다.

네 번째 항목은 '모니터링'이다. 앞선 안전장치만으로는 불충분하다는 사실이 드러날 경우 이정표 세우기, 모니터링 수행, 그에 따른 전략 조정을

통해 모니터링 과정을 강화하는 쪽이 합리적일 수 있다. 이는 가령 소매망을 구축할 때처럼, 초기 투자가 이루어져 전략의 결과가 분명해진 경우 특히 효과적일 수 있다. 고든 브라운은 최소한 외부 평자들이나 언론으로부터 그의 정책에 깃들인 위험성에 대해 무수한 피드백을 받았음에도 불구하고, 이에 동의하지 않았거나 이를 무시해버렸다. 그의 지출 계획이 감당 불가능한 것이라는 점이 분명해질 즈음, 막대한 수준의 금융 및 경제 붕괴가 그에게 밀어닥쳤다. 그 같은 상황에서 그가 할 수 있는 일은 거의 없었다.

적절히 선택해 조직이 수용한 안전장치는 판단오류를 범할 위험을 감소시킨다. 다음에 등장하는 저울 그림은 좋은 비유다. 적기의 존재는 판단의 균형을 깨트릴 수 있다. 저울을 평형상태로 만들기 위해 우리는 안전장치를 추가한다. 안전장치는 적기의 영향을 없애지는 못하지만, 이를 상쇄할 균형추는 될 수 있다. 비록 고든 브라운의 예에서처럼 균형추를 놓는 것이 어려울 수도 있지만, 다행히 항상 그런 것만은 아니다. 사려 깊고 끈기 있는 태도를 유지한다면, 객관적인 판단에 도달할 확률을 높여주는 몇 가지 안전장치를 대부분 찾아낼 수 있다.

안전장치를 선택할 때 반드시 유의해야 할 점은 '충분한' 수준의 안전장치에 만족해야 한다는 것이다. 너무 많거나 잘못 선택한 안전장치는 의사결정에 해로운 영향을 미칠 수 있다. 과도한 분석, 과다한 도전, 또는 과중한 관리는 전략 창출 과정에 부담을 지울 수 있다. '뿌리가 제대로 자라는지 확인하려고 나무를 뽑아보는' 것은 누구든 빠지기 쉬운 함정이다. 적기의 영향을 상쇄하도록 충분한 조치를 취하되, 의사결정 과정에 부담을 지우고 과정에 참여한 사람들의 사기를 떨어뜨릴 만큼 지나친 조치는 피한다는 것

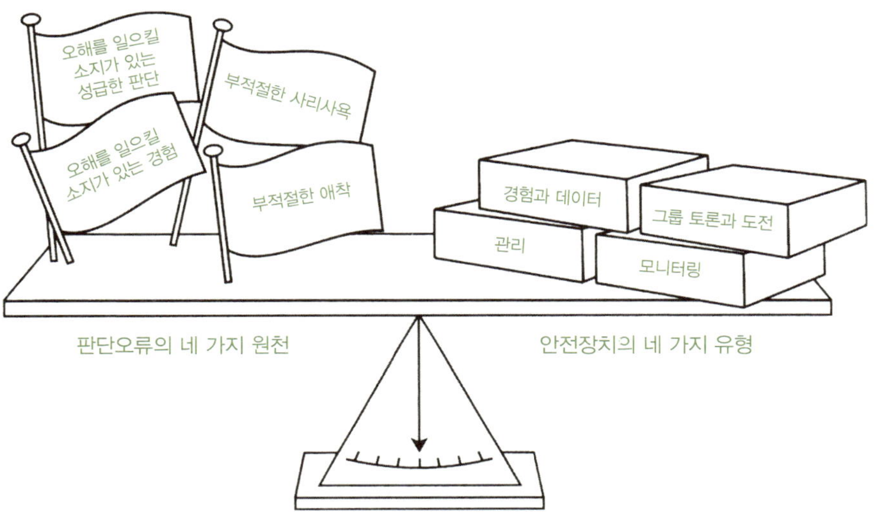

은 섬세함과 노련미를 요하는 일이다. 안전장치는 필요한 몇 가지만 고르고, 안전장치가 의사결정 과정에 참여한 사람들에게 효과를 발휘할는지 확인하자.

일부 안전장치는 비효율적일 수 있고 긍정적이기보다는 부정적인 영향을 발휘하기도 한다. 대단히 공격적인 도전은 강력한 힘을 발휘할 수 있다. 실제로 일부 기업은 강력한 도전을 의사결정 과정의 자연스러운 일부로 여기는 문화를 갖고 있기도 하다. 그러나 구성원들의 성향이 그와는 다른 조직에서는 강력한 도전이 과도한 갈등을 야기하거나 책임의 분산 및 이양이라는 조직문화와 충돌을 일으킬 수 있다. 지금까지의 이야기를 종합해보자. 설계안을 미세조정하는 과정에는 적기가 될 요인을 짚어내고, 특정

맥락에서 효력을 발휘할 균형추와 같은 안전장치를 고르는 일이 포함되어
야 한다.

- 편견의 영향과 그에 대처하는 방법에 대해 좀 더 자세히 알고 싶다면 시드니 핀켈스테인(Sydney Finkelstein), 조 화이트헤드, 앤드류 캠벨(Andrew Campbell)이 쓴 《다시 생각하자: 좋은 리더가 나쁜 결정을 내리는 이유와 이를 피하는 방법(Think Again, Why Good Leaders Make Bad Decisions and How to Keep it From Happening to You)》(하버드 비즈니스 프레스, 2008년)을 읽어보자. 이 책을 요약한 논문 「다시 생각하자: 좋은 리더가 나쁜 결정을 피할 수 있는 방법(Think again: how good leaders can avoid bad decisions)」은 〈애시리지 저널(Ashridge Journal)〉(2009년 봄호, 360호)에 게재되었다. 자세한 내용은 www.thinkagain—book.com을 참조하자.
- 맥스 베이저먼(Max Bazerman)이 쓴 《경영 의사결정에서의 판단(Judgement in Managerial Decision Making)》(존 와일리 & 선스, 2008년)은 의사결정 과정에 편견이 미치는 영향을 설명한 유용한 지침서다.
- 댄 애리얼리(Dan Ariely)가 쓴 《상식 밖의 경제학(Predictably Irrational: The Hidden Forces That Shape Our Decisions)》(하퍼콜린스, 2008년)은 전형적인 편견과 그 원인을 설명한 인기 있는 책이다.
- 마이클 로베르토(Michael Roberto)가 쓴 《왜 위대한 리더들은 예스를 답으로 받아들이지 않는가: 갈등과 합의를 위한 관리(Why Great Leaders Don't Take Yes for an Answer: Managing for Conflict and Consensus)》(워튼스쿨 퍼블리싱, 2005년)는 객관성과 정서적 개입 간에 균형을 유지하는 방법을 설명한다.
- 팀의 목표 수행 능력을 평가할 수 있는 DICE 방법론에 대한 설명은 http://dice.bcg.

com에서 찾을 수 있다.

- 캐슬린 아이젠하트가 쓴 일련의 저서와 논문은 급변하는 환경 속에서 전략이 어떻게 형성되는지에 대한 탐색을 담고 있다. 「전략적 의사결정으로서의 전략」(슬론 매니지먼트 리뷰, 1999년 봄호), 쇼나 브라운(Shona Brown)과 공저한 《벼랑에서의 경쟁(Competing on the Edge)》(하버드 비즈니스 프레스, 1998년), 진 L. 케워지(Jean L. Kahwajy), L. J. 부르주아(L. J. Bourgeois III)와 공저한 「경영진이 선전(善戰)하는 방법(How Management Teams Can Have a Good Fight)」(하버드 비즈니스 리뷰, 1997년 7/8월호)이 대표적이다.

제8장

개입

전략 개입이란 무엇인가

전략 개입은 왜 중요한가

조직을 협력적으로 개입시킬 방법은 무엇인가

결단이 내려진 뒤에도 개입이 끝나지 않는 이유는 무엇인가

좀 더 협력적인 접근방법이 중요한 때는 언제인가

리더십과 문화

앞선 여러 장에서는 전략 창출에 사용되는 개념과 도구에 대해, 전략 창출 과정에 필요 수준의 포부와 정밀도를 반영하는 방법과 옵션을 객관적으로 분석하는 방법에 대해 이야기했다. 그러나 성공적인 전략을 만들기 위해서는 이것만으로 충분치 않다. 설계와 시행을 맡은 사람들이 정서적으로 개입돼 있어야 한다. 이 장에서는 이른바 '전략 개입(strategy engagement)'이라 불리는 것을 왜 달성해야 하고, 또 어떻게 달성해야 하는지를 설명할 것이다.*

'인게이지먼트(engagement)'란 직원 몰입도(employee engagement), 지역사회 연대(community engagement), 이해관계자 참여(stakeholder engagement) 등 다양한 곳에서 언급되는 새로운 유행어다. 그러나 전략과 관련해 '인게이

지먼트', 즉 '개입'이란 무엇을 뜻할까? 단지 유행에서 나온 말에 불과할까? 이 책에서 다룰 만큼 정말로 중요한 것인가?

전략 개입이란 무엇인가

조직이 흔히 겪는 익히 알려진 고충 하나는 사람들로 하여금 전략을 이해하고, 그에 따라 행동하도록 하는 일의 어려움이다. 고위 경영진이 전략을 만들어놓고도 전략 실행에 다른 이들을 참여시키는 데 난항을 겪는 것은 흔한 일이다.

이 문제를 해결하기 위해 개발된 전략 개입의 유형은 두 가지다. 첫 번째 유형인 '설득적 개입(persuasive engagement)'은 '지원(buy-in)'을 얻어내는 것을 목표로 한다. 즉 누군가가 먼저 계획이나 제안을 마련해놓고 모두가 그에 동의하고 그것을 실현해주기를 기대하는(가령, 계획 실행 과정에 적극 참여해주기를 원하는) 것이다. 설득적 개입은 모든 전략적 발의나 통찰을 최고 경영진에서 산출할 수 있을 때 적합한 방식이다. 특정 상황에서는 이 같은 방식이 최선이 될 수도 있고, 여전히 많은 조직이 통상적으로 이 방법을 사용하고 있다. 설득적 개입은 전략적 사고를 어느 소그룹에 한정시킨 다음, 더 큰 그룹이 누군가 다른 사람이 창안한 결과에 열성을 갖기를 요구하는 방식이다. 지원 확보를 위해 노력한다는 것은 어떤 생각을 누군가 다른 이에게 납득시킨다는 의미인데, 여기에는 그 생각이 제대로 전달되지 않을 수도 있다는 위험이 존재한다. 그렇기 때문에, 그리고 이 같은 방법이 전략적 사고의 질을 전혀 향상시켜주지 못하기 때문에, 설득적 개입에 대한 논의는 여기에서 이만 마무리하도록 하겠다.

이 장에서 우리가 논할 전략적 개입의 유형은 사람들로 하여금 전략 개발 과정에 무언가를 투입하게 하는 '협력적 개입(collaborative engagement)'이다. 닐로퍼 머천트(Nilofer Merchant)가 썼듯이, 이는 회사의 모든 사람들을 '전략 창출 이후가 아니라 전략을 창출하는 과정 중에' 개입시키는 접근방법이다.

> "회사의 전략을 이해하는 사람은 전체 직원 중 단 5%에 불과하다."
>
> – 로버트 캐플런(Robert Kaplan)과 데이비드 노턴(David Norton)

협력적 개입은 다양한 형태로 이루어질 수 있다.

- 이는 중대한 조직적 재포지셔닝(repositioning)의 시기에 특별 계획으로 실시될 수 있다. 회사 전 부문에 걸쳐 선발한 인원으로 프로젝트팀을 구성해 신시장 진출, 인수를 통한 성장과 같은 전략 개발에 참여시키는 것도 한 가지 방법이다.
- 때로는 구성원이 수백 명에 이르는 대단히 큰 그룹을 참여시켜 조직을 위한 새 전략을 창출하는 과정에 의견을 제시하도록 할 수도 있다. 세계적인 비영리 보건연구단체인 코크런(Cochrane Collaboration)이 그 같은 과정을 진행했는데, 이에 대해서는 뒤에 다시 설명할 것이다.
- 다수의 사람들을 참여시켜 계속적으로 전략을 개선해가는 방법도 있는데, GE에서 개발한 '워크아웃(Work-Out)' 접근방법도 그런 예 가운데 하

나다. 워크아웃에는 운영개선 방안을 파악하고 이를 사업에 적용하는 데 필요한 기술을 그룹들에 훈련시키는 활동이 포함된다. 1990년대 초 20만 명이 넘는 GE의 직원들이 이런 세션에 참여했다. CEO 잭 웰치는 그의 자서전《잭 웰치: 위대한 회사와 훌륭한 사람들로부터 내가 배운 것들(Jack: What I've Learned Leading a Great Company and Great People)》에서 어느 근로자가 그에게 한 말을 회상했다. "25년 동안 회장님은 제 손이 하는 일에 봉급을 주셨지만, 제 두뇌가 할 수 있는 일도 있었고 그건 공짜로 얻으실 수도 있었을 겁니다." 워크아웃은, 비록 운영 면에 초점이 맞춰져 있기는 하지만, GE가 경쟁하는 모든 시장에서 1위 아니면 2위를 차지한다는 전략을 이행하는 데 핵심 역할을 수행했다.

협력적 개입의 다양한 형태가 지닌 공통된 특징은, 이들이 전략의 시행 또는 '집행(execution)' 과정뿐 아니라 전략 창출의 전반적인 과정에도 참가자들을 실무적이고 지적으로, 그리고 무엇보다 정서적으로 개입시키려 한다는 것이다.

> "전략은…체계적이고 목적적인 집단행동이다."
>
> – 게리 하멜(Gary Hamel)

협력적 개입이 중요한 까닭

우리의 뇌는 우리를 정서적으로 개입시키는 데 초점을 맞추기 때문에, 개입의 수준은 전략의 질에도 영향을 미친다. 조직 안의 사람들은 언제나 도처로부터의 압력에 시달리고, 수많은 일에 관여하며, 각종 데드라인에 긴장의 고삐를 늦추지 못한다. 전략에 관심을 기울이는 것은 그 많은 부담 가운데 일부에 불과하다. 최근의 신경과학 연구에 따르면, 사람들은 무엇에 집중할 것인가를 결정할 때 많은 부분 그들의 정서에 의존한다고 한다. 가령, 전략에 시간 투자하기, 그 해의 재정 목표 맞추기, 평소보다 일찍 퇴근하기 사이에서 선택을 해야 한다면, 우리는 무엇이 우리의 정서에 호소하는가, 다시 말해 우리 뇌에서 정서를 주재하는 변연계를 자극하는 것이 무엇인가에 기초해 결정을 내리게 된다는 것이다. 게다가 우리의 먼 조상인 초기 포유류로부터 유전돼 내려온 변연계는 무의식적 수준에서 작동하는 경향이 있다. 어디에 시간을 투자할 것인가에 관한 결정이 의식적 두뇌의 감시와 비평적 검토 없이 이루어질 수 있는 것도 그 때문이다. 그럴 때 우리의 뇌는 판단 없이 곧바로 무언가를 선택해버린다.

전략 개발을 소규모 그룹에서 단독으로 맡아 진행하는 경우에는 전략에 정서적으로 개입하는 것이 그리 어려운 문제가 아니다. 그러나 다수의 인원이 전략 개발에 참여한 상황이라면 이는 훨씬 큰 도전이 된다. 이 같은 이유로, 이 장에서는 대규모 협력에 일차적인 초점을 맞추려 한다. 비록 그 같은 협력의 이점이나 원칙, 테크닉은 좀 더 작은 그룹에도 똑같이 적용되는 것이지만 말이다.

대규모로 이루어지는 협력적 개입의 첫 번째 이점은 그로부터 대개 '더 많은 아이디어와 더 나은 아이디어'가 산출된다는 데 있다. 전략이 만들어지고 나면 개발 과정에 참여한 사람들은, 조직 안팎의 사람들의 사고와 상상력 또는 집단적 노하우를 최대한 활용하지 못했다는 아쉬움을 느끼는 경우가 드물지 않다. 협력적 작업이 훌륭히 이루어지면 영업팀이나 민원부서, 공장에서 근무하는 직원들처럼 고객과 제품에 가장 밀접한 사람들을 포함해 참가한 모든 이들의 축적된 지혜와 일상적 지식을 십분 활용하는 것이 가능해진다.

두 번째 이점은 그것이 '전략이 효과적으로 시행'될 가능성을 향상시킨다는 데 있다. 전략이 조직위계의 최고위층에서 만들어져 하달되면, 전략에 대한 이해와 주인의식에는 닐로퍼 머천트가 이른바 '공기 샌드위치(air sandwich)'라 부른 커다란 공동(空洞)이 생기게 된다. 다시 말해, 최고위층에서 설정한 구체적인 비전과 방향을 담은 전략과 이를 전달받아 시행해야 하는 사람들 사이에 빈 공간이 존재하게 된다는 것이다. 전략 시행을 책임진 사람들도 그들이 수행하는 매일의 활동을 전략의 비전이나 방향과 제대로 결부시키지 않고서 일에 임하는 상황이 벌어진다. 그러나 협력적 과정을 통해 더 많은 사람들이 전략 개발에 참여하면, 훨씬 많은 사람들이 전략의 전반적 목표와 논리를 이해하고, 전략 실행의 동기를 부여받고, 상황 조건이 전개되는 양상에 따라 시행방침을 수정할 수 있는 가능성이 커진다.

협력적 개입은 또한 '공동 학습을 위한 강력한 메커니즘'을 제공해, 조직의 전반적인 전략적 능력을 개발하고 차세대 리더들의 역량을 성장시킨다. 이는 전략을 연례행사가 아닌, 날마다 활발히 진행되는 조직 생활의 일부로 만들어, 사람들이 전략을 일상 업무와 연계시킬 방법에 대해 좀 더 주의를 기울이게끔 해준다. 사람들이 자신의 의견이 전달되고 이를 실현시켜주기도 하는 메커니즘과 과정이 존재한다는 확신을 갖게 되면, 십중팔구 자

신들의 '이목(耳目)'을 총동원해 기꺼이 조직을 위한 초기 경보 시스템으로
활약하려 할 것이다.

> "우리가 계속 공기 샌드위치를 먹는 한, 조직의 방향 설정과
> 필요한 결과 달성을 효과적으로 해낼 수 있는
> 방법을 명확히 알 길은 없을 것이다."
>
> – 닐로퍼 머천트

아마도 협력적 개입의 가장 중요한 이점은, 전략이 시행되는 과정에서
'조직이 기대하지 않았고 예측할 수도 없었던 변화에 대처할 수 있는 가능
성을 증진'시켜준다는 것일 것이다. 전략에 관한 많은 저작은 여전히 계획
만 세우면 그대로 이루어지리라는 관점을 고수한다. 그러나 사실 제1장에
서 언급한 것처럼, 전략이 실제 발전해나가는 방식을 살펴보면 살펴볼수록,
우리는 전략이 일련의 상황 변화와 작은 결정을 통해 예견할 수 없었던 방
식으로 전개된다는 증거를 점점 더 자주 만나게 된다.

이는 분석이나 계획, 의도가 아무 역할도 못한다는 뜻이 아니다. 그와는
반대다. 그런 활동은 방향 설정에서 중요한 역할을 하며, 그런 활동에 필요
한 기술은 변화하는 상황에 응대할 방법을 찾는 데 필수적이다. 다만, 항상
잊지 말아야 할 것은, 당신이 얼마나 숙련된 솜씨로 계획을 마련하든 간에,
복잡다단하고 서로 연결되어 있으며 매 순간 변화하는 세계가 예기치 못한
방식으로 그 계획을 엉망으로 만들 수 있다는 사실이다. 전략 창출 과정에
더 많은 사람을 개입시킬수록, 그들이 늘 책임감을 갖고 기민하게 대처할

가능성도 더 높아질 것이다.

옵션 창출에 조직을 협력적으로 개입시키는 방법

전략 개발의 주체가 한 사람인가, 두 사람인가, 훨씬 큰 그룹인가와는 무관하게, 전략적 옵션을 분석하고 개발하는 데 사용되는 전략 개념과 도구는 서로 동일하다. 다른 점은 분석에 관한 논의에 참여하는 사람들의 수다. 논의는 소수의 고위급 직원들의 대화가 될 수도 있고, 직무가 다른 사람들로 구성된 10명 안팎의 팀이 진행하는 토의가 될 수도 있고, 여러 사람들이 참여한 포괄적인 조직 단위의 논의가 될 수도 있다.

누구를 (그리고 몇 명을) 참여시켜야 하는지를 결정하려면 먼저 몇 가지 다양한 요인에 대해 생각해봐야 한다.

- 어떻게 하면 사고 과정에 다양한 관점을 포함시킬 수 있을까?
- 항상 어려운 질문을 던져 우리의 사고를 자극하는 사람은 누구인가?
- 실제적인 고려사항(시간, 예산, 장소, 테크놀로지)에는 어떤 것들이 있는가?
- 이 과정에서 출현할 전략적 목표에 따라 행동을 취할 사람들은 누구인가?

이 질문에 답해본 결과 옵션 창출 과정에 다수의 사람들을 참여시키기로 결정했다면, 최선의 방법은 성격이 다른 몇 개의 팀을 구성해 이사회나 임원진에서 규정한 주제에 기초한 서로 다른 질문 또는 질문들을 각 팀에 부여하고, 그에 관해 조사해보도록 하는 것이다. 어떤 팀은 외부 조사에 중점을 둘 수 있고, 또 어떤 팀은 상황을 전혀 다른 식으로 바라볼 수 있기 때문에, 그들이 조직 구성원으로서 유지해온 가정이나 '틀에 박힌' 사고 패턴에 그들 스스로 도전해볼 기회가 생기게 된다.

예를 들어 어느 화장품 회사가 전략을 세우려 한다고 치자. 회사는 몇 개의 그룹을 조직해 각각 차후 5년에 걸친 거시경제 및 사회적 동향, 현재의 경쟁자와 앞으로의 경쟁자, 고객과 쇼핑객, 현재의 소비자와 미래의 소비자, 브랜드와 카테고리 등의 쟁점을 살펴보게 할 수 있다. 그룹의 규모를 일반적으로 (그룹의 리더를 포함해) 다섯 명에서 여덟 명 사이로 구성한다면, 작업을 완수하기 위한 실용성과 당신이 궁구하는 질문에 대한 답변의 다양성 사이에 균형을 잡아줄 것이다. 각 그룹의 '대(大)문제'를 명확히 하는 것은 중요하지만, 모든 하위질문의 구체적인 부분까지 규정해버려 그들이 규정 밖의 관심사를 탐색하지 못하게 하는 일은 없어야 한다.

이 과정에는 개성이 강한 사람들을 포함시키는 것이 좋다. 어느 다국적 공업 컨설팅 회사에서 이 같은 과정을 진행하기 위해 전략적 조사 그룹을 구성할 당시, 상무이사 한 사람이 이런 말을 했다. "H만큼은 어느 그룹에라도 포함시켜야 합니다. 언제든 대답하기 곤란한 질문을 던지는 사람이니까요." 필자들이 진행한 연구에서 한 참가자는 전략 창출 과정에서 자신이 맡은 역할은 '이사회에 대한 아장 프로보카퇴르(agent provocateur: 불법행위를 선동하기 위해 잠입한 공작원-역주)'가 되어 CEO가 원치 않는 질문을 해대는 것으로 묘사했다. 그가 던진 그런 질문에 응대하는 일은 고충이 될 수 있지만, 이렇게 반대의견을 내는 목소리는 종종 내부 및 외부 환경의 기회와 위협에 대해 중대한 통찰을 제공해준다.

전략적 개입을 위한 실제적인 조언

고려해야 할 실제적인 사항 가운데 하나는, 당신이 보유한 시간과 예산이 어느 정도인가다. 그룹의 규모가 대단히 클 경우에는 전원을 직접 대면시키기란 어렵지만, 여러 가지 가상기술을 사용해(온라인 회의 플랫폼 등) 구성원들의 의견을 조합할 수 있다. 과정이 전체적으로 세심히 계획되고 창의적으로 설계된 경우, 대규모 그룹들을 대단히 짧은 시간틀 안에 개입시키는 것도 가능하다.

앞에서 언급한 코크런의 사례를 생각해보자. 코크런은 1993년 100여 개국 2만 8000여 명의 기부자들을 둔 독립 비영리단체로 설립돼, 최신 의학 보건 연구를 독자적으로 평가해 그 결과를 세계 전역에서 사용할 수 있게 함으로써 증거기반 보건의료를 촉진하는 데 헌신하고 있는 기관이다. 그토록 광범위한 지역에 그렇게 많은 자원봉사자들을 둔 코크런은 어떻게 그들 모두를 조직의 전략 검토 작업에 개입시킬 수 있었을까? 일곱 차례의 질의 대화(inquiry dialogue)가 마련됐고, 일련의 전화 면접, 그리고 코크런의 모든 기부자가 참여할 수 있는 인트라넷 조사가 실시되었다. 특히 이 마지막 방식은 인터랙티브 전시공간에서 개최된 연례회의 당시 3000여 명의 참가자들로부터 단체의 전략 목표에 대한 의견을 이끌어낼 수 있게 해주었다.

여러 그룹이 구성돼 각자 다른 쟁점을 놓고 작업 중이라면, 그들이 서로 배타적이고 폐쇄적이기보다는 상호 투과적이고 수용적인 태도를 유지하도록 해야 한다. 구성된 그룹들이 서로 다른 그룹 사람들을 초대해 그들의 통찰을 각자의 조사 분야에 받아들이고 활용할 수 있게 하자. 앞에서 언급한 화장품회사의 경우, 거시경제 팀은 외부 에이전시를 활용해 예상 사회 동향에 관해 좀 더 깊이 있는 정보를 제공받은 한편, 경쟁사 조사 팀은 경쟁 조직 출신의 신입사원들을 면접해 자신들의 탁상 연구에서 나온 데이터를 보완했다.

발견 공유하기

참가한 사람들이 다수일 경우에는 커뮤니케이션에 특별한 역점을 두어야 한다. 각 그룹은 다른 그룹이 무엇을 발견했는지에 대해 알아야 할 필요가 있다. 각 그룹은 자신들이 다른 그룹에 유용할 수 있는 무언가 또는 다른 그룹의 주제와 겹친다고 생각되는 무언가를 발견했다면 서로 기꺼이 대화를 나눌 수 있어야 한다. 협력적 개입이란 바로 그런 것이다!

참가자들의 다양한 배경을 고려할 때, 커뮤니케이션의 형태는 대기업에서 이루어지는 전형적인 전략 창출 과정으로 한정돼서는 안된다. 당신의 조직이 수행한 전략 작업의 결과물을 생각하면 무엇이 떠오르는가? 십중팔구 일종의 보고서가 떠오를 것이고, 그 대부분은 파워포인트 슬라이드로 작성된 것일 것이다. 그러나 전략적 탐구 결과를 제시하는 방법에는 전통적인 슬라이드 쇼 외에도 포스터 전시, 사진 몽타주, 스토리, 시(詩), '거리 연극'을 비롯해 매우 다양하다. 지금 제시하려는 예시는, 모 회사가 5년 전략을 검토하면서 수행했던 활동에 기초한 것이다. 이사회에서는 총 다섯 개의 조사 그룹을 결성했고, 그중 한 곳은 시장 포지션을 평가하는 임무를 맡았다. 각 그룹은 그들이 발견한 내용을 1일 워크숍에 가지고 와서 다른 참가자들과 공유하고 서로의 발견을 종합해야 했다. 시장 포지션 그룹은 그 동안 숙고한 내용을 큼직한 갈색 포장지 한 장에 (주로 손글씨로) 담아냈다. 이 종이는 워크숍 당일 테이블 위에 펼쳐져 전시됐고, 그날 하루 동안 사람들 은 그 주위에 둘러서서 결과물에 관해 토론하고 논평을 했다.

각종 창의적 방법을 활용해 데이터를 제시하는 목적이, 전략 창출 과정 을 흥미롭게 만드는 데만 있는 것은 아니다. 데이터를 탐색하고 바라보는 다양한 방법은 새로운 관점을 열어준다. 그림이나 콜라주, 스토리는 문제와

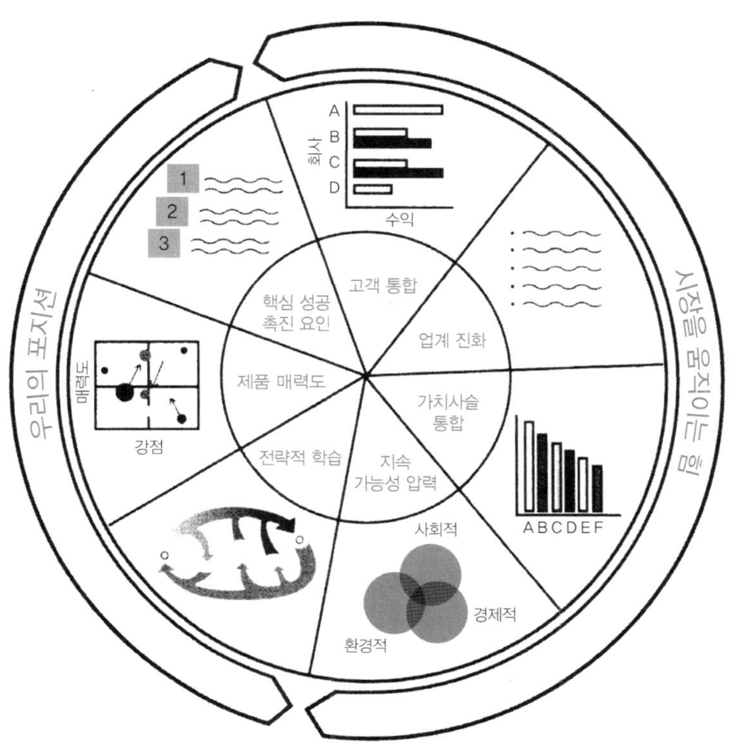

도전, 또는 기회의 성격에 대한 새로운 통찰의 계기로 작용할 수 있다.

이 같은 접근방법은 이후 조직의 다른 부문에 전략적 스토리를 설명하고 전달할 때 다시 수정될 수 있다. 가령, 결과물에 변화가 생기거나 무언가가 추가되면, 앞의 그림에 예시된 표를 인하우스 그래픽 팀이 맡아 그릴 수 있다. 그렇게 작성된 표는 이사회 보고에 사용되고, 이후 조직 전반에 전략적 스토리와 그런 결정을 내린 근거를 설명하는 방법으로도 활용될 수 있다.

커뮤니케이션은 또한 위계의 하부에서 상부로도 진행돼야 한다. 이 과정 내내 이사회와 임원진은 조사 작업 그룹들을 계속 주시하면서, 자신들의 관점이 내용에 반영되지 않도록 주의하는 한편 탐측 질문을 제기하는 식으로 작업을 돕는다. 앞에서 예를 든 화장품회사의 경우 각 팀에는 각각 한 명의 이사가 후원자 역할로 배정돼 있었는데, 이들은 과정 초반에 필요 사항을 브리핑해주고, 데이터 취합과 해석에 소요된 6주 동안 팀의 리더들과 두 차례씩 회합을 가졌다. 이 회의에서 후원자는 진전 상황을 브리핑 받고, 작업이 충분히 심도 깊고 엄밀하게 이루어지고 있는지 확인하기 위한 질문을 던졌다(예: '경쟁사 X에 대해서는 어떻게 조사하실 생각입니까?' '의식적인 소비자들이 앞으로 우리 사업에 어떤 영향을 미칠까요?')

옵션 선택 과정에 조직 개입시키기

종종 이런 우려를 비치는 고위간부가 있다. "개입이란 물론 좋은 얘깁니다. 하지만 참여 직원 수를 늘리면, 직원들이 자신들 역시 의사결정권을 갖고 있다고 생각하지 않겠습니까?" 그러나 그렇지 않다. 조직이 민주주의 체제로 구성된 경우는 드물다. 고위급 직원들이 더 높은 수당을 받는 이유 중 하나는 그들이 판단을 내리고 그 판단에 법적으로 책임을 지기 때문이다. 하지만 다른 이들을 의사결정권자로서가 아니라 임원진이 최대한 정보에 통달할 수 있게끔 하는 이들로서 의사결정 과정에 참여시켜, 비판적인 동료 또는 선의의 반론자로 활약하도록, 또는 고위층에 내재해 있는 '틀에 박힌 생각'에 도전하도록 해야 한다는 것은 강력한 근거가 뒷받침하는 주장이다.

전략에 관한 대화에 한번도 참여하지 않은 이들을 받아들여 조직의 개입 범위를 한층 더 넓히는 것도 가능한 방법이다. 비록 그들이 이미 개진된 사고 내용을 뒤늦게 파악해야 한다는 단점이 있지만 말이다(이는 총 소요 시간에 영향을 미칠 수 있다). 또는, 이전에 있었던 전략 작업에 참여해본 적이 있는 사람들을 활용하는 것도 가능하다.

앞에서 예를 든 화장품회사에서, 팀의 리더들은 일단 모든 데이터를 검토한 다음 '그림자 이사회(shadow board)' 역할을 맡아 '스스로 본 것을 기초로 판단컨대, 우리가 직면한 가장 중요한 전략적 쟁점은 무엇이며 하나의 조직으로서 우리가 그에 대처할 수 있는 최선의 방법은 무엇인가?'라는 질문에 답을 구하는 과제를 부여받았다. 이를 수행한 뒤, 그림자 이사회는 공식 이사회와 회합해 그들이 발견한 것을 제시했고, 이 내용은 이사회의 숙의 주제에 반영되었다. 이사회는 그림자 이사회의 제안에 얽매이지 않고 결단을 내릴 권한이 있었지만, 그들이 제공한 추가적인 통찰은 최종 판단을 내리기에 앞서 이사회 임원들의 사고를 첨예하게 다듬는 데 도움이 되었다.

그 같은 다양성은 유용하다. 이는 쟁점과 옵션을 '다중 렌즈를 통해' 볼

론 하이페츠
Ron Heifetz

리더십 전문가인 론 하이페츠는 컬럼비아 대학교, 하버드의과대학, 케네디행정대학원을 졸업했으며, 현재 케네디행정대학원에서 킹 후세인 빈 탈랄 부교수직을 맡아 공공 리더십을 가르치고 있다. 그는 의사이자 첼로 연주자이기도 하다.

하이페츠는 기술적 과제(technical task)와 적응적 도전(adaptive challenge)을 구분 짓는다. 때때로 전략적 도전은 사실상 전자, 즉 기존 경험과 전문성에서 답을 구할 수 있는 익숙한 문제일 수 있다. 그러나 대개 전략은 이보다 훨씬 복잡하며, 제품이나 서비스 또는 조직의 혁신이 요구되기도 한다. 하이페츠는 바로 이 같은 경우에 최고 지도자가 자신의 전문성을 내세우는 것은 잘못된 일이라 주장한다. 필요한 것은 더욱 포괄적인 집단지성과 학습 효과라는 것이다. 그는 최고 지도자들이 "바통을 사람들에게 돌려주어야" 한다고 주장한다.

리더의 역할은 모든 전략적 지식의 근원 노릇을 하는 것이 아니라, 팀이 새로운 미래를 위한 해법과 접근방법을 탐색 · 조사 · 창조할 수 있는 공간을 창출하는 것이다. 팀이 행하는 그 같은 일은, 최고 지도자가 혼자서

해낼 수는 없으므로, 그 일을 맡아 해야 할 사람들을 해법 탐색 과정에서 배제하는 것은 어리석은 일이다. 하이페츠가 말하는 리더의 역할은 전략적 도전에 응대하는 과정과 그와 함께 이루어지는 전략적 학습 과정에 팀이 깊이 개입하도록 그들을 초대하고 지원하는 것이다.

수 있도록 해주어 집단적 사고로 빚어질 수 있는 문제를 최소화한다. 특히 그룹이 이 과정에 공급자, 선별된 고객, 투자자 집단, 동업조합 같은 핵심 이해관계자를 포함시킬 경우 그 효과는 극대화된다(개입의 범위를 회사 정문까지로 한정지어야 할 이유는 없다). 외부인을 회의실에 들이기에는 너무 민감한 사안을 다루는 경우라면, 옵션 선택 및 평가 과정에서 역할극 기법을 활용해 그 같은 관계자의 입장을 연기하는 것도 매우 강력하고 창의적인 방법이 될 수 있다. 이 같은 활동 역시 대화를 풍부하게 해주고, 익숙한 관점이 아닌 좀 더 다양한 관점에서 사태를 바라본 뒤에 결단을 내릴 수 있게 해준다.

물론 조직이 협동적이고 협업적인 방식으로 운영되거나 직원에 의해 소유된 경우처럼 상황이 보다 민주적인 경우도 있다. 그러나 이 같은 경우에도 의사결정 권한은 이사회나 다른 임원진이 기득권으로 갖고 있으며, 기껏해야 임원을 겸직한 직원에 한해 주어지는 것이 보통이다. 한편, 의사결정 과정에 참여의 폭을 넓히는 것이 그다지 적절치 않은 상황도 존재한다. 예를 들어 비밀유지가 핵심인 민감한 인수합병에 관한 결정을 내려야 할 때, 의사결정을 위한 대화는 조직 내부의 최고위 임원들 사이에서만 긴밀히 이루어져야 한다.

결단이 내려진 뒤에도 개입이 끝나지 않는 이유

이 책은 전략 시행에 관한 것이 아니다. 그런데 어째서 이런 섹션이 들어 있는 것일까?

전략에 관한 전통적인 견해에서는, 전략 시행의 기점이 종종 '전략 창출'

과정이 끝난 시점으로 간주된다. 숙고와 의사결정은 끝났으니 이제 결정한 것을 행동으로 옮길 차례라는 것이다. 그러나 앞에서 밝혔듯이, 문서로 작성된 전략은 시간이 흐르면서 실제 발전돼나가는 전략과 사실상 결코 동일하지 않다. 예기치 않은 사건이 일어나고, 경쟁자가 기대치 않은 행동을 보이며, 신규 진입자가 등장하고, 상황 조건은 변한다. 계획은 기대했던 대로 전개되지 않는다. 심지어 당신의 동료가 고객을 만족시킬, 당신이 생각지 못한 방법을 내놓을 수도 있고…그것이 정말 효력을 발휘할 수도 있다! 따라서 이 모든 것이 전략의 일부가 된다. 헨리 민츠버그의 말대로, 전략은 특등급 토마토처럼 재배되기보다는 잡초처럼 자라난다.

이런 이유로, 개입 과정은 일차 전략을 공개하는 동시에 끝나지 않는다. 조직의 인식력과 주의력, 그리고 학습 능력은 전략이 변화하는 상황에 맞춰 수정되는 동안 전략적 활동을 정련하는 데 활용되어야 한다. 더 많은 사람들이 조직의 신경말단 역할을 할 태세를 갖추고 이런저런 일들이 일어나고 있다는 작은 신호를 감지해내면, 조직도 그만큼 더 능숙하게 대처할 수 있게 된다. 조직은 여전히 기존에 세운 계획대로 움직일 수 있지만, 불확실한 상황에서는 좀 더 현명하고 융통성 있는 자세를 취해야 한다.

조직 전반의 더 광범한 사람들이 전략을 이해할수록, 자신의 인식력과 지성을 활용해 필요시 전략을 조정할 수 있는 사람들도 더 많아진다. 이들은 또한 전략적으로 중요한 사건과 상황전개에 한층 더 기민해지고, 즉시 이에 대해 고위층의 주의를 환기시킬 수 있다. 따라서 무엇보다 중요한 첫 단계는 당신의 전략을 효과적으로 전달하는 것이다. 그러나 그 중요성에도 불구하고, 구성원 대다수가 자체 전략을 잘 모르고 있는 조직이 적지 않다.

게리 하멜
Gary Hamel

게리 하멜은 세계에서 가장 도발적인 경영 저술가 겸 연설가 중 하나이자, 조언과 영감을 구하는 사람들에게 매우 인기 있는 인물이기도 하다. 컨설팅 회사 스트래티고스(Strategos)의 창립회장이자 런던경영대학원 전략 및 국제경영 부문의 객원교수이기도 한 그는 〈하버드 비즈니스 리뷰(Harvard Business Review)〉에 15건의 논문을 게재함으로써 성공적인 경영 저술가의 모범이 되었다.

하멜의 관심사는 여러 해에 걸쳐 폭넓은 변화를 보였지만, 그 안에 공통적으로 담긴 주제는 경쟁에서 성공을 거두기 위한 역량 동원이다. 최근에 그가 주안점을 두는 주제는 전략 개발 과정과 특별히 관련된 역량인 '인간의 상상력과 진취성', 그리고 이 역량이 조직을 혁신시키고 급변하는 사업 환경에 적응시키는 능력이다. 그가 꿈꾸는 조직은 '…배교자들이 언제나 반동세력을 능가하는' 조직이다.

하멜은 '창의성과 조직 사이에 계속되는 긴장'을 깨기 위해 노력하고, 더 많은 의사결정을 위계의 하부에 위임할 방안을 찾도록 경영자들을 독려한다. 그는 조직이 직원들을 제약하는 족쇄를 느슨히 해, 그들이 조직을 재형성하고 구축하고 유도하는 과업에 참여할 수 있게 해야 한다고 주장한다. 그의 이러한 접근방법은 이 장에서 다룬 생각과 같은 선상에 있다. 짐작할 수 있는 것처럼, 하멜의 견해가 과연 타당한지 여부에 대해서는 의견이 갈린다. 일부는 그가 비현실적인 논지를 펴고 있다고 비판한다. 그러나 대부분의 사람들이 동의하는 부분은, 그가 다수의 대형 조직들이 풀고 싶어 하는 문제를 건드렸다는 것이다. 그렇다면 다음 질문은 이렇다. 하멜은 그에 대한 해답을 제공했나? 그의 말을 그대로 인용하자면 이렇다. "내 목표는…경영의 미래를 예견하는 것이 아니라 그 미래를 여러분이 발명하도록 돕는 것이다."

하멜과 그의 공저자 C. K. 프라할라드(C. K. Prahalad)가 전략적 사고에 남긴 중요한 공헌은 이뿐만이 아니다. 조직에 동기를 유발할 때 전략적 내용이 갖는 중요성, 확고한 기반을 갖춘 경쟁자들에 대항해서도 경쟁우위를 수립할 수 있는 역량과 핵심 능력의 개발 역시 그들이 다룬 주제다.

부분적으로 이는 최소 규모의 조직을 제외한 모든 조직이 직면하는 일관된 메시지 전달이라는 오랜 난제와 관련이 있다. 그러나 이 문제는 종종 모호하고 포괄적으로 기술된 전략 자체로 인해 가중되기도 한다. 요점은 전략을 단출하게 다듬어 아주 간단하면서도 명확한 것으로 만들어야 한다는 것이다.

당신이 전달할 메시지를 개발할 때 사용할 수 있는 유용한 도구 중 하나는 제3장에서 논한 전략 삼각형이다. 전략 삼각형은 당신의 커뮤니케이션에 포함되어야 할 세 가지 요소, 즉 전략의 목표, 전략이 표적으로 삼은 기회, 사용될 역량으로 이루어져 있다.

전략 목표에 대한 기술은 조직의 보다 넓은 목표와 사명을 뒷받침할 방안뿐 아니라 시장 1위 탈환과 같은 구체적인 목표까지 아우를 수 있다. 기회 또는 전략의 범위(scope)에 대한 기술은 무엇을 할 것인지뿐만 아니라 무엇을 하지 않을 것인지까지 다루며 전략의 경계를 명확히 할 수 있어야 한다. 역량은 '탁월성', '인적자원', '끈기'처럼 포괄적인 개념을 단조롭게 나열하지 않고, 당신이 어떻게 목표를 달성할 것인가에 대한 독특한 방안 형태로 표현되어야 한다. 당신의 접근방법을 다른 조직과 차별화시키는 특성, 당신만이 지닌 독특한 경쟁우위를 기술하자.

독특하다는 것은 중요한 특성이다. 아무에게도 눈치 채이지 않고 다른 조직에 의해 사용될 수 있는 전략 보고서는 수두룩하다! 커뮤니케이션의 각 요소가 경쟁자들의 그것과 어떻게 다른지 질문해봄으로써 당신의 커뮤니케이션이 얼마나 독특한지 시험하자.

전략의 진척 상황에 관한 정보가 조직 내에 잘 흐르는지 확인하는 것 역시 중요한 일이다. 이를 위한 방법에는 여러 가지가 있다.

- 전략의 진전 상황, 즉 무엇이 제대로 움직이고 무엇이 그렇지 않은지, 사람들이 무슨 낌새를 눈치 채고 있는지, 실제 무엇이 일어나는지에 대해 보고할 '피드백 회로(feedback loop)'가 조직의 모든 부분에 갖춰지도록 하자. 이는 전략을 검토하기 위해 소집하는 특별 회의(월간 회의, 분기별 회의)를 의미할 수도 있고, 또는 좀 더 현실적으로 팀별·부서별·부문별 정기회의에서 안건을 검토하는 일이 될 수도 있다. 요점은 이것이 조직 생활 속에서 늘 가동되는 지속적인 과정이어야 한다는 것이다. 영국의 어느 대형 자선단체의 경우, 팀 단위 정기회의의 특별한 목표는 전략이 시행되는 동안 전략에 관한 정보의 양방향 흐름을 제공하는 것이다.
- 전략적 사고 기술과 능력을 '역량평가 과정(competency and appraisal process)'에 포함시켜 공식화하자. 이 같은 활동은 제대로 된 주의만 기울인다면 많은 것을 얻을 수 있다. 이는 단지 연봉과 승진이라는 형태의 인정에 국한된 것이 아니다. 어떤 행동이 칭송을 받고 언급되고 회사 뉴스레터에 실려야 하는지에 관한 것이기도 하다.
- '고위간부들'이 현재 일어나는 일들로부터 '기꺼이 배우려 한다는 사실을 보여줌'으로써 전략적 과정에서 학습과 피드백이 갖는 중요성을 인식시키자. 이는 또한 고위간부들이 그 같은 위치에 있는 자신들조차 조직 내에서 일어나는 모든 일을 알 수는 없다는 사실을 자인하는 것을 (노골적으로 또는 에둘러) 의미하기도 하며, 전략적 지성은 그것이 누구로부터 나온 것이든 중요하다는 사실을 인정하는 일이 될 수도 있다. 이 같은

고위층의 후원과 관여 없이 전략적 학습이 조직 안에서 융성하기란 어려운 일이다.

이 전략적 지성을 연마하기 위해 중요한 것은 아이디어를 행동으로 옮길 책임을 진 팀 내 구성원들의 전략적 역량을 개발하는 것이다. 이것 역시 다양한 방식으로 이루어질 수 있다.

- 당신의 조직에서 사용하는 '기본적 전략 도구 및 모델에 대한 인식을 개발'하는 것부터 시작하자. 이 책의 전반부에서 소개한 모델 중에서 일부는 이미 사용 중일 수도 있다. 그 같은 도구와 모델에 익숙해지는 것, 특히 전략의 과학(또는 마법) 앞에서 당황하지 않는 방법을 배우는 것이 중요하다. 도구가 존재하는 이유는, 당신이 좀 더 집중적인 대화를 나누고 복잡한 세계에서 더 나은 질문을 할 수 있도록 돕기 위한 것이다.
- 전략적 역량을 키우기 위해 더 시도해볼 수 있는 한 가지는 '전략적 관점'을 개발하도록 사람들을 독려하는 것이다. 여기에는 (내부 및 외부에서 일어나는) 사건과 조직의 전략적 의도 간의 잠재적 연관성을 짚어내는 방법을 배우는 것도 포함된다. 쉽게 말해 당신이 신문을 읽거나 TV 뉴스를 시청하거나 인터넷에서 뭔가 흥미로운 것을 발견했을 때 사업에서 당신이 맡은 부분의 전략적 결과에 대해 생각한다는 것을 의미한다. 이 같은 태도는 일단 호기심에서 발현돼 당신에게 영향을 미칠 수 있는 세상의 사건, 당신의 비용이나 경쟁우위에 눈과 귀를 열어둠으로써 이루어지는 대화로부터 자양을 얻는다. 이 같은 관점은 연습을 통해, 그리고

창의적으로 바라보고 이해하고 생각하는 수많은 방법이 존재한다는 것
에 대한 인식을 통해 고무될 수 있다. 앞에서의 화장품회사를 다시 예로
들어보면, 데이터 취합 과정이 끝날 무렵 소비자 인사이트 부서의 부서
장은 이런 말을 남겼다. "항상 이런 식으로 사고해야 되겠구나, 하는 걸
깨달았습니다."

예기치 않은 사태에 대응하고, 전략 내용을 처음 개발할 때는 출현 가능
성조차 예상치 못한 새로운 기회를 이용할 수 있으려면, 조직은 바로 지금
무엇이 일어나고 있는지에 주의를 기울여야 한다.

좀 더 협력적인 접근방법이 중요한 경우

때로 전략적 결정이 리더나 최고위 팀의 전문성 범위 안에서 이루어지고
추가적인 탐색을 요하지도 않는 경우가 있다. 그런 상황에 좀 더 협력적인
접근방법을 적용한다는 것은 이치에 맞지 않는 일이다. 이때는 단순히 당
신의 전문성에 기대 판단을 내리면 된다(물론 당신은 사람들을 개입시켜 그 결단을 이해
하도록 할 방안을 찾고 싶을 수 있다. 이는 설득적 개입의 영역이며, 당신이 얼마나 언변이 좋은가에 관
한 문제다. 그러나 여기에서의 요점은 당신의 탐색 과정을 도울 더 큰 그룹이 이 경우에는 필요치 않다는
것이다). 이미 마음속에서 결단을 내려놓고 협력적인 전략 고안 작업에 사람
들을 참여시켜도 안된다. 이는 그들을 냉소적으로 만들 뿐이며, 그 자체로
좋지 않은 관행이다.

그러나 때로는 전략적 상황이 고위간부나 전문 컨설턴트를 포함한 일개

인의 전문성이나 경험 범위를 넘어서는 경우가 있다. 한 사람이 단독으로 확실한 답을 내놓을 수는 없다. 조직은 자체의 집단지성, 배우고 실험하는 능력을 끌어 써야 한다. 가장 발전된 형태의 협력적 개입이 필수가 되는 것은 바로 이 같은 맥락에서다.

폭넓게 구성된 그룹을 포함시켜야 하는 또 다른 경우는 전략을 이행하는 일이 특히 도전적일 때다. 예를 들어 전략의 근거에 대한 상세한 이해, 시행에 대한 깊은 관여, 전략을 수정·적용하는 고도의 창의성이 필요하거나 또는 전략적 사고방식을 갖춘 대규모 인력 풀(pool)이 요구될 경우에는 다수의 사람들을 개입시키는 것이 필수일 수 있다.

리더십과 문화

전략 창출 과정을 논한 이 책의 마지막 세 장(章)에는 두 개의 테마가 흐르고 있는데, 이들 각각에 대해 간단히 언급해보겠다. 비록 그 두 가지 모두 그에 관해 책 한 권씩을 쓸 수 있는 주제이지만 말이다.

첫 번째 것은 전략 창출 과정을 설계·조성·관리하는 일에서 리더십의 역할이다. 이는 비유하자면 양방향 도로와 흡사하다. 리더는 전략 창출 과정에 어울리도록 적응해야 할 필요가 있고, 종종 그 과정을 리더에게 맞춰 설계해야 하는 경우도 있다. 리더가 반드시 내려야 하는 중요한 결정은 어느 정도까지 팔을 걷어붙이고 과업에 참여할 것인가, 또는 멀찍이 떨어져 의사결정 과정을 관리하는 위치에 머무를 것인가에 관한 것이다. 두 방식 모두 고전적인 리더의 의무이며 양쪽 모두 포기하고 싶지 않은 생각이 드는 것도 당연하지만, 객관성을 상실하거나 과정을 세심히 관리하지 못할 위험 없이 두 가지 방식을 모두 적용하기란 불가능하다는 점을 명심하자.

만약 주안점이 과정을 관리하는 데 놓인다면, 앞에서 언급한 좀 더 세부적인 활동 가운데 많은 수는 각 팀의 리더에게 위임될 수 있다. 비록 고위층의 개입과 감독이 얼마간은 필요하겠지만 말이다. 당신이 해야 할 주요 역할은 건강한 갈등과 토론을 발전시키되, 그것이 개인적인 싸움이나 악감정으로 비화되지 않도록 하는 것이다. 그룹에 따라 이는 쉬운 과제가 될 수도, 거의 불가능한 과제가 될 수도 있다. 당신이 프로젝트 리더로 지명한 사람도 조력이 없으면 어려움을 겪을 수 있다.

당신이 도울 수 있는 또 다른 중요한 활동은 전반적인 과업의 페이스를 조정하고 언제 더 많은 아이디어를 받아들여야 하는지, 또 언제 초점을 맞추고 아이디어 유입을 멈춰야 하는지를 판단하는 것이다. 전략 개발은 어려운 과업이고, 팀들은 얼마간의 외부 지침 없이는 길을 잃을 수 있다.

리더들이 짊어진 마지막 책무는, 그들 자신이 편견의 주된 원천이 될 수 있다는 사실을 잘 알고 있어야 한다는 것이다. 리더는 그 같은 가능성을 상정하고, 자신으로 인해 전략이 잘못된 방향으로 빠지는 것을 막아줄 안전장치를 받아들일 준비를 하거나 그 적용을 적극 독려해야 한다. 이론상으로는 쉽지만, 이 같은 일이 실제 이행되는 경우는 드물다!

마지막 장들을 관통하는 또 다른 테마는 다양한 조직마다 각기 다른 문화를 갖고 있다는 것이다. 그래서 어느 한 조직이 즐겁게 참여한 특정 방식의 전략 고안 과정이 다른 조직에는 독이 되기도 한다. 로브 고피(Rob Goffee)와 개러스 존스(Gareth Jones)가 개발한 프레임워크에서 도출된 중요한 쟁점 중 하나는 당신의 조직이 얼마나 사교적(sociable)인가 하는 것이다. 사교적인 조직일수록 모든 구성원들이 기꺼이 의견을 내놓고 싶어 하기 때문에 토론의 범위도 더 넓어질 수 있다. 그러나 이 같은 조직에서는 '집단적 사고'의 함정에 빠질 위험이 더 커진다. 덜 사교적인 조직에서는 프로젝트 팀을 수월하게 구성할 수 있지만, 전체 조직을 전략 과정에 개입시키는 일에서는 어려움을 겪는다.

조직 문화가 다양한 편차를 보이는 또 다른 차원은 고피와 존스가 '결속(solidarity)'이라 묘사한 것, 즉 개인들이 특정 목표와 작업 방식에 동의하는 정도다. 고도의 결속력을 지닌 조직은 특정 운행 절차에 따라 일이 완수되는 효율적인 기계처럼 움직인다. 이 같은 환경에서는, 이미 수용된 운영방식으로 이루어지는 전략 창출 과정이 환영을 받는다(자체 전략을 계속적으로 재설계하는 첨단기술업체를 생각해보라). 그러나 그것이 표준 운영 방식을 위협하거나 거기에서 벗어나 있다고 여겨질 경우에는 거부당할 수 있다(일단의 선임 의사들을 그들이 병원 부서를 운영해왔던 방식과 상이한 전략 창출 과정에 개입시키려 노력하는 경우를 상상해보자).

어떤 과정이든 기존 조직 문화와 어울릴 때 운영해나가기가 더 쉬우리라는 것은 직관적으로도 알 수 있는 사실이다. 그러나 이를 의식적으로 생각하고 논의의 대상으로 삼아보기도 해야 한다는 점을 명심하자.

이것만 기억하자

더 많은 아이디어, 더 강력한 시행 과정이 필요하다면,
전략 개발에 더 큰 그룹을 포함시켜라.

- 닐로퍼 머천트가 쓴 《새로운 방안(The New How)》은 협력적 전략 고안 과정에 대한 지침을 제공한다. 더 자세한 정보는 http://the-new-how.com을 참조하자.

- 랄프 스테이시(Ralph Stacey)가 쓴 《전략적 경영과 조직역동(Strategic Management and Organisational Dynamics)》(FT프렌티스 홀, 2002년)은 정통적인 경영 사고에 도발적으로 도전하는 책이며, 리더들을 위한 유용한 제안을 담고 있다.

- 론 하이페츠의 고전 《쉬운 답이 없는 리더십(Leadership Without Easy Answers)》(하버드 유니버시티 프레스, 1998년)이나 그의 논문 「리더십의 역할(The Work of Leadership)」[돈 로리(Don Laurie)와 공저, 〈하버드 비즈니스 리뷰〉, 1997년 1/2월호]은 선도적인 전략 개발에 관한 생각을 담고 있다.

- 성공적인 그룹 작업을 위한 조건을 창출하는 방법에 대해서는 린다 그래턴(Lynda Gratton)의 《핫스팟: 왜 어떤 회사는 에너지로 넘치고 다른 곳은 그렇지 않은가(Hot Spots: Why Some Companies Buzz with Energy and Some Don't)》(FT프렌티스 홀, 2007년)나 도로시 레너드(Dorothy Leonard)와 월터 스왑(Walter Swap)이 공저한 《불꽃이 일 때(When Sparks Fly)》[하버드 비즈니스 프레스, 1999년; 또는 구글북스(Google Books)에서 참조 가능]에서 찾아볼 수 있다.

- 테레사 아마빌(Teresa Amabile)이 〈하버드 비즈니스 리뷰〉에 기고한 논문 「창의력 죽이기(How to Kill Creativity)」는 그녀가 여러 해 동안 창의적 그룹을 연구해 얻은 결과를 알기 쉽게 간추린 글이다.

- 스티븐 벙기(Stephen Bungay)가 쓴 《행동의 예술(The Art of Action)》(니콜러스 브릴리 퍼블

리싱, 2011년)은 전략 고안 과정과 시행 사이의 연계에 대해 많은 생각을 담고 있는 책
이다.

- 로브 고피와 개러스 존스의 《기업의 성격(The Character of a Corporation)》(프로파일 북스,
2003년)은 조직 문화에 대한 유용한 입문을 제공한다.

전략의 도정에서

오늘날처럼 급변하는 세상에서는 누구에게나 전략에 대한 지식이 필요하다. 그것이 단지 일상적인 의무를 꾸려나갈 때 그중에서 무엇에 초점을 맞출 것인가를 결정하기 위해서일지라도 그렇다. 이 책은 전략을 총체적으로 생각하는 방법을 기술했으며, 전략적 사고에 필요한 노하우를 개발하기 위한 기초를 제공한다.

전략을 만드는 것은 단순하면서도 도전적인 과제다. 당신은 그저 몇 안되는 기본 질문에 답하기만 하면 되지만, 문제는 그 질문에 답을 내놓는 것이 쉽지 않다는 데 있다. 다행히 당신은 당신의 사고를 이끌어줄 보조물의 도움을 받을 수 있다. 전략 창출은 언제나 창의적인 활동이지만, 모든 예술가가 그렇듯이 당신 역시 기술을 향상시킬 수 있다. 당신의 사고 과정을 구조화해줄 개념과 도구가 존재하는 덕분이다.

게다가 당신은 혼자가 아니다. 다양하게 조합된 사람들을 적절한 과정에 참여시킴으로써, 그들의 전문성을 공유하고 당신의 논지를 연마할 수 있다. 전략 창출은 개념, 도구, 인력, 과정을 당신의 상황에 적합한 방식으로 활용해 이 모든 요소를 하나로 통합하는 예술이다.

그러나 전략 질문에 대한 답을 찾았다 해도, 이는 막 자동차에 올라타 시동을 건 데 불과하다. 어떤 전략이든 성공 여부는 그것이 창안된 방식뿐 아니라 그것을 어떻게 시행하느냐에 달려 있기 때문이다.

전략 설계에 관해 이 책에서 제시한 접근방법을 따른다면, 당신은 성공적인 결과로 향하는 도정에 유유히 오를 수 있을 것이다. 먼 앞을 내다보면서, 차가 마침내 도로를 질주할 때 효력을 발휘할 전략을 창안할 수 있을 것이다. 당신은 전략 시행자들을 과정에 개입시킴으로써 전략 개발과 시행 모두가 헌신적인 관여를 통해 이루어지도록 할 것이다. 당신은 당신의 전략을 효과적으로 전달하고 조직의 전략적 지성을 개발할 것이다. 그런 다음 해야 할 일은 전략을 마침내 이행할 적절한 방법을 선택하는 것이다.

전략을 어떤 식으로 시행할 것인가는 전략이 다루어야 할 불확실성과 예측 불가능성의 수준에 달려 있다. 상황에 의구심이 들수록 접근방법도 융통성을 갖춰야 한다.

만약 제시된 시행안이 '유일무이'한 계획이라는 판단이 든다면, 당신이 해야 할 일은 과제와 의무, 이정표를 체계적이고 구체적인 방식으로 배치하는 것뿐이다.

반대로, 만약 전략의 경로에 다소간의 예측 불가능성이 존재한다면, 전략이 발전해나가는 동안 전략에 개입해 이를 수정·보완할 기회를 만들어야 할 것이다. 당신은 지금 무슨 일이 일어나고 있는지에 대해, 전략이 시행되는 정황과 외부 상황에 대해 더욱 신속하고 빈번히 커뮤니케이션해야 한다. 당신은 시행안을 다시 세우고 다시 발표할 수 있어야 한다.

그러나 때때로 그보다 훨씬 더 불확실한 상황도 마주할 수 있다. 환경이 고도로 예측 불가능한데다 전략 실현에 각종 전문성이 요구되는 상황이라면, 전략이 상황 전개에 적응해나가도록 쥐고 있던 고삐를 늦출 수 있어야 한다.

그 같은 상황에서는 목표와 제약 요인을 명확히 규정하는 것이 해법이겠지만, 그렇지 않을 때는 지나치게 지시적인 태도를 피할 필요가 있다. 일단 넓은 목표를 설정한 뒤에 좀 더 자세한 계획안은 조직 위계의 바로 아래 단계에서 개발하도록 해보자. 그 계획안을 검토하고 비평하되, 계획을 실행하고 적응시켜가는 일은 그것을 창안한 사람들에게 맡기자.

그렇게 진행되는 전략 실행은 그들이 목표나 제약을 변경해야 하거나 더 많은 자원을 요할 경우에만 당신에게 되돌아와야 한다. 이 같은 접근방법은 스티븐 벙기가 '방향 설정된 기회주의(directed opportunism)'라고 묘사한, 실행자들이 그들이 제시받은 목표와 제약을 반영하는 한에서 기회를 포착하도록 그들을 독려하는 방식이다. 이제 당신은 당신이 가장 큰 가치를 더할 수 있는 가장 중요한 영역에 집중하는 데 당신의 가용 시간을 투자할 수 있다. 그리고 그 나머지는 당신의 팀이 수행하도록 맡겨두자.

이 접근방법이 효과를 발휘하려면, 일을 위임한 사람들을 믿을 수 있어야 한다. 적절한 훈련, 팀워크, 전략을 성공시키기 위한 공동의 전념은 그 선제 조건이다. 이 접근방법을 성사시키는 것이 어려운 이유가 바로 여기에 있다. 그러나 성사된다면, 이는 강력한 효과를 발휘한다.

전략을 설계하는 방법은 책으로만 배울 수 있는 기술이 아니다. 배우고 실행하고 반성하는 반복적인 과정을 통해 얻을 수 있는 기술이다. 그러므로 이 책을 완독한 뒤에는 연습을 해봐야 한다! 사례연구와 추천 서적 정보가 실려 있는 이 책의 웹사이트 www.whatyouneedtoknowaboutstrategy.com를 기점으로 삼고 시작해보자.

잡지나 신문, 서적에서 다른 조직이나 전략에 관해 읽어보자. 그들이 전략 질문에 어떻게 답했는지 분석해보자. 이는 다른 이들의 성공이나 실패로부터 배울 수 있는 방법이다. 주위 사람들에게 당신 조직의 전략이 무엇이라 생각하는지, 또는 당신 경쟁자들의 전략은 무엇이라 생각하는지 질문해보자. 과거에 어떤 전략이 개발됐으며 시행됐을 때는 어떤 성과를 냈는지 조사하자. 전략에 관한 다른 책들도 읽어보자. 기회가 된다면, 당신의 조직을 위한 신규 전략 창출 과정에도 참여해보자.

이 책은 독자들에게 더 나은 전략가가 되도록 도울 질문 및 통찰의 프레임워크를 제공한다. 당신이 이를 활용하고 적용한다면, 학습과 실행의 주기를 개시한 셈이 될 것이다. 거기에서부터 출발해 멈추지 말기를!

감사의 말

이 책을 쓰는 동안 갖가지 아이디어를 제공하고 조언과 평을 아끼지 않은 많은 이들, 그중에서도 크리스토프 부르거[Christoph Burger: 현재 독일 유럽경영기술대학원(ESMT)에 재직 중-역자], 스티븐 벙기, 앤드루 캠벨, 마틴 에세얀[Martin Essayan: 하버드경영대학원을 졸업하고 보스턴컨설팅그룹에서 재직했으며, 현재 포르투갈의 칼루스테 굴벤키안 재단(Fundaçá Calouste Gulbenkian)에서 이사직을 맡고 있다-역자], 프란치스카 프랑크[Franziska Frank: 독일 ESMT에 재직 중-역자], 로브 고피, 마이크 굴드[Mike Goold: 애시리지 전략경영센터 이사-역주], 바바라 민토, 시어도어 모디스, 필 렌쇼[Phil Renshaw: 파견 코치 형태의 영국 기업 컨설팅회사 서큘러스(Circulus)에 재직 중-역주], 마틴 리처드슨[Martin Richardson: 호주국립대학교(ANU) 경영경제학대학 교수-역주], 토비 로(Toby Roe: 애시리지경영대학원 교수-역주), 데이비드 새틀러(David Sadtler: 하버드경영대학원을 졸업하고 현재는 애시리지 전략경영센터 및 애시리지경영대학원에 재직 중인 전문가-역주), 토니 시언(Tony Sheehan, 애시리지 전략경영센터 학습서비스 부문 이사-역주), 톰 윌

킨슨[Tom Wilkinson: 기업단체관광 등 관리여행(managed travel) 전문회사인 TRW 여행경비관리사(TRW Travel & Expense Management) 사장-역주]에게 감사드린다. 나를 전략이라는 분야의 도정에 서게 해준 보스턴컨설팅그룹과 런던경영대학원의 많은 동료들에게도 감사를 전한다.

웹사이트 제작에 도움을 준 안젤라 먼로, 도표 작업을 도와준 미셸 무어와 그녀의 팀, 그리고 제니 응, 원고를 부지런히 손봐준 애니 브랙스와 헤이즐 해믈린, 그리고 이 책의 편집을 맡은 엘런 홀스워스에게도 고마움을 전하고 싶다.

특히 제8장을 나와 함께 집필한 필리파 하드먼과 크리스 니콜스에게 심심한 감사를 전한다.

이들 중에서도 가장 큰 도움을 준 사람은 내가 즐거이 가르쳐온 MBA 및 최고경영자 과정 수강생들이다. 부디 그들이, 내가 그들에게서 배운 것만큼 내게서 배울 수 있었기를 바라는 마음이다.

내 생애 가장 큰 전략적 도전이었던 동시에 무엇과도 비할 수 없는 기쁨이 된 것은 바로 한 가정을 이루는 일이었다. 그래서 나는 이 책을 내 멋진 아들들 찰리와 톰, 그리고 벤에게 바친다.

전략에 대해 당신이 알아야 할 모든 것

1판 1쇄 인쇄 2012년 11월 10일
1판 1쇄 발행 2012년 11월 15일

지은이 | 조 화이트헤드
옮긴이 | 박지니
발행인 | 곽철식
발행처 | 다온북스

출판등록 | 2011년 8월 18일 제110-92-16385호
주소 | 서울시 은평구 갈현동 327-132 윤성빌라 301호
문의전화 | (070)7516-2069   **팩스** | (02)332-7741
출력 | 안문화사
종이 | 한솔PNS(주)
인쇄·제본 | 영신CTP

값 14,000원   ISBN 978-89-967847-4-6 13320